判例にみる

債務不存在確認の実務

共著　中里　和伸（弁護士）
　　　野口　英一郎（弁護士）

新日本法規

はしがき

　一般に、訴訟手続による解決を志向するのは相手方に対して金銭給付等を求める側の当事者（原告）であり、訴訟を提起され被告となる者は受動的な立場に立たざるを得ません。何時どのようなタイミングで、如何なる請求を求められるか、そもそも訴訟が提起されるのか否かは、すべて訴訟を提起する側（原告）が検討し決定することであり、この意味で訴訟を提起される側（被告）は不安定な立場にあるといえます。

　このような不安定な立場を解消するべく、実務上、訴外示談交渉やＡＤＲ（裁判外紛争解決手続）、調停手続が利用されていますが、これらの手段は紛争を終局的・強制的に解決することができない難点を抱えており、かかる需要に応え得るのが「債務不存在確認訴訟」です。

　「先んずれば人を制す」という諺があります。これは、「他人よりも先に行動を起こせば有利な立場に立つことができる」という意味ですが、債務不存在確認訴訟は民事裁判手続においてこの趣旨を実現する訴訟類型ともいえるでしょう。

　本来、弁護士が依頼者から相談・依頼を受ける個々の案件について、債務不存在確認訴訟の提起を検討すべき、あるいは検討されてよい場面・事案であっても、処理方針を決める際に無自覚に選択肢から除外されてしまっていることが少なくありません。これは、債務不存在確認訴訟についてまとめられた実務家向けの書籍が極めて限られている現状もその一因であり、まさにそれが本書の執筆を企画した動機でもあります。

　本書は、債務不存在確認訴訟の特殊性を概観し、訴訟提起から終結に到るまでの実務上の留意点等を具体的な裁判例を交えて説明すると

ともに、具体的な書式も紹介したものとなっています。

　本書の原稿を作成するにあたり、債務不存在確認訴訟に関わる数多くの裁判例を調べてみて分かったことは、債務不存在確認訴訟が提起される事案の種類が極めて多岐にわたっており、それぞれの事件には固有の特徴・問題点があるということでした。本書において、それらの裁判例の中から、少しでも多くの裁判例を紹介することにより、各弁護士の方々が直面している案件の解決やその糸口に本書が少しでもお役に立つことができれば望外の喜びです。

　最後になりましたが、新日本法規出版株式会社の加賀山量氏には温かい激励をいただき、また本書の企画・編集の全過程を通じて大変ご尽力いただきました。そして、筆者が所属する東京暁法律事務所の事務員宮代明日香さんと木村友香さんには膨大な資料の整理やコピー作業等で負担をかけました。この場を借りて厚く御礼申し上げます。

　平成29年11月

　　　　　　　　　　　　　　　執筆者を代表して
　　　　　　　　　　　　　　　弁護士　野口英一郎

著者略歴

中里　和伸（なかざと　かずのぶ）

東京暁法律事務所　弁護士

平成12年4月　弁護士登録（東京弁護士会）

東京弁護士会紛議調停委員会、綱紀委員会、東京簡易裁判所民事調停委員

〈主要著作〉

『〔改訂版〕交通事故実務マニュアル―民事交通事件処理』（共著、ぎょうせい、2012）

『判例による不貞慰謝料請求の実務』（弁護士会館ブックセンター出版部LABO、2015）

『判例による不貞慰謝料請求の実務　主張・立証編』（共著、弁護士会館ブックセンター出版部LABO、2017）

野口　英一郎（のぐち　えいいちろう）

東京暁法律事務所　弁護士

平成21年9月　弁護士登録（東京弁護士会）

東京弁護士会業務妨害対策特別委員会

〈主要著作〉

『判例による不貞慰謝料請求の実務　主張・立証編』（共著、弁護士会館ブックセンター出版部LABO、2017）

略　語　表

＜法令の表記＞

　根拠となる法令の略記例及び略語は次のとおりです。

　　民事訴訟法第133条第2項第2号＝民訴133②二

民	民法	民調	民事調停法
民執	民事執行法	サービサー法	債権管理回収業に関する特別措置法
民訴	民事訴訟法	自賠	自動車損害賠償保障法
民訴規	民事訴訟規則	商	商法
民訴費	民事訴訟費用等に関する法律	破産	破産法

＜判例の表記＞

　根拠となる判例の略記例及び出典・雑誌の略称は次のとおりです。

　　最高裁判所平成21年12月18日判決、判例タイムズ1317号124頁
　　＝最判平21・12・18判タ1317・124

判時	判例時報	民集	最高裁判所（大審院）民事判例集
判タ	判例タイムズ	自正	自由と正義
金判	金融・商事判例	自保	自保ジャーナル
交民	交通事故民事裁判例集	判評	判例評論
税資	税務訴訟資料		
判自	判例地方自治		

参考文献一覧

- 石黒一憲『国際民事訴訟法』（新世社、1996）
- 伊藤眞『民事訴訟法〔第3版再訂版〕』（有斐閣、2006）
- 井上治典ほか編「差止めと執行停止の理論と実務」判例タイムズ臨時増刊1062号
- 上田徹一郎『民事訴訟法〔第7版〕』（法学書院、2011）
- 潮久郎「損害賠償債務不存在確認訴訟に関する一考察」判例タイムズ378号
- 大江忠『要件事実民事訴訟法（上）』（第一法規出版、2000）
- 大阪地方裁判所金融・証券関係訴訟等研究会「保険金請求訴訟について」判例タイムズ1124号
- 岡口基一『要件事実マニュアル第1巻―総論・民法1〔第3版〕』（ぎょうせい、2010）
- 小山昇ほか編『演習民事訴訟法（上）〔演習法律学大系10〕』（青林書院新社、1979）
- 小川英明＝中野哲弘編『現代民事裁判の課題⑤貸金』（新日本法規出版、1990）
- 小川英明ほか編『事例からみる 訴額算定の手引〔三訂版〕』（新日本法規出版、2015）
- 加藤新太郎編『簡裁民事事件の考え方と実務〔第4版〕』（民事法研究会、2011）
- 加藤新太郎＝細野敦『要件事実の考え方と実務〔第3版〕』（民事法研究会、2014）
- 木川統一郎ほか編『新・実務民事訴訟講座1（判決手続通論1）』（日本評論社、1981）
- 小林秀之『プロブレム・メソッド新民事訴訟法』（判例タイムズ社、1997）

- 裁判所職員総合研修所監修『民事実務講義案Ⅰ〔四訂版〕』（司法協会、2008）
- 裁判所職員総合研修所監修『書記官事務を中心とした和解条項に関する実証的研究〔補訂版・和解条項記載例集〕』（法曹会、2010）
- 坂田宏「金銭債務不存在確認訴訟に関する一考察（一）―その機能と解釈の指針―」民商法雑誌95巻6号
- 坂田宏「金銭債務不存在確認訴訟に関する一考察（二）―その機能と解釈の指針―」民商法雑誌96巻1号
- 塩崎勤＝園部秀穂編『新・裁判実務大系(5)交通損害訴訟法』（青林書院、2003）
- 塩崎勤編『現代民事裁判の課題⑧交通損害・労働災害』（新日本法規出版、1989）
- 髙橋宏志＝加藤新太郎編『実務民事訴訟講座［第3期］第2巻―民事訴訟の提起・当事者』（日本評論社、2014）
- 髙橋宏志『重点講義民事訴訟法下〔第2版補訂版〕』（有斐閣、2014）
- 田邊直樹「交通事件における債務不存在確認訴訟の問題点」自由と正義40巻9号
- 薦田茂正＝中野哲弘編『裁判実務大系(13)金銭貸借訴訟法』（青林書院、1987）
- 出口雅久「債務不存在確認訴訟の機能と確認の利益に関する若干の考察」立命館法學1997年6号（256号）
- 中田昭孝編『現代裁判法大系(1)金銭貸借』（新日本法規出版、1998）
- 中野貞一郎ほか編『新民事訴訟法講義〔第2版補訂2版〕』（有斐閣、2008）
- 奈良次郎「消極的確認の訴について」民事訴訟雑誌21号
- 西理「債務不存在確認訴訟について（上）」判例時報1404号
- 西理「債務不存在確認訴訟について（下）」判例時報1405号
- 野辺博「交通事故における債務不存在確認請求訴訟」『民事訴訟の理論と実践―伊東乾教授古稀記念論文集』（慶応通信、1991）

- 萩澤達彦「債務不存在確認の訴えと債務の履行を求める反訴提起」成蹊法学77号
- 藤田哲「弁護始末記・鞭打ち症の「被害者」の過激な請求」時の法令1365号
- 藤田広美『講義民事訴訟』（東京大学出版会、2007）
- 藤原弘道＝細井正弘「大阪地裁における交通事故損害賠償請求訴訟の実状と問題点」ジュリスト905号
- 三好一幸『民事訴訟の理論と実務』（司法協会、2015）
- 村田長生「債務不存在確認訴訟」吉田秀文＝塩崎勤編『裁判実務大系(8)民事交通・労働災害訴訟法』（青林書院、1985）
- 村田渉＝山野目章夫編著『要件事実論30講〔第3版〕』（弘文堂、2012）
- 山本克己「判例講座 判例分析 民事訴訟法(7)金銭債務不存在確認の訴えと申立事項の拘束力—最二小判昭和40・9・17民集19巻6号1533頁」法学教室291号

目　次

第1章　債務不存在確認訴訟の実務

第1節　訴訟の意義
　　　　　　　　　　　　　　　　　　　　　　　　　　ページ
第1　債務不存在確認訴訟とは……………………………………3
第2　差止請求訴訟・不法行為に基づく損害賠償請求訴訟と
　　の相違………………………………………………………………6
第3　先制攻撃的・証拠開示的・提訴強制的性格………………8
第4　債務不存在確認訴訟が提起される類型……………………10
第5　紛争の終局的解決機能等……………………………………12

第2節　訴訟の提起
第1　管　轄…………………………………………………………38
　1　事物管轄………………………………………………………38
　2　土地管轄………………………………………………………39
　3　国際裁判管轄…………………………………………………40
　4　民事調停の場合………………………………………………41
第2　訴額・手数料…………………………………………………42
　1　債務不存在確認訴訟における訴額…………………………42
　2　受任時の注意点………………………………………………48
第3　訴えの利益……………………………………………………49
　1　債務不存在確認訴訟における訴えの利益（確認の利益）……49
　2　即時確定の利益………………………………………………51
　3　具体例…………………………………………………………51

第4	訴訟物の特定	56
1	債務不存在確認訴訟における訴訟物	56
2	訴訟物の特定の程度	57
3	訴訟物の特定の方法	61
4	特定不十分であった場合	62
5	一部請求	63
第5	請求の趣旨	64
1	請求の趣旨において債務額を表示することの要否	64
2	債務額の上限を表示しない請求の趣旨の解釈	66
3	請求の趣旨において債務の法的性質を特定することの要否	70
4	請求の趣旨の代表的な記載例	72
第6	請求原因事実	73
1	確認の利益を基礎付ける事実	73
2	訴訟物特定に必要な事実	74

第3節　訴訟の進行

第1	抗弁以下の攻撃防御	76
1	債務不存在確認訴訟における主張整理の具体例	76
2	原被告主張の債務が一致しない場合について	77
第2	証明責任	79
1	主張立証責任	79
2	被告の欠席	80
3	保険事故における「故意・重過失」の証明責任	81

第3	給付訴訟と債務不存在確認訴訟……………………83
1	給付訴訟の係属中の債務不存在確認訴訟の提起………84
2	債務不存在確認訴訟の係属中の別訴給付訴訟の提起……84
3	債務不存在確認訴訟の係属中の反訴給付訴訟の提起……86
第4	被告の応訴と消滅時効中断効………………………90
1	債務不存在確認訴訟における消滅時効の中断…………90
2	債務不存在確認訴訟における債権の消滅時効中断の効力発生時期……………………………………92
3	消滅時効中断効の及ぶ範囲………………………93
第5	債務不存在確認訴訟と請求異議訴訟………………94
1	請求異議訴訟と債務不存在確認訴訟の併合提起の必要性……………………………………94
2	債務不存在確認訴訟の独自の意義………………95
第6	判　決…………………………………………97
1	債務の存否のみの確認を求める請求に対する判決……97
2	債務額を表示しない請求に対する判決（前掲1を除く場合）…………………………………99
3	債務額（申立範囲の上限）を表示した請求に対する判決……………………………………102
4	申立範囲の上限が示されずに下限（残債務額）が示された請求に対する判決……………………104
5	申立範囲の上限及び残債務額を示した請求に対する判決……………………………………106
6	中間判決………………………………………108
第7	和解条項………………………………………111
1	消費貸借契約の債務の不存在を確認した事例…………111
2	身元保証契約に基づく損害賠償債務の不存在を確認した事例……………………………………112

第2章　債務不存在確認訴訟の活用事例

第1節　貸金関係

事例1　期限の利益喪失を前提にした貸金業者からの一括弁済請求に対して期限の利益を喪失していないこと及び信義則違反等を主張して債務不存在確認を求めた事例……… 115

事例2　父親から一定の代理権を与えられた長男が父親の替え玉を同行して金融業者から父親を借主とする融資を受けたケースで父親らが金融業者に対して借入金債務の不存在確認を求めた事例………………………………… 120

事例3　借主の債務整理のため弁護士が受任通知を送付したことを理由に貸金業者が期限の利益喪失を主張し、利息制限法の適用に否定的な対応をとったことから借主が借入金債務について利息引き直し計算後の金額を超えて借入金債務が存在しないことの確認を求めた事例……… 124

事例4　貸金債権は10年の時効期間の経過により消滅したとして借主が貸主の相続人に対して債務不存在確認を求めた事例……………………………………………………… 129

事例5　株券を担保とする消費貸借につき債務者による貸金の供託により貸金債務が消滅したとして債務不存在確認及び株券の引渡しを求めた事例……………………… 133

事例6　手形判決等が確定している場合においてその原因債権の不存在確認の訴えの利益が認められた事例……………… 137

事例7　健康保険被保険者証の貸与を受けた者が保険証の名義を利用して借り入れた貸金の返還を求められた保険証名義人が消費者金融業者に対して損害賠償債務等が存在しないことの確認を求めた事例…………………… 141

第2節　保証関係

事例8　会社の貸金債務の消滅時効の進行中に連帯保証人が一部分割払した場合においても同保証人による主債務の消滅時効の援用が信義則に反しないとして債務不存在確認を求めた事例………………………………………… 145

事例9　他人の100万円の貸金債務について連帯保証すると誤信して極度額1000万円の根保証契約書と記載された契約書に署名押印した者が根保証契約は要素の錯誤により無効であるとして保証債務が存在しないことの確認を求めた事例……………………………………………………151

事例10　リース契約においてサプライヤーから役務提供を受けられなかったことを前提に、ユーザー及びその連帯保証人が連帯保証債務の不存在確認を求めた事例…………155

事例11　妻が夫に無断で信用金庫との間で妻名義の消費貸借契約の連帯保証及び根抵当権設定契約を締結したことについて債務不存在確認を求めた事例………………………159

第3節　交通事故関係

事例12　自動車の接触事故により2名が18日間入院しその後も通院を続けた場合において加害者が被害者に対して負傷の事実が認められないとして損害賠償債務不存在の確認を求めた事例……………………………………163

事例13　物損交通事故の当事者が訴訟前の交渉により合意に達しなかったため損害賠償債務の不存在確認訴訟を提起したところ争点となった確認の利益につき中間判決がなされた事例…………………………………………167

事例14　交通事故に基づく債務不存在確認訴訟における確認の利益の存否について加害者側が立証しない場合に裁判所がとるべき対応等について判断された事例………173

事例15　交通事故の後遺障害に関する示談契約締結後に被害者が同示談契約が弁護士でない者の介入があり無効であるとして損害賠償を求めたのに対して加害者が示談契約の有効性を主張して債務不存在確認を求めた事例……179

事例16　交通事故による休業損害は発生していないとして損害賠償債務の不存在確認を求めたケースで被告には原告主張以上の損害が生じたとして請求が棄却された事例…………………………………………………………183

第4節　保険金関係

事例17　転落事故により死亡した夫の生命保険金の請求を妻が行ったのに対して生命保険会社が死亡保険金支払債務不存在確認を求めた事例……………………………………… 187

事例18　自動車追突事故が被害者の故意による事故招致であるとして、加害者・運行供用者・保険会社の免責を主張して債務不存在確認等を求めた事例………………………… 192

第5節　売買・賃貸借関係

事例19　健康寝具の売買契約がモニター契約と不可分一体の契約であり公序良俗に反し無効であるとして立替払契約に基づく立替払金支払債務の不存在確認を求めた事例……………………………………………………………………… 195

事例20　面積を指示した土地の売買において代金支払及び登記完了後に実測した面積が契約書記載の面積よりも大きいことが判明したとして売買代金不足額を請求されたのに対して同代金支払債務は不存在であることの確認を求めた事例…………………………………………………… 200

事例21　住宅地区改良法に基づく改良住宅に使用許可を受けて居住する賃借人らが、市が導入した「応能応益家賃制度」は無効であると主張して同制度による増額分の家賃の支払債務が存在しないことの確認を求めた事例……… 204

第6節　報酬金関係

事例22　テレビ番組制作の契約を合意解除した後に既払報酬金の返済方法について紛争が生じたため返済を求められた制作会社が報酬金返還債務の不存在確認を求めた事例……………………………………………………………………… 209

事例23　法律事務所に勤務する外国法事務弁護士の経営弁護士に対する受任事件に関する報酬支払の合意に基づく報酬請求に対して経営弁護士が既払額を超えて報酬支払債務が存在しないことの確認等を求めた事例……………… 214

事例24　犬のフィラリア虫除去手術の最中に、その犬が心拍減少、不整脈を来して死亡した事案において、飼主と獣医との間に手術委任の有無・手術の成否及び手術料の支払について紛争が生じたため獣医側から損害賠償債務の不存在確認とともに手術関係費の支払を求めた事例……………………………………………………………… 219

事例25　配偶者の素行調査を依頼された興信所の調査が不十分であったとして調査委任契約上の債務不履行責任を問われ調査費用の返還を求められたのに対して同返還債務の不存在確認を求めた事例……………………… 223

第7節　消費者関係

事例26　英会話レッスン受講料支払のためにされた金銭消費貸借契約に基づく貸金返還請求につき、貸主と英会話学校とが資金的にも人的構成の面でも密接不可分で相互依存関係にありかつ英会話学校の閉鎖により受講不能となったような場合には、貸金返還債務が存在しないと主張して債務不存在確認訴訟を提起した事例………… 226

事例27　加入電話契約者の承諾なしにその被用者が利用したいわゆるダイヤルQ2事業における有料情報サービスに係る通話料につき加入電話契約者が債務不存在確認を求めた事例……………………………………………… 231

第8節　フランチャイズ関係

事例28　フランチャイズ契約において加盟店側から解約する場合には本部に500万円の解約一時金を支払わなければならないとの定めが公序良俗に違反するとして同一時金支払債務が存在しないことの確認を求めた事例……… 235

第9節　会社関係

事例29　株主総会の特別決議を経ないで第三者に対し特に有利な価額でなされた新株発行が無効であるとして株式の返還を求められたため株式返還債務（不当利得返還債務）の不存在確認を求めた事例…………………………… 240

第10節　破産関係

事例30　動産を目的とする所有権留保特約付割賦販売において、買主が破産した場合に売主が引上げ売却した動産売買代金が破産財団に所属すると主張したため売主が破産管財人に対して売買代金に係る支払請求権を有していないことの確認を求めた事例……………………………244

事例31　会社更生手続中の会社につき更生計画認可後に根抵当権に基づき不動産の競売申立てがなされ競売開始決定がなされたのに対して不動産所有者が被担保債権の履行期が到来していないことの確認等を求めた事例………250

第11節　離婚関係

事例32　子が大学に進学していないため成年に達した日の前日をもって養育料等の支払義務が消滅したとして養育料等支払債務の不存在確認を求めた事例…………………254

第12節　未成年者関係

事例33　16歳の少年が飲酒遊興したキャバクラ利用契約は公序良俗違反ないし未成年者取消しにより無効であるとして少年の養父がクレジットカード会社及びキャバクラ店に対して債務不存在確認を求めた事例………………259

事例34　化粧品のキャッチセールスに応じた未成年者が締結した化粧品購入契約が法定代理人の同意がなく取消しにより無効であるとして債務不存在確認を求めた事例………265

第13節　相続関係

事例35　遺留分減殺請求を受けた受遺者が、民法1041条所定の価額弁償の意思表示をしたものの現物返還請求も価額弁償請求も受けていない場合において受遺者が弁償すべき価額の確定を求めるべく債務不存在確認を求めて提訴した事例……………………………………………268

第14節　安全配慮関係

事例36　ホテルの大浴場の階段部分について滑りによる転倒防止の安全対策が不十分であると指摘されたホテルが債務不履行による損害賠償債務が存在しないことの確認を求めた事例……………273

第15節　労使関係

事例37　ホストクラブの顧客に対する売掛金を指名を受けたホストに対する貸付金とする特約が公序良俗に反し無効であるとして貸付金債務不存在の確認を求めた事例……277

第16節　団体決議関係

事例38　水産業加工業者を組合員とする組合が1億円以上の損失を生ずる見込みとなったため組合員から特別賦課金を徴収する旨の総会決議がなされたのに対して決議に反対した組合員が特別賦課金の支払債務は存在しないことの確認を求めた事例………………………………281

第17節　街宣活動関係

事例39　都市銀行が国体護持等を標ぼうし街宣活動を行う政治団体から不法行為責任を追及されたのに対し同責任に基づく債務は存在しないことの確認を求めた事例………285

第18節　医療事故関係

事例40　前額部のシミの治療で形成外科等を専門とする医院でレーザー治療を受けた女性が治療前と説明が異なり炎症性色素沈着の状態等になったため診療契約は要素の錯誤により無効であるとして治療費の支払債務の不存在確認を求めた事例……………………………………290

事例41　献血に先立つ試験採血の際に献血者に神経損傷の傷害を与えた看護婦に過失はないとして献血業務を実施した法人が献血者に対して損害賠償債務不存在確認を求めた事例……………………………………………………295

第19節　名誉毀損関係

事例42　地方新聞に掲載された町長選挙に関する談話記事が名誉毀損であるとして損害賠償等を求められた取材対象者が、訴訟告知を受けて独立当事者参加した新聞社と共に債務不存在確認を求めた事例……………………298

第20節　知的財産関係

事例43　ラップフィルム製品は登録意匠に係る物品としての同一性又は類似性がないとして、意匠権侵害に基づく損害賠償請求権等が存在しないことの確認を求めた事例……………………………………………………………302

第21節　租税債務関係

事例44　納税者名義の贈与税の申告書は納税者の父親が納税者に無断で納税者名義で署名押印して提出したものであるなどとして贈与税に係る租税債務が存在しないことの確認を求めた事例……………………………305

第22節　国際裁判管轄関係

事例45　アメリカ在住の日本人がアメリカの裁判所に日本人を被告として不法行為に基づく損害賠償請求等の訴訟を提起した後同被告が日本の裁判所に同損害賠償債務の不存在確認を求めた事例………………………310

判例年次索引………………………………………………317

第 1 章

債務不存在確認訴訟の実務

2

第1節　訴訟の意義
第1　債務不存在確認訴訟とは

　債務不存在確認訴訟は、「確認訴訟」の一つの類型です。
　ここにいう確認訴訟とは、法律関係の存否を確定することによって原告の法的地位の不安を除去し、それにより紛争を予防・解決する手続です。
　現在の民事訴訟における圧倒的多数は給付訴訟であり、確認訴訟の中の諸類型でも一般的な分野での大多数は「積極的」確認訴訟です（例えば、ある物の所有権がある者に帰属していることの確認を求める場合等）。これに対して、権利等が存在しないことの確認を求める「消極的」確認訴訟が現在の裁判実務に占める割合は必ずしも大きいとはいえないかもしれません。
　しかしながら、確認訴訟の一類型である債務不存在確認訴訟は、同訴訟の提起により裁判手続の俎上に強制的に相手方を取り込み、債権者側（被告側）からの反訴請求（給付請求）を促したり、裁判上の和解により円満かつ終局的な解決がなされる場合もあるうえ、和解が成立しない場合であっても、終局判決の確定により、紛争解決の可能性を著しく高めることができます。
　債務不存在確認訴訟の各種裁判例をみると、裁判に至る過程の中で、多かれ少なかれ膠着状態に陥り交渉の継続を断念した債務者サイドが、自らのタイミングで、積極的に紛争解決を志向している様相が見受けられ、実際にも同訴訟の提起により、最終的に紛争が解決されていることが分かります。
　まさにこの点に債務不存在確認訴訟の大きな意義があり、紛争解決の手段として検討対象に加えられるべき重要性が認められるといえ

でしょう。

　なお、消極的確認訴訟の中でも、特殊な分野―例えば親子関係不存在確認、婚姻無効などの身分関係、株主総会、取締役会等の決議無効、不存在確認などの会社関係若しくは組織関係訴訟などでは、各訴訟類型ごとに特に法律上の規定が存在し、分野ごとの特殊性に鑑みて検討される必要があり、本稿の対象外ですのでここでは詳細に触れません。

　これまで、債務不存在確認訴訟の一般的なイメージとしては、交通事故事案で加害者側保険会社が示談代行中に交渉が膠着状態に陥った場合や、貸金事案等で主として利用されているというものであったと思われますが、本稿で一部ご紹介するとおり、実際には様々な事件類型で利用されており、弁護士業務において、同訴訟を紛争解決の指針の一つとして検討対象に入れることができるか否かの差は小さくないといえます。

　ここに、債務不存在確認訴訟の第1審訴訟手続の過程をフローチャートで示します。参考にしてください。

第1章 訴訟実務　　　　　　　　　　　　　5

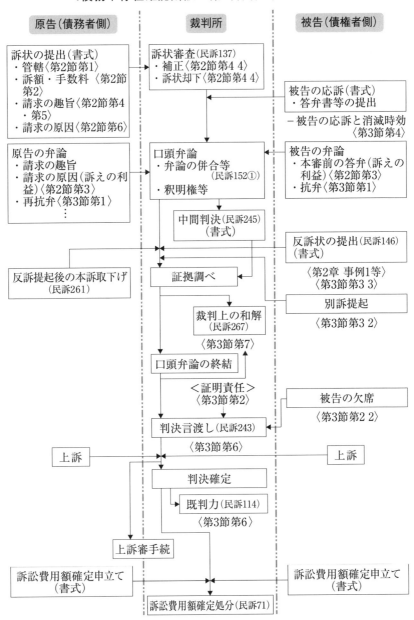

第2　差止請求訴訟・不法行為に基づく損害賠償請求訴訟との相違

　債務不存在確認訴訟を提起することにより、被告（債権者側）の請求行為が事実上ストップするケースが多いといえます。債権者が取立行為等を停止する理由はケースにより様々と思われますが、債務者側からみれば、これは債務不存在確認訴訟の大きな利点の一つといえるでしょう。

　債務者側からすると、債権者側の請求行為が止まれば第一次的な目的を達することから、実質的には債務不存在確認訴訟は請求行為の差止請求という側面を有していると評価することができます。

　このような観点から、債務者側の目的の達成のためには、差止請求訴訟（ないし仮処分命令申立て）の方がより直接的ではないかとの疑問も生じ得るところです。

　しかしながら、差止請求は、特定の債務についての取立禁止や面会禁止等を求めるという性質上、取立等の契機となっている債務の存否自体は、差止請求訴訟判決の既判力により確定されませんので、紛争解決に必ずしも十分ではありません。

　また、債務を完済している場合や一切債務負担をしていない事案であればともかく、債務が一部でも残っている場合には差止請求が認められない可能性もあり得ます。

　また、上記差止請求と似ているものとして、債務者の債権者に対する不法行為に基づく損害賠償請求（民709）が挙げられます。債権者が社会通念上相当と認められる範囲を逸脱した債権回収行為を行った場合、債権者による請求行為は違法であり、不法行為を構成することもあり得ます（例えば、貸金業法21等参照）。

第1章　訴訟実務

　しかしながら、債権回収行為そのものに不法行為が成立するか否かは、非常に微妙な判断であり、当事者間の事実認識や評価、法的見解の相違に基づいて債務の存否について紛争となっている事案ごとの背景をも考えると、債権者の請求行為自体が不法行為を構成すると自信をもって判断できるケースは相当限定されたものでしょう。

　また、仮に不法行為による損害賠償請求訴訟において債務者が認容判決を得たとしても、それにより直ちに債務の存否が確定されるものでもありません。

　このように、債務不存在確認訴訟と差止請求訴訟・不法行為に基づく損害賠償請求訴訟はその趣旨・効果が異なるため、その相違を押さえておく必要があり、紛争の根本的原因を明確化して除去するためには、やはり債務不存在確認訴訟の意義・役割は大きいというべきです。

　この点に関連して、例えば**事例22**（東京地判平7・2・28判タ905・204）は、債務者側において、債権者側の取立行為が違法であるとして不法行為に基づく損害賠償とともに債務不存在確認を求め、それぞれ認容された事例であり、参考となります（その他、神戸地判昭62・7・7判タ665・172等）。

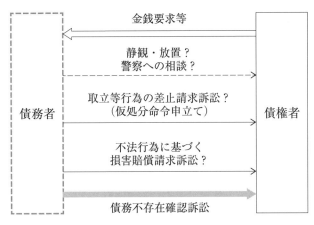

第3　先制攻撃的・証拠開示的・提訴強制的性格

　債務不存在確認訴訟を提起することにより、通常は受け身の立場に立たされる債務者が原告となって紛争の終局的な解決へ向けて主導権を握ることが可能となります。

　すなわち、訴訟における地位（原告・被告という立場）が入れ替わっても、証明責任の所在には影響せず、債務の発生原因事実に関しては債権者が証明責任を負います。

　これを利用して、債務者が、債権者の準備の整わない段階で債務不存在確認訴訟を提起し、勝訴を得る訴訟戦術の可能性が指摘されています。これが債務不存在確認訴訟の「先制攻撃的性格」といわれるものです。

　さらに、債務不存在確認訴訟には「証拠開示」的な機能・性質（性格）もあるといえます。この訴訟類型においては、債権の存在についての証明責任はあくまでも被告＝債権者にあります。

　したがって、原告＝債務者との間で訴外の交渉を継続している際に、債権者側がどの程度の証拠を握っているのか、訴訟提起され判決となった場合に認容判決が下されるに足りる程度のものなのかは債務者側からは必ずしも明らかではありません。

　しかし実際には、債権者側において、証拠が弱いため交渉である程度のところで折り合いが付けられればよいと考えているケースも少なくないものと思われます。

　このような場合に、債務者側から債務不存在確認訴訟を提起すれば、上記証明責任の原則により債権者側が裁判所に債権の存在を示す証拠を提出しなければならず、この意味で事実上証拠開示的な性格を帯びることになります。

特に、刑事事件で告訴・告発を示唆する旨債権者側が主張している場合には、刑事手続に先行して民事訴訟が係属し判決ないし裁判上の和解で終結すれば情状の点でも有利に斟酌されることとなるため、債務者側から債務不存在確認訴訟の提起を検討する意味はあるように思われます。

　なお、債務不存在確認訴訟においては特段の事情がない限り、反訴として給付訴訟が提起されるのが通常であることから、合理的な理由もなく反訴を提起しない債権者（債務不存在確認訴訟の被告）に対しては事実上敗訴判決がなされる可能性が高まる側面があることは否定できず、この限度で提訴強制的機能もあるということができるでしょう。

第4　債務不存在確認訴訟が提起される類型

　これまで債務不存在確認訴訟が提起された事案の類型は様々であり、詳細は事例紹介に譲ることとしますが、その活用類型は極めて広汎な領域に及んでいます。
　多く利用されている典型的な例としては、消費者金融から借り入れた消費者が過払金返還請求をする際に、債務不存在確認請求をも併せて提訴するケースが挙げられます（広島高判平9・12・2判タ1008・258等）。
　また、交通事故事案でも債務不存在確認訴訟が多く提起されているところですが、実務上債務不存在確認訴訟が提起されることが多いのは、次のようなケースとされています。すなわち、①暴力団員が被害者であったり、示談屋が介入したりして、正常な賠償交渉ができない場合、②被害者が、法外な物損を請求したり、資料による裏付けのない高額の収入を前提にして休業損害や逸失利益を請求したり、執拗に拡大損害を請求したりして譲らず、賠償交渉が進まない場合、③極めて軽微な事故であるにもかかわらず、むち打ち症状などで長期間入通院し治療終了のめどが立たない場合などであり、これらが併存する場合も多いとされています（例えば、暴力団員が運転するメルセデスベンツにわずかに追突しただけであるにもかかわらず、当該暴力団員が車両1台を購入できるほどの物損を請求したり、長期間の入通院治療を継続するとともに、客観的な資料もなしに、自営業による収入があったとして実体がないと思われる休業損害を請求しているような場合）。
　ほかにも、④被害者が自賠責保険の後遺障害等級認定（いわゆる事前認定）と異なる等級を主張するので、これを排除しようとする場合、⑤現在は請求を受けていないものの将来の被害者の損害賠償請求をあらかじめ阻止しようとする場合などが挙げられているところです（山

下満「債務不存在確認訴訟の実情と問題点」塩崎勤編『現代民事裁判の課題⑧交通損害・労働災害』522頁（新日本法規出版、1989））。

　これらの場合に提起された債務不存在確認訴訟は、紛争の予防や解決に役立つことは間違いありませんが、他方で、先制攻撃的機能、提訴強制的機能が含まれていることは否定できず、殊に③や⑤の場合は、訴訟の提起が早すぎると、被害者の治療や損害が事故による損害として正当である場合にも治療を牽制する結果となる可能性（先制攻撃的な側面が強い）がありますので、訴えの利益の有無については訴訟提起に際して慎重な検討が必要となるでしょう。

　もっとも、債務不存在確認訴訟が提起される典型的な事例が上記のとおりであるとしても、同訴訟の提起が期待される案件は、決して貸金訴訟や交通事故事案に限定されるものではありません。

　本書では、可能な限り様々な事例を通じて、債務不存在確認訴訟の活用の幅が実際には極めて広範囲に及んでいること、さらにこれが積極的に活用されることにより紛争解決に資する面が少なくないこと等を紹介していきます。

第5　紛争の終局的解決機能等

　「紛争の終局的解決機能」とはあまり一般的な用語ではないかも知れませんが、先に述べた先制攻撃的・証拠開示的・提訴強制的性格と若干重なる点があります。

　通常、弁護士が依頼者からある相談事を持ちかけられ、それを事件として依頼を受ける場合、その事件処理に着手した時点で着手金を頂き、その後その事件が終了した段階で、その成果に応じて報酬を頂くことになります。

　このように、事件の依頼を受けた弁護士にとっては、その事件に「着手」した時点と「終了」した時点が重要なのですが、当該事件の種類、性質、展開等によっては、往々にして当該事件の処理に「着手」はしてみたもののいつそれが「終了」したのかということの判断が付きにくいということがあります。

　例えば、いわゆる架空請求等の事案（例えば、購入してもいない商品やサービスについての代金の請求書をしつこく郵送されて困っている、身に覚えのない損害賠償の請求を執拗にされて困っている等という相談事例）において、弁護士がその対応を依頼されたという事例を考えてみましょう。

第1章　訴訟実務　　　　　　　　　　　　　　　　　　13

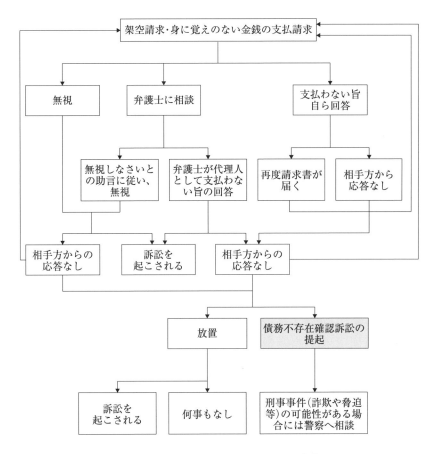

〔資料1〕〔資料2〕は、いわゆる架空請求詐欺（手紙、ハガキ、又はメール等で身に覚えのないアダルトサイトなどの情報料の請求を行い、相手方をしてその家族や勤務先に知られたくないという心理を利用してその支払を行わせようとする手口）の手段として使われるものです。

なお、千葉県柏市では初めて振り込め詐欺等被害防止等条例を制定し、平成28年4月1日から施行されています。そして、同条例の第2条(4)

では、「架空請求詐欺」を「ウェブサイトの利用の事実をねつ造し、当該利用に係る料金を請求する文書を送付して、その指定する預貯金口座に現金を振り込ませる手口その他これに類する方法による詐欺」と定義しています。

　この架空請求書（〔資料1〕〔資料2〕）を受領し、その中身を読んで不安になり弁護士の元に法律相談に赴くという例は多いのですが、そのような相談を受けた弁護士としては、「相手にせず無視しなさい」と答えるのが一般的ですし、それが正解でしょう。

　すなわち、もしその連絡先に本人が電話をすれば、その会話の中でさらにその不安感が大きくなり、その不安感に負けて本来支払う必要のない金銭を支払わされる危険性が増大するからです。

　そして、このような無視してよい（無視すべき）架空請求通知の特徴を列挙すると、次のとおりです。すなわち、①不特定多数の者に対して一斉に送付することを目的としているため、宛先（受取人）に個人名が記載されていないこと、②使用したとされるサイトの名前やURLが記載されていないこと、③差出人の名前が企業（会社）であるにもかかわらず、その住所が記載されておらず、電話での連絡を要求する文面になっていること等です。

　なお、差出人の住所が記載されている場合には、当該郵便物に「受取拒否」と記載して配達員に渡すという方法もあり得ます。

　これに対して、上記架空請求とは別の類型として、日常生活における個人間のトラブルが高じて、損害賠償の請求の問題にまで発展することがあります。〔資料3〕がその具体例であり、このような「請求書」が届いた場合、これは先述の架空請求（〔資料1〕〔資料2〕）とは異なり、（その請求に法的な理由があるか否かはともかくとして）いわば「現実の請求」なのです。

　この場合、手紙を受け取ったYから依頼を受けた弁護士としては、

その請求書を送付してきた者（X）に対して、その請求には理由がないので支払請求には応じられない旨回答するとともに、この件の今後の対応及び連絡先は、本人ではなくその代理人である弁護士宛に行うよう通告（回答）するのが一般的でしょう（〔資料4〕参照）。

そして、この回答書を受け取った相手方（X）がその請求に理由がないことを認め、以後本人に対して請求したり、請求書を送付することを止めるということで話がまとまれば、その時点でこの事件は解決したことになり、弁護士は依頼者（Y）から所定の報酬を受け取るということになるでしょう。

これに対して、相手方が何も応答してこない場合は問題です。すなわち、この場合には、相手方がこの請求を諦めたのか否かが不明であり、依頼者にとってはいつまた同様の請求がなされるのか（請求書が届くのか）という不安感が続くことになるからです。

これを依頼を受けた弁護士の立場から見れば、このような事情の下で当該事件は「終了した」といえるのか、弁護士は依頼者に対して報酬を請求してよいのかということが問題になってきます。

そして、この場合の弁護士の対応としては、下記のとおりいくつか考えられます。

第一に、再度同趣旨の通知書を相手方に送付するという方法があります。

確かに、この再度の通知書に対して、仮に相手方から何らかの回答があれば進展はあるでしょうが、結局相手方から返事が来なければ従前と同じことですし、仮にその通知書に「本書面到達後2週間以内に何らの返事がない場合には請求の意思がないものとみなします」との文言を入れたとしても、そのような一方的な意思表示によって相手方を拘束することはできない以上、それほどの意味はないことになります。

第二に、基本的にはそのまま放置することにして、消滅時効期間（民

事上の一般債権なら10年、商事上の債権なら5年、不法行為に基づく損害賠償請求権なら3年等。なお、民法及び商法の改正により、消滅時効期間が変更されます（公布の日（平成29年6月2日）から3年を超えない範囲内において政令で定める日から施行）ので注意が必要です。）の経過を待ち、その時点で消滅時効の援用通知を相手方に対して発送し、その到達時点をもって事件の終了とする方法が考えられます（〔資料5〕参照）。

　確かに、この方法は法律の規定に従った合理的な方法であるといえます。

　しかしながら、このような処理では、最終的な事件解決まで極めて長い時間が掛かり、何年も待たされるという意味において依頼者の納得も得られにくいという点が難点でしょう。また、当該債権が本当に消滅時効の完成により消滅したのかという最終的な判断は裁判所においてなされるべきところ、この処理ではそのような最終的な判断がなされていないという意味において、やはり不完全なのです。

　そこで第三に、本書のテーマとしている債務不存在確認訴訟を相手方に対して提起するという方法が考えられます。〔資料6〕は、〔資料3〕の請求書（通知書）を受け取ったＹがその差出人Ｘに対して提起する債務不存在確認訴訟の訴状の一例です。

　この方法は、確かに、訴訟提起の準備等に手間や費用が掛かるという意味での不都合はあるものの、将来裁判所において何らかの結論が出されるという意味においては最も確実な紛争解決手段であるといえます。また、当該事件が終了したということを依頼者に対して説明するのにも有効であり、依頼者の納得も得やすいのではないかと思われます。

　なお、〔資料7〕は、〔資料3〕の請求書（通知書）を受け取った側が自己の発言内容を認めた上で、相手方が請求する慰謝料の金額が高額

に過ぎるため、それを30万円の限度でこれを認め、その内容での解決を裁判所に求める際の訴状の一例です。

　以上のとおり、債務不存在確認訴訟には、このような意味における「紛争の終局的解決機能」があると筆者は考えています。

　次に、いわゆるサービサー（債権回収会社）から、長期間返済していない金銭消費貸借契約や保証契約等に基づく金銭債務を譲り受けたとして、その支払を求める請求書（通知書）が届いたという場合を考えてみましょう。〔資料8〕がその請求書（通知書）の一例です。

　ここで、サービサー（債権回収会社）というのは、金融機関等から、特定の金銭債務に関して、その管理回収の委託を受けたり、又はその債権を譲り受けてその回収を行う、法務大臣の許可を受けた民間の債権管理回収の専門業者のことをいいます。

　我が国では、弁護士法により、弁護士又は弁護士法人以外のものがこの業務を行うことは禁じられていましたが、いわゆる不良債権の処理等を促進するために「債権管理回収業に関する特別措置法（サービサー法）」が施行され、弁護士法の特例としてこのような民間会社の設立ができるようになったのです。

　なお、法務大臣の許可の基準の一つとして「常務に従事する取締役」の中に弁護士がいることが条件となっていることが特徴的です（サービサー法5四）。

　このようなサービサーから既に消滅時効が完成していると思われる債権について、その支払を求める請求書（通知書）が定期的に届くといった相談事例が少なからずあります。

　この場合の対応としては、基本的には先述した通り、〔資料5〕のような通知書を出せばよいのですが、その請求書（通知書）が頻繁に（定期的に）送られてきて困っているという事情がある場合には、例外的に、〔資料9〕のような「消滅時効援用通知書」を送付し、債務不存在

確認訴訟を提起することを予告するとともに、相手方をして今後は同様の請求を行わない旨の「念書」（〔資料10〕）を作成させ、その返送を求めるという方法もあり得ると思います。

さらに、債務不存在確認訴訟には、上記以外の事実上の効果として、当該事件を民事事件に留め刑事事件に発展させないという効果もあるといえます。

先ほどの事例（〔資料3〕）を例に取れば、名誉を毀損されたと主張している側からは、この事件を単なる慰謝料請求という形の民事事件ではなく、名誉毀損罪（刑法230①）という刑法犯として被害届を警察に出したり、又は刑事告訴をしたりなど、本件を刑事事件とするということも理論的には考えられますし、その旨を請求書（通知書）に記載してくることもあり得るでしょう（〔資料11〕）。

これに対して、警察の側は、この種の被害届等が出されたからといって直ちにこれを受理して捜査に着手するとは限りません。各警察署が担当している刑事事件には事件としての重大性という観点からの優先順位がありますし、捜査に従事できる警察官の数等にも自ら限界があるからです。

また、警察には昔から「民事不介入」という不文律があり、これは「民事事件は弁護士が間に入ったり裁判所が解決すべきこと、すなわち、司法権によって解決すべきことであり、行政権に属する警察は口を出してはならない。」という意味です（なお、この民事不介入の原則の根拠を警察法2条2項が「警察の活動は、厳格に前項の責務の範囲に限られるべきものであって、その責務の遂行に当っては、不偏不党且つ公平中正を旨とし、いやしくも日本国憲法の保障する個人の権利及び自由の干渉にわたる等その権限を濫用することがあってはならない。」と定めていることに求める見解もあります。）。例えば、隣人同士の境界紛争（互いの土地の所有権はどこまでなのか）という事件は純

粋な民事事件ですので、この問題を警察に相談しても上記「民事不介入」の原則を理由に警察では解決できないといわれてしまいます。

　ただ、この「民事不介入」の原則は実際には拡大解釈されており、純粋な民事事件とはいえない名誉毀損等の行為についても、警察はこれを「民事不介入」の原則を口実に刑事事件として受理しないという扱いをしているのではないかと思われる事例が少なくないのです。

　しかしながら、ここでは、このような警察の扱いの当否が問題なのではなく、そのような運用が警察においてなされているという現状を踏まえて、債務不存在確認訴訟の事実上の効果を考えてみましょう。

　例えば、〔資料11〕の請求書（通知書）には、名誉毀損を理由にした損害賠償の請求と、それに応じなかった場合には名誉毀損罪として告訴する旨の記載がなされています。

　したがって、これを受け取った側からすれば、〔資料3〕の請求書（通知書）を受け取った場合よりも受ける衝撃は大きいはずであり、例えば自分が警察に逮捕されるかもしれないといった不安感も加わることになります。

　このような請求書（通知書）をもって弁護士に相談に来た場合、その相談者にとって最も心配な事柄は、「自分は名誉毀損罪で逮捕されるのか」、「警察の捜査を止めるにはどうしたらいいのか」ということです。

　このような相談を持ち掛けられた弁護士としては、相談者のその不安感をできるだけ和らげることになりますが、他方において、その弁護士としてもそのような相談に対して「逮捕されることはない」とか「警察の捜査を止めさせる」などということを確約できるはずもないのです。

　もちろん、前述のとおり、この種の事件において、警察に被害届等が現実に出されたからといって警察が直ちに捜査に着手するとは限ら

ないのですが、このような請求書（通知書）を受け取った相談者にとっては、その趣旨の説明を受けるだけでは不安感は消えないと思われます。

　そこで、一つの手段として、この段階で債務不存在確認訴訟を提起し（〔資料12〕）、裁判所に受け付けられた訴状の写しを持参して所轄の警察署に相談に行くということが考えられます（〔資料13〕）。

　警察としても、この〔資料13〕のような上申書が提出されれば、直ちに捜査に着手するということはしないのではないかと思われますし、これにより、相談者の上記不安感は相当程度解消されるのではないかと期待できます。

　このように、債務不存在確認訴訟の事実上の効果・機能として、警察の捜査を抑制するということがあり得ると思います。

　もちろん、それがどの程度効果的なものなのかということは、事件の性質・重大性によっても大きく変わってくることは言うまでもありません。

　なお、〔資料14〕は、「訴訟費用額確定処分申立書」であり、債務不存在確認請求事件のみならず民事事件一般に関わるものですが、〔資料9〕の通知書にこの申立てを行う旨の警告をしているため、その参考資料として掲載した次第です。

第1章　訴訟実務

〔資料1〕架空請求書の例①

最終勧告通知書

　今般、弊社は、債権管理センターにて貴殿から発生した債権に対する通達をさせていただきます。この度は、過去に貴方様にてご利用がございました有料サイト未納料金について運営業者様から当社が債権譲渡を承りましたので、大至急当社の方までご連絡していただけるよう申し上げます。下記の期限を過ぎますと債権回収業者に譲渡された形にて自宅にての直接回収の手続への移行になります。なお、ご自宅不在の場合、調査を行い会社等へ伺い給料等の財産の差押手続を行わせて頂きます。なお、今回は債権に発展したものに関しての通達ですので債権に関する義務に従い必ずご本人様からの連絡を頂くようお願い致します。※このような督促に対する他の回収業者にてのトラブル及びお支払いにても対応をお取りしますので一報お願い致します。

【最終受付期限】　平成○年○月○日（木）
【受付時間】　　　平日9：00～18：00まで
【担当者直通】　　090－○○○○－××××
【管理番号】　　　A－△△△△

株式会社○○債権管理センター

〔資料2〕架空請求書の例②

請　求　書

　突然のご連絡失礼致します。
　弊社は調査会社として、調査業務、及び和解手続の代行等の解決を目的とした企業になります。
　［顧客番号：******736］様の携帯端末よりご登録中の、サイト運営会社から依頼があり、身辺調査若しくは和解退会のご意志の確認の為、ご連絡させて頂きました。

現状、無料期間中に退会手続が取られておらず、このまま放置されますと、和解退会の手続が取れず、電子消費者契約法に違反する為、運営会社より法的処置に移行せざるを得なくなる可能性がございます。
　業務への移行前に、双方にとってより良い解決に向かう為、詳細の確認、和解、相談等ご希望の方は翌営業日正午までにお問い合わせください。

　受付時間・10：00～19：00
　定休日・日曜、祝日
　　（株）○○○○○○○○
　tel：03-****-1563
　　［顧客番号：1325******］

　顧客担当：△△△△
　代表取締役：××××

東京都調査業協会：****号
関連団体：社団法人　○○調査業協会　東京都○○○協会

※なお、本通知を最終通告とさせて頂きますのでご了承お願い致します。

〔資料3〕請求書（通知書）の例①

請　求　書

　　　　　　　　　　　　　　　　　　　　　平成○年○月○日
Y　様
　　　　　　　　　　　　　　　　　　　〒○○○－○○○○
　　　　　　　　　　　　　　　　　　　東京都○○区○○町○－○
　　　　　　　　　　　　　　　　　　　　　　　X

前略
　平成○年○月○日、私とあなたが所属している△△サークルの飲み会が居酒屋××で行われた際、あなたは皆のいる前で私が過去に万引きしたことがある等と発言しました。

あなたのこの発言は事実に反するばかりでなく、これにより私の名誉は著しく害され私は多大な精神的苦痛を被りました。この精神的苦痛を金銭に換算すると200万円を下りません。
　したがいまして、本書面到達後2週間以内に私に対して謝罪するとともに上記200万円を支払うよう求めます。
　上記期間内にあなたから誠意ある対応が見られない場合には、この件を弁護士に相談し民事訴訟を提起することも考えますので、その旨併せて通知致します。

草々

〔資料4〕　回答書の例

回　答　書

平成〇年〇月〇日

Ｘ　　様
　　　　　　　　　　　〒〇〇〇－〇〇〇〇
　　　　　　　　　　　〇〇県〇〇市〇〇町〇－〇－〇
　　　　　　　　　　　　　　　〇〇法律事務所
　　　　　　　　　　　Ｙ代理人
　　　　　　　　　　　　弁護士　〇〇〇〇
　　　　　　　　　　　電　話：〇〇－〇〇〇〇－〇〇〇〇
　　　　　　　　　　　ＦＡＸ：〇〇－〇〇〇〇－〇〇〇〇

前略
　貴殿がＹ氏に宛てた請求書（平成〇年〇月〇日付）に関して、当職がＹ氏から事情を聞いたところによりますと、貴殿が主張するような事実は存在しないとのことであります。
　したがいまして、本書面をもって、貴殿の要求には応じられない旨回答致します。
　なお、本件に関しましては、Ｙ氏から当職が依頼を受けておりますので、本件に関する問合せは本人ではなく当職宛てに文書にて行うようお願い致します。

草々

〔資料５〕消滅時効援用通知書の例

平成○年○月○日

○○○○　殿
　（□□□□株式会社
　　代表取締役　□□□□）

〒○○○-○○○○
東京都○○区○○町○-○-○
○○○○代理人
　弁護士　　○○○○
電　話：○○-○○○○-○○○○
ＦＡＸ：○○-○○○○-○○○○

消滅時効援用通知書

前略
　当職は、貴殿（貴社）の○○○○氏（以下、「通知人」という。）宛平成○年○月○日付「請求書」につき、通知人代理人として、貴殿（貴社）に対し、以下のとおり通知します。
　貴殿（貴社）が通知人に対して支払を求めている本件金銭消費貸借契約上の債権は、いずれも消滅時効が完成しています。
　したがって、民法第145条に基づいて本書面を以て消滅時効の援用の意思表示を行います。
　これにより、本件金銭債権は遡及的に消滅したことになりますので、今後は同種の通知書を発送しないようお願い致します。
　なお、本件に関しては全て当職が依頼を受けておりますので、本件に関する問い合わせ等は当職宛にお願い致します。

草々

〔資料６〕債務不存在確認請求の訴状の例①

訴　状

平成○年○月○日

○○地方裁判所　民事部　御中

　　　　　　　　　　　原告訴訟代理人弁護士　○○○○　㊞

　　　　　　　　　　　〒○○○－○○○○
　　　　　　　　　　　○○県○○市○○町○－○－○
　　　　　　　　　　　原　告　○○○○

　　　　　　　　　　　〒○○○－○○○○
　　　　　　　　　　　○○県○○市○○町○－○－○
　　　　　　　　　　　　　　○○法律事務所
　　　　　　　　　　　原告訴訟代理人弁護士　○○○○
　　　　　　　　　　　電　話　○○－○○○○－○○○○
　　　　　　　　　　　ＦＡＸ　○○－○○○○－○○○○

　　　　　　　　　　　〒○○○－○○○○
　　　　　　　　　　　東京都○○区○○町○－○
　　　　　　　　　　　被　告　○○○○

債務不存在確認請求事件
訴訟物の価額　　200万円
貼用印紙額　　1万5000円

第1　請求の趣旨
　1　原告の被告に対する、名誉毀損に基づく損害賠償債務は存在しないことを確認する。
　2　訴訟費用は被告の負担とする。
　との判決を求める。

第2　請求の原因
1　原告と被告は○○大学の学生であり、ともに△△サークルに所属している。
2　平成○年○月○日午後7時頃から、東京都内○○駅付近の居酒屋××にて同サークルの飲み会があり、原告と被告を含む約15名がこれに参加していた。
3　その飲み会の席上、被告は、原告が被告の名誉を毀損する発言をし、これにより精神的苦痛を受けたとして原告に対して200万円の慰謝料の支払を請求している（甲1）。
4　これに対して、原告はそのような発言をしたことはなく、被告の請求には理由がないことを再三にわたり説明したが、被告は納得しない。
5　このままの状態が続けば、被告はいつ原告に対して訴訟を提起するかが分からず、不安な日々を過ごすことになる。
6　よって、請求の趣旨第1項に記載したとおり、原告は被告に対して名誉毀損に基づく損害賠償債務が存在しないことの確認を求めるべく本訴に及んだ次第である。

以　上

証拠方法

甲第1号証　　　請求書

付属書類

1　訴状副本　　　　1部
2　甲号証（写）　　2通
3　証拠説明書　　　2通
4　訴訟委任状　　　1通

〔資料7〕債務不存在確認請求の訴状の例②

訴　状

平成○年○月○日

○○地方裁判所　民事部　御中

　　　　　　　　　　原告訴訟代理人弁護士　○○○○　㊞
　　　　　　　　　　〒○○○-○○○○
　　　　　　　　　　○○県○○市○○町○-○-○
　　　　　　　　　　原　告　○○○○
　　　　　　　　　　〒○○○-○○○○
　　　　　　　　　　○○県○○市○○町○-○-○
　　　　　　　　　　　　○○法律事務所
　　　　　　　　　　原告訴訟代理人弁護士　○○○○
　　　　　　　　　　電　話　○○-○○○○-○○○○
　　　　　　　　　　ＦＡＸ　○○-○○○○-○○○○

　　　　　　　　　　〒○○○-○○○○
　　　　　　　　　　東京都○○区○○町○-○
　　　　　　　　　　被　告　○○○○

債務不存在確認請求事件
訴訟物の価額　　170万円
貼用印紙額　　1万4000円

第1　請求の趣旨
　1　原告の被告に対する、名誉毀損に基づく損害賠償債務は30万円を超えて存在しないことを確認する。
　2　訴訟費用は被告の負担とする。
　との判決を求める。

第2　請求の原因
1　原告と被告は〇〇大学の学生であり、ともに△△サークルに所属している。
2　平成〇年〇月〇日午後7時頃から、東京都内〇〇駅付近の居酒屋××にて同サークルの飲み会があり、原告と被告を含む約15名がこれに参加していた。
3　その飲み会の席上、被告は、原告が被告の名誉を毀損する発言をし、これにより精神的苦痛を受けたとして原告に対して200万円の慰謝料の支払を請求している（甲1）。
4　これに対して、原告はその趣旨の発言をしたことは認めるものの、200万円もの多額の慰謝料を請求されるいわれはなく、せいぜい30万円が相当であると考えている。
5　しかるに、このままの状態が続けば、被告はいつ原告に対して上記200万円の支払を求めるため訴訟を提起するかが分からず、原告は不安な日々を過ごすことになる。
6　よって、請求の趣旨第1項に記載したとおり、原告は被告に対して名誉毀損に基づく損害賠償債務が30万円を超えて存在しないことの確認を求めるべく本訴に及んだ次第である。

以　上

証拠方法

甲第1号証　　　請求書

付属書類

1　訴状副本　　　　1部
2　甲号証（写）　　2通
3　証拠説明書　　　2通
4　訴訟委任状　　　1通

〔資料8〕サービサーからの請求書（通知書）の例

平成○年○月○日

□□□□　殿

○○○○債権回収株式会社
法務大臣許可番号　第○○号
　○○○部
　担　当　○○○○
　電　話：○○－○○○○－○○○○
　ＦＡＸ：○○－○○○○－○○○○

請　求　書

前略
　○○○○債権回収株式会社は、下記債権を債権譲渡人から譲り受けましたが、いまだにお支払いがございません。
　このまま放置されますと、ご契約者様の一層の信用低下につながるだけでなく、遅延損害金も加算されます。
　つきましては支払期日までに、請求合計金額をお支払いいただきたく、ご通知致します。

草々

　弊社は、債権管理回収業に関する特別措置法（通称：サービサー法）に基づき譲受債権の請求事務を行うものです。なお、ご不明な点やご相談がございましたら弊社担当までご連絡ください。

［平成○年○月○日現在債権額］
○○○○万○○○○円

お支払い期日	平成○年○月○日
請求合計金額	○○○○万○○○○円

※ご契約内容の明細は、下記をご確認ください。

下記の口座にご送金をお願いします。

金融機関名：○○銀行
支　店　名：○○支店
口　座　番　号：（普通）○○○○○○○
口座名義人：○○○○債権回収株式会社

[契約明細]

　契　約　番　号：○○○○○○○－○○
　契　約　種　別：金銭消費貸借契約（証書貸付）
　ご　契　約　者：○○○○
　債　権　譲　渡　人：○○県○○市○○町○○番○○号
　　　　　　　　　　○○信用組合
　現在の債権者：東京都○○区○○町○○番○○号
　　　　　　　　　　○○○○債権回収株式会社
　　　　　　　　　　法務大臣許可番号第○○号
　譲　受　年　月　日：平成○年○月○日
　譲　受　債　権　金　額：○○○○万○○○○円
　契　約　年　月　日：平成○年○月○日
　契　約　金　額：○○○○万○○○○円
　約定延滞発生日：平成○年○月○日
　当　初　の　債　権　者：○○県○○市○○町○○番○○号
　　　　　　　　　　○○信用組合

[債権残高]

　元　金　残　高：○○○○万○○○○円
　未　収　利　息：　　○○万○○○○円
　未　収　損　害　金：　○○○万○○○○円
　督　促　費　用：　　　　　　○円
　法　手　続　費　用：　　　　　○円

〔資料9〕サービサーからの請求書(通知書)に対する消滅時効援用通知書の例

平成○年○月○日

○○○○　殿
　(□□□□株式会社
　　代表取締役　□□□□)

〒○○○-○○○○
東京都○○区○○町○-○-○
○○○○代理人
　弁護士　○○○○
電　話：○○-○○○○-○○○○
ＦＡＸ：○○-○○○○-○○○○

消滅時効援用通知書

前略
　当職は、貴殿(貴社)の○○○○氏(以下、「通知人」という。)宛平成○年○月○日付「請求書」につき、通知人代理人として、貴殿(貴社)に対し、以下のとおり通知します。
　貴殿(貴社)が通知人に対して支払を求めている本件金銭消費貸借契約上の債権は、いずれも消滅時効が完成しています。
　したがって、民法第145条に基づいて本書面を以て消滅時効の援用の意思表示を行います。
　これにより、本件金銭債権は遡及的に消滅したことになりますので、今後は同種の通知書を発送しないようお願い致します。
　また、本通知書とともに、今後貴殿(貴社)が通知人に対して本件金銭債権について同種の請求を行わない旨の念書を送付しますので、これに記名押印の上、本通知書到達後2週間以内に、当職宛に返送するようお願い致します。
　なお、上記期間内に貴殿(貴社)から念書の返信がない場合には、直ちに債務不存在確認訴訟を提起し、同訴訟の判決確定後速やかに同訴訟の訴訟費用確定の申立てを行い、この支払を貴殿(貴社)に対して請求致しますので、その旨申し添えます。
　なお、本件に関しては全て当職が依頼を受けておりますので、本件に関する問い合わせ等は当職宛にお願い致します。

草々

〔資料10〕債務不存在を認めることの念書の例

平成○年○月○日

念　書

○○○○氏代理人
弁護士　○○○○　殿

〒○○○-○○○○
○○県○○市○○町○-○-○
○○○○債権回収株式会社
代表取締役　○○○○　㊞

記

　当社が○○○○氏に対して送付した、平成○年○月○日付請求書に記載した金銭債権は消滅時効が完成しており、これが現存しないこと、及び今後同種の請求を行わないことを確認します。

以　上

〔資料11〕請求書（通知書）の例②（刑事告訴も併記）

請　求　書

平成○年○月○日

Y　様

〒○○○-○○○○
東京都○○区○○町○-○
X

前略
　平成○年○月○日、私とあなたが所属している△△サークルの飲み会が居酒屋××で行われた際、あなたは皆のいる前で私が過去に万引きしたことがある等と発言しました。
　あなたのこの発言は事実に反するばかりでなく、これにより私の名誉は著しく害され私は多大な精神的苦痛を被りました。この精神的苦痛を金銭に換算すると200万円を下りません。
　したがいまして、本書面到達後2週間以内に私に対して謝罪するとともに上記200万円を支払うよう求めます。
　上記期間内にあなたから誠意ある対応が見られない場合には、この件を弁護士に相談し民事訴訟を提起するとともに、名誉毀損罪としてあなたを刑事告訴することも考えますので、その旨併せて通知致します。
　　　　　　　　　　　　　　　　　　　　　　　　　　草々

〔資料12〕　債務不存在確認請求の訴状の例③

訴　状

平成○年○月○日
○○地方裁判所　民事部　御中

　　　　　　　　　　　原告訴訟代理人弁護士　○○○○　㊞
　　　　　　　　　　　〒○○○－○○○○
　　　　　　　　　　　○○県○○市○○町○－○－○
　　　　　　　　　　　原　告　○○○○
　　　　　　　　　　　〒○○○－○○○○
　　　　　　　　　　　○○県○○市○○町○－○－○
　　　　　　　　　　　　　　　○○法律事務所
　　　　　　　　　　　原告訴訟代理人弁護士　○○○○
　　　　　　　　　　　電　話　○○－○○○○－○○○○
　　　　　　　　　　　ＦＡＸ　○○－○○○○－○○○○

　　　　　　　　　　　〒○○○－○○○○
　　　　　　　　　　　東京都○○区○○町○－○
　　　　　　　　　　　被　告　○○○○

債務不存在確認請求事件
訴訟物の価額　　200万円
貼用印紙額　　1万5000円

第1　請求の趣旨
　1　原告の被告に対する、名誉毀損に基づく損害賠償債務は存在しないことを確認する。
　2　訴訟費用は被告の負担とする。
との判決を求める。

第2　請求の原因
　1　原告と被告は○○大学の学生であり、ともに△△サークルに所属している。
　2　平成○年○月○日午後7時頃から、東京都内○○駅付近の居酒屋××にて同サークルの飲み会があり、原告と被告を含む約15名がこれに参加していた。
　3　その飲み会の席上、被告は、原告が被告の名誉を毀損する発言をし、これにより精神的苦痛を受けたとして原告に対して200万円の慰謝料の支払を請求するとともに、原告を名誉毀損罪として刑事告訴することをも辞さない姿勢である（甲1）。
　4　これに対して、原告はそのような発言をしたことはなく、被告の請求には理由がないことを再三にわたり説明したが、被告は納得しない。
　5　このままの状態が続けば、被告はいつ原告に対して訴訟を提起するかが分からず、不安な日々を過ごすことになる。
　6　よって、請求の趣旨第1項に記載したとおり、原告は被告に対して名誉毀損に基づく損害賠償債務が存在しないことの確認を求めるべく本訴に及んだ次第である。

以　上

第1章　訴訟実務

証拠方法

甲第1号証　　　請求書

付属書類

1　訴状副本　　　　　1部
2　甲号証（写）　　　2通
3　証拠説明書　　　　2通
4　訴訟委任状　　　　1通

〔資料13〕警察署へ提出する上申書の例

上　申　書

平成〇年〇月〇日

警視庁〇〇警察署長　殿

〇〇〇〇代理人
　弁護士　〇〇〇〇　㊞
〒〇〇〇－××××
〇〇県〇〇市〇〇町〇－〇－〇
　　　　　　　〇〇〇〇
〒〇〇〇－××××
〇〇県〇〇市〇〇町〇－〇－〇
　　　　　　〇〇法律事務所
上記代理人弁護士　〇〇〇〇
電　話　〇〇－〇〇〇〇－〇〇〇〇
ＦＡＸ　〇〇－〇〇〇〇－〇〇〇〇

記

　当職の依頼者Yと同人と同大学に通うXは友人であり、同じサークルに所属しておりました。
　平成○年○月○日午後7時頃から、東京都内○○駅付近の居酒屋××にて同サークルの飲み会があり、両名を含む約15名がこれに参加していました。
　その飲み会の席上、Xは、YがXの名誉を毀損する発言をし、これにより精神的苦痛を受けたとしてYに対して200万円の慰謝料の支払を請求するとともに、Yを名誉毀損罪として刑事告訴することをも辞さない姿勢です（別紙添付の「通知書」参照）。
　これに対して、Yはそのような発言をしたことはなく、Xの請求には理由がないことを再三にわたり説明しましたが、Xは納得していません。
　このままの状態が続けば、XはいつYに対して訴訟を提起するかが分からず、場合によっては、この通知書に記載されたとおり、警察署に対して被害届や告訴状を提出するかもしれず、Yは不安な日々を過ごしております。
　当職としては、本件の実体は、損害賠償義務の有無という民事事件であり、また、実際にもYはXに対して債務不存在確認訴訟という民事事件の訴訟提起を行っており（別紙添付の「訴状」参照）、本件は早晩この民事訴訟手続の中で解決がなされる見込みであると考えております。
　したがいまして、今後Xが御署に対して本件に関する被害届等の提出を申し出たり、既に提出済みの場合には、「民事不介入の原則」の趣旨に鑑み、本件については刑事事件としては扱わず、上記民事裁判の行方を見守って頂くようお願い致します。
　以上のとおり、上申致します。

以　上

添付書類

1　通知書（写）　1通
2　訴状（写）　　1通

〔資料14〕訴訟費用額確定処分申立書の例

平成○○年（ワ）第○○○○号　○○○請求事件

訴訟費用額確定処分申立書

平成○年○月○日

○○地方裁判所　民事部　御中

申立人（原告）　○○○○　㊞
〒○○○－○○○○
東京都○○区○○町○－○－○
申立人（原告）　○○○○
〒○○○－○○○○
東京都○○区○○町○－○
相手方（被告）　○○○○

　御庁上記事件について平成○年○月○日被告敗訴の判決があり、既に事件は確定していますので、被告の負担すべき訴訟費用額を確定していただくよう、別紙費用計算書を添えて申し立てます。

以　上

（別紙）

計　算　書

合計　○○○○円

1	訴え提起手数料	○○○○円
2	書類作成及び提出費用	○○○○円
3	訴状副本、準備書面、書証送達費用	○○○○円
4	法人資格証明交付手数料及び同送付費用	○○○○円
5	原告本人出頭日当及び旅費（弁論○回）	○○○○円
6	判決正本送達費用	○○○○円
7	催告書送付費用	○○○○円
8	訴訟費用確定処分正本送達費用	○○○○円

第2節　訴訟の提起
第1　管　轄

> **設　例**
> 1　東京都新宿区に住むAは、3年前に同じく東京都在住のBから100万円を借りたが、昨年までの間に全額弁済した。ところがその後北海道函館市に転居したBから執拗に上記貸金の返済を求められている。
> 　このような事例においてAがBに対して100万円の債務は存在しないことの確認を求めて民事訴訟を提起する場合、いずれの裁判所に提訴すればよいか。
> 2　設例1において、債権者Bが米国に在住している場合には日本・米国いずれの裁判所に提訴すればよいか。
> 3　設例1において、Aが米国在住であり、Bが東京都新宿区在住であった場合には、日本・米国いずれの裁判所に提訴すればよいか。
> 4　設例1において、Aが民事訴訟ではなく話合いでの解決を求めて債務不存在確認の民事調停を申し立てる場合、いずれの裁判所に提訴すればよいか。

1　事物管轄

　債務不存在確認訴訟をどの裁判所に提起すべきか(裁判管轄の問題)については、基本的には通常の給付訴訟と同様の取扱いとなります。
　まず、事物管轄(第1審裁判所を担当する簡易裁判所と地方裁判所との間の分担に関する定め)については、「訴訟の目的の価額」によって決定されます。すなわち、訴額が140万円を超えない事件は簡易裁判

所に、それ以外の事件は地方裁判所に管轄があります（裁判所法33①一）。もっとも、財産権上の請求の場合であっても原告が受ける経済的利益の金銭的算出には困難を伴うことがあり得るところです（債務不存在確認訴訟における訴額算定については**本節第2**参照）。

　そこで、訴額算定ができないとき、又は極めて困難な場合には、その訴額は140万円を超えるものとみなされると定められています（民訴8②）。その結果、この種の請求を内容とする訴訟事件は地方裁判所の管轄に属することとなります。設例1の場合には、100万円が訴訟の目的の価額となりますので、事物管轄は簡易裁判所にあることとなります。

2　土地管轄

　土地管轄は、同一種類の第1審裁判所間の分担を定めたものであり、事件と一定の関係を有する地点を基準とし、その地点についてあらかじめ管轄権を有すると定められた裁判所に当該事件の管轄を認めるものです。

　交通事故事例では不法行為地に管轄が生じ（民訴5九）、金銭債権にあっては債権者の現在の住所が履行の場所（民484、商516）であるため債権者の住所地が義務履行地として管轄が生じることとされています（民訴5一）。

　このように、給付訴訟と同じ考え方により管轄が決まるとしても、債務不存在確認訴訟の場合には原告と被告の関係が給付訴訟の場合とは逆になるため、注意を要します。

　通常の給付訴訟の場合には、支払を求める債権者（原告）の住所地の裁判所に管轄が生じます。これに対して、債務不存在確認訴訟の場合には、給付訴訟の場合とは異なり、債務不存在を主張する原告（債務者）の住所地には基本的に管轄が生じないこととなります。そのた

め、相手方（債権者）が遠隔地に居る場合には慎重な検討を要します。

設例1の場合には、債権者であるBが北海道函館市に在住している以上、函館簡易裁判所に管轄が生じることとなりますので、債務者Aにとってはそもそも債務不存在確認訴訟という選択をすべきかどうか、その判断にも大きな影響を及ぼす問題といえます。

3　国際裁判管轄

従来、国際裁判管轄の有無については、法律上の明文規定がなかったため、「条理」に従って決定するのが相当であると解されていました（最判昭56・10・16判タ452・77、最判平9・11・11判タ960・102、債務不存在確認訴訟の国際裁判管轄につき東京地判昭62・7・28判タ669・219等）。

具体的には、民事訴訟法の規定する裁判籍のいずれかが我が国内にある場合には、原則として国際裁判管轄が認められますが、我が国で裁判を行うことが当事者間の公平、裁判の適正・迅速を期するという理念に反する特段の事情があると認められる場合には、我が国の国際裁判管轄を否定すべきと解され、この特段の事情が認められるのは、我が国の裁判所で裁判をすると被告に看過しがたい重大な不利益が生じるような場合に限られるとされていました（東京地中間判平21・9・15判タ1320・265等）。

ところが、平成24年4月1日から施行された改正民事訴訟法によって、この問題は立法的な解決がなされました。すなわち、同法3条の2は、「被告の住所等による管轄権」について規定し、「裁判所は、人に対する訴えについて、その住所が日本国内にあるとき…管轄権を有する。」と定めています。

したがって、設例2の場合、被告たる債権者Bが米国在住である以上、同条により土地管轄はそもそも我が国の裁判所にはないこととなり、基本的には米国の裁判所への提訴を検討する必要があります。

これに対して、設例3の場合には、被告たる債権者Bが東京都新宿区在住ですので、民事訴訟法3条の2第1項により、日本の裁判所に管轄権が認められ、同法5条1号に基づいて、東京簡易裁判所に提訴することができます。

4　民事調停の場合

　民事訴訟ではなく、民事調停の申立てを行う場合には、特別の定めがある場合を除いて、相手方の住所、居所、営業所若しくは事務所の所在地を管轄する簡易裁判所又は当事者が合意で定める地方裁判所若しくは簡易裁判所の管轄となるとされています（民調3①）。債務不存在確認を求める申立てであってもこの点変わりはありません。

　したがって、設例4の場合には、函館簡易裁判所に管轄が生じることになります。

　なお、調停と民事訴訟とでは管轄に関する取扱いが完全に一致するわけではなく、調停の場合、例えば交通事故事案における不法行為地には管轄が生じないため注意を要します（そのような場合には民事訴訟の活用を検討することになるケースが多いものと思われます。）。

第2　訴額・手数料

> **設例**
>
> 1　原告が、被告に対し、被告との間の平成○年○月○日の消費貸借契約に基づく200万円の貸金債務が存在しないことの確認を求める場合の訴額はいくらか。
>
> 2　設例1の例で、原告が自己の貸金債務は30万円を超えては存在しないことの確認を求める場合の訴額はいくらか。
>
> 3　運送会社A社の従業員であるBは、A社所有の車両を運転中に歩行者Cと接触しCが負傷した。Cに対して一部治療費が支払われたものの、CはA及びBが提示する示談金を受け容れずに金額を示さず「誠意を見せろ。」と言い続けており、交渉は膠着状態に陥っている。このケースにおいて、A及びBがCに対して、債務不存在の確認を求める場合の訴額はいくらか。
>
> 4　YがXに対して1000万円の債権の存在を主張して執拗にその支払を求めてくるためXがYに対して1000万円の債務不存在確認訴訟を提起した。同訴訟の過程でYが改めて精査したところ残債務は1200万円であったことから、Xに対して1200万円の反訴請求をしたいと考えている。Yが納付するべき収入印紙額はいくらか。
>
>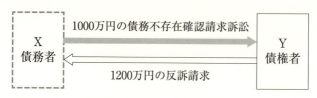

1　債務不存在確認訴訟における訴額

(1)　全部不存在確認請求

債務不存在確認訴訟では、「原告が不存在であると主張している給

第1章 訴訟実務

付請求権」が訴訟物となります。

したがって、その訴額も当該給付請求権の価額によって算定することになります。

設例1の場合、その訴額は200万円と解するのが相当です。

(2) 債務の上限を明示する一部不存在確認請求

同様に、設例2の場合で考えてみます。詳細は次のとおりです。

> 原告が被告に対し、被告との間の平成○年○月○日の金銭消費貸借契約に基づく200万円のうち、30万円については借りたことは認めるが、30万円を超える部分については貸金債務が存在しないことの確認を求めたい。訴額はいくらと考えればよいか。

訴額は、訴訟物によってその金額が異なってきます。そこで、訴額を算定する場合には、その前提として提起しようとする裁判でどのような判断を求めるか、すなわち訴訟物が何かを考える必要があります。

設例2においては、原告が自己の貸金債務は30万円を超えては存在しないことの確認を求める場合です。原告は当初の貸金元金200万円から30万円を控除した170万円の債務額の不存在を主張する予定です。

したがって、設例2における訴訟物は、200万円のうち30万円を超える部分であると解されます（最判昭40・9・17判時425・29）。

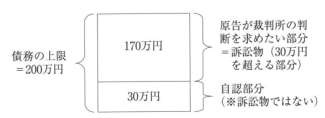

よって、その訴額は170万円と解するのが相当です。

換言すれば、債務額の存在を認めている部分（30万円）については当事者双方に争いがなく、訴訟物とはなりません。

上記を一般化するとすれば、「〇〇円を超えて存在しない」との確認請求にあっては、その訴訟物は、請求の原因において債務額の上限が示されている場合には、請求の趣旨に示された下限とあいまって上下が画されたその中間部分であると解されます。

　なお、上限を画することが可能な場合であっても、不存在を確認したい債務額が著しく高額になれば、その分訴額も増えて裁判所に納付する収入印紙額も高額になる可能性があります。このような事態を回避するべく、債務不存在確認訴訟の原告としては、あえて上限を画さない形で提訴し、訴額算定不能の場合に該当するとしてひとまず手数料を納付したいところです。しかしながら、実務上、上限を画することが可能か否かは裁判所が一件記録を踏まえて判断するのが通常であり、上限を画するか否かが必ずしも原告の自由裁量に委ねられているものではないことには十分留意する必要があります。この点に関しては、最高裁昭和40年9月17日判決（判時425・29）が、貸金債務に関する一定金額を超える債務の存在しない旨の確認請求は、当該貸金債権額から右一定金額を控除した残債務額についての不存在の確認を求める趣旨と解すべきであるとの判断を示したといえ、参考となります。

(3)　債務の上限を明示しない一部不存在確認請求

　債務不存在確認請求訴訟を提起するにあっては、前記(2)のように債務額の上限を明示することが常に要求されるわけではありません。

　給付請求と異なりその金額を常に明示する必要は認められないこと、債務の発生原因となる事実が特定されていれば他の権利関係と識別できることから、下限のみを示した確認の訴え、さらには、請求権の発生原因のみを示し金額を全く示さない確認の訴え（例えば、平成〇年〇月〇日の交通事故による損害賠償債務の存在しないことの確認）も適法であると解されています（この場合の審判の対象及びその範囲は、発生原因によって特定される法的地位又は権利の全体であり、

第1章　訴訟実務　　　　　　　　　　　　　　　　　　　　　45

下限が示されていれば、その下限を超える全体です。)。

　実際にも、不法行為に基づく損害賠償債務の場合、原告（債務者側）において、訴え提起時に被告（債権者側）の請求額を特定することができない場合が多く、特に交通事故による損害賠償債務の不存在確認請求においてみられるところです。

　この類型にあっては、訴え提起の段階において、その債務額の上限を画することはできず訴額を算定することが極めて困難です。

　この場合の訴額は160万円と解されます（民訴費4②後段）。したがって、設例3の場合には、ＣのＡらに対する請求額が不明である以上、訴え提起時における訴額は160万円となります。

　なお、訴額の算定が「極めて困難」（民訴費4②後段）か否かは、事案に応じて個別具体的に判断されることとなりますが、訴額算定のための重要な諸要因を確定することが極めて困難で、客観的合理的な算定基準を見出すことができない場合（例えば、幼児の引渡請求訴訟等）であると解されます。

　そのため、財産権上の請求については安易にこの「みなし訴額」によることは避けるべきです。

　したがって、交通事故事案以外の事案においては、真に訴額の算定が困難であるのか、十分な検討を要するでしょう。

　この点に関連して、最高裁平成12年10月13日決定（判タ1049・216）は、開発区域の周辺に居住する多数の原告らが林地開発行為許可処分の取消しを求めた事件において、「原告らが訴えで主張する利益は、本件処分の取消しによって回復される各原告の有する利益、具体的には水利権、人格権、不動産所有権等の一部を成す利益であり、その価額を具体的に算定することは極めて困難というべきである。」と判示しており参考になります。

　なお、裁判実務上の取扱いを踏まえても常識的に考えてあり得ない

損害賠償を求められている場合（例えば、購入したコーヒーをこぼして火傷したとして10億円等）に、前記民事訴訟費用等に関する法律4条2項後段が適用されるか否かは残された問題といえますが、債務不存在確認訴訟を活用する道を閉ざすべきではなく、柔軟に解釈されるべきと筆者は考えます。

(4) 手数料の追徴

審理の結果、債務の上限を画することができることとなっても、原告（債務者）が実際に債務の上限を明示していない場合には、その上限を基準として訴額の算定を再度行い、差額に相当する手数料額を追加納付させる必要はないとされています。

これに対して、原告（債務者）が、審理の過程で、債務の上限を明示すれば、それを基準として訴額の算定を改めて行い、手数料額に不足を生ずれば、原則としてその差額を追加納付しなければなりません（裁判所職員総合研修所監修『民事実務講義案Ⅰ〔四訂版〕』46頁（司法協会、2008））。

もっとも、特に交通事故事案においては、被告（債権者）が過大な金額を主張することも珍しくなく、実務上は、原告（債務者）に追納させることはあまり行われておらず（田邊直樹「交通事件における債務不存在確認訴訟の問題点」自正40巻9号49頁）、むしろ、被告（債権者）に反訴を提起させて手数料差額を納付させているのが多数のようです（東京三弁護士会交通事故処理委員会＝日弁連交通事故相談センター東京支部共編『交通事故による損害賠償の諸問題Ⅱ損害賠償に関する講演録（昭和61年〜平成10年）』51頁（東京三弁護士会交通事故処理委員会、2000）、荒川昂「損害賠償債務不存在確認請求訴訟の訴額の算定とこれを本訴とする損害賠償請求の反訴が提起された場合の手数料納付義務者」（昭和63年度主要民事判例解説）判タ706号256頁）。この場合に被告（債権者）が合理的な理由なく反訴の提起を拒む場合には、積極的に原告（債務者）の請求を認容する方向で検討されるべきでしょう（西理「債務不存在確認訴訟について（下）」判時1405号6頁）。

また、理論的にみても、訴額算定の基準時が訴え提起時と解されている以上、その後の被告（債権者）の主張いかんで訴額を変更することはできないはずであるとの指摘もあります（「民事訴訟の理論と実践」刊行委員会編『民事訴訟の理論と実践－伊東乾教授古稀記念論文集』221頁以下（慶応通信、1991）参照）。

なお、設例3のように原告が2名の場合、債務不存在の確認は、原告ごとに格別に求める以上、訴額としては160万円×2名=320万円という計算になるのではないかとも考えられます。

しかし、実質的な経済的利益は共通であることから、当事者の数に関係なく訴額は160万円と解してよいとされています（小川英明ほか編『事例からみる訴額算定の手引〔三訂版〕』169頁（新日本法規出版、2015））。

(5) 反訴請求をする場合の手数料

反訴請求の訴額を算定する場合には本訴請求と重複する部分を控除して金額を基礎とすることになります。

以上より、設例4の場合には反訴請求額1200万円と本訴請求額1000万円の差額である200万円分について、反訴原告Yは、別途収入印紙を納付する必要があるものと思われます。もっとも、下級審の中にはこれとは異なり反訴被告（本訴原告）に差額分の収入印紙の納付義務があると判断するものもあり（大阪高判昭63・5・30判タ706・256）、この場面における取扱いが実務上確定しているものとは断言できないため、訴訟代理人としては柔軟な対応が必要と思われます。

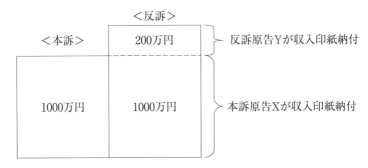

2　受任時の注意点

　訴訟係属後に反訴提起があったとき、本訴を取り下げることが多いと思われますが、取り下げた場合であっても、印紙代は返還されないことには留意するべきです。

　特に、本訴取下げ後の反訴取下げには反訴被告（本訴原告）の同意を必要としないため（民訴261②ただし書）、その場合には何ら紛争解決されないまま訴訟が終了する可能性もあるので、本訴取下げには慎重な検討をするとともに、そもそも受任時において、このような可能性があることも可能な限り依頼者に説明しておくことが肝要です。

　この点に関連して、弁護士職務基本規程29条1項は、「弁護士は、事件を受任するに当たり、依頼者から得た情報に基づき、事件の見通し、処理の方法並びに弁護士報酬及び費用について、適切な説明をしなければならない。」と定めています。

第3 訴えの利益

> **設 例**
>
> 　物損交通事故で、被害者Aが早期にその主張する損害額の根拠となる資料を送付したにもかかわらず、その主張する損害額の算定根拠を明らかにせず、また加害者B代理人から示談交渉の日程調整を希望したものの被害者Aにおいて対応しなかったため実際に面談することもできなかったという事案において、加害者Bから債務不存在確認訴訟を提起する場合、訴えの利益があるといえるか。

1　債務不存在確認訴訟における訴えの利益（確認の利益）

　確認の利益は、原告の権利又は法律関係に現存する不安危険を除去するために、判決によって同権利又は法律関係の存否を確認することが必要かつ適切な場合に認められるとするのが一般的な解釈とされています。

　債務不存在確認訴訟において、被告（債権者側）が債権の存在を主張すれば、上記の不安ないし危険があるものと考えてよいとされ、さらに債権者が積極的に債権の存在を主張していなくとも、例えば依然として借用書等の債権の存在を示す書面を所持する等により原告（債務者側）の法的地位に不安・危険が生じていれば確認の利益を肯定してよいと解されています。

　実務においては、被告が債務の不存在は認めながら、請求の趣旨に対する答弁としては請求棄却の判決を求めた場合にも、確認の利益を肯定して原告の請求が認容されています。請求棄却判決を求めている

以上原告の法的地位に不安が認められることがその理由です。
　これに対して、被告が債務が不存在であることを認めて争わない場合にもなお確認の利益を肯定することができるかは一考を要する問題です。
　この点については、これにより原告の法律上の地位の不安定が終局的に除去され、裁判所が本案判断を示さずに訴訟を終了させても、将来に禍根を残すことがないと認められる場合（例えば、訴訟進行中に被告が自己の従来の態度が法律の誤解に基づいたものであることを翻然として悟り、その結果として争いを止め、もはや被告が争うことは絶対にないと予測されるような場合）には確認の利益がなくなるといってよいものの、かかる場合は極めて例外的な場合である以上、原則として、確認の利益なしとして訴え却下せず、請求認諾調書が作成されるべきであると解されています（浅生重機「債務不存在確認訴訟」木川統一郎ほか編『新・実務民事訴訟講座1（判決手続通論1）』374頁（日本評論社、1981）等）。
　被告が単に訴訟上争わなくなったということだけで、直ちに確認の利益がなくなったとはいえず、過去の紛争の存在から推して、なお原告の立場に不安ないし危険が存続している場合が多いことから、原則としては確認の利益を肯定するのが相当でしょう（塩崎勤編『現代民事裁判の課題⑧交通損害・労働災害』532頁（新日本法規出版、1989）参照）。
　もっとも、例えば、交通事故の直後に加害者側が債務不存在確認訴訟を提起するなど、債務不存在確認訴訟が先制攻撃的に濫用されていると見受けられる事例も存在するので、このような場合には確認の利益を欠くとして訴えを却下したり、被告の準備に必要と思われる合理的な期間を見込んで期日を指定したりするなど、適切な裁判所の処置を必要とする場合が生じてくるでしょう。

2 即時確定の利益

一般に、確認訴訟における訴えの利益（確認の利益、即時確定の利益）があるというためには、確認判決が原告・被告間の具体的紛争の解決にとって有効適切であること（方法選択の適否）と、確認判決によって原告・被告間の紛争が即時に解決を必要とする切迫したものであること（即時解決の必要性）を要すると解されています。

債務不存在確認の訴えにおける「方法選択の適否」については、給付の訴えの方が紛争解決として適切ではないか、「対象選択の適否」については、消極的確認を求めるより積極的確認を求めるべきではないかが問題になり得るところです。

しかし、債務者の側から積極的確認の訴えや給付の訴えを提起し得ない以上（提起できるのは債権者のみ）、債務不存在確認の訴えはこれらの要件を満たしていると考えられています。

ところが、「方法選択の適否」の問題をクリアしたとしても、「即時確定の利益」については、債権者から係争債権について履行を求める給付の訴えがなされない状況では、債務者の法的地位に対する危険・不安が存在し、かつ、その危険・不安に現実性があると認めるべきではないとの疑問が生じます（東京地判平4・3・27判時1418・109参照）。

この点については、一般的には、債務不存在確認の訴えについては、債権者が債務者に対して債権の存在を主張していることにより、債務者（原告）の法的地位に危険・不安が存在しかつ現実化していると考えられています（東京高判平4・7・29判時1433・56参照）。

したがって、債務不存在確認の訴えに即時確定の利益は問題なく認められています。

3 具体例

(1) 交通事故事案における即時確定の利益

東京地裁平成9年7月24日中間判決（判タ958・241）（**事例13参照**）は、

物損交通事故に関して加害者側が被害者に対して債務不存在確認訴訟を提起した事案において、「損害賠償債務に係る不存在確認訴訟は、被害者側が、種々の事情により、訴訟提起が必ずしも適切でない、或いは時期尚早であると判断しているような場合、そのような被害者側の意思にかかわらず、加害者側が、一方的に訴えを提起して、紛争の終局的解決を図るものであることから、被害者側は、応訴の負担などの点で過大な不利益が生じる場合も考えられる。このような観点に照らすならば、<u>交通事故の加害者側から提起する債務不存在確認訴訟は、責任の有無及び損害額の多寡につき、当事者間に争いがある場合には、特段の事情のない限り、許されるものというべきであるが</u>、他方、<u>事故による被害が流動的ないし未確定の状態にあり、当事者のいずれにとっても、損害の全容が把握できない時期に、訴えが提起されたような場合、訴訟外の交渉において、加害者側に著しく不誠実な態度が認められ、そのような交渉態度によって訴訟外の解決が図られなかった場合、或いは、専ら被害者を困惑させる動機により訴えが提起された場合などで、訴えの提起が権利の濫用にわたると解されるときには、加害者側から提起された債務不存在確認訴訟は、確認の利益がないものとして不適法というべきである。</u>」（下線は筆者）との判断を示しました。

設例の場合には、交渉の前提となる請求金額の提示が被害者側からなされなかったり、また面談の実施が被害者側の事情で困難になった経緯があるため、その他提訴が権利の濫用にわたるような特段の事情のない限り、確認の利益は肯定されるものと思われます。

(2) 訴訟上の和解の成立によって確定した給付義務の不存在確認の訴えの確認の利益

札幌高裁昭和63年7月28日判決（判タ683・200）は、X・Y間で先行する訴訟で裁判上の和解が成立しておりXのYに対する解決金支払義務が発生していたところ、①その後XがYに対する損害賠償請求権を自

働債権、上記解決金支払請求権を受働債権として相殺したことを異議事由として、Yに対して請求異議訴訟を提起したがX敗訴で確定し、②その後Xが別の損害賠償請求権を自働債権、上記解決金支払請求権を受働債権として相殺したことを異議事由として、Yに対して請求異議・債務不存在確認訴訟を提起したという事案において、債務不存在の確認の利益の有無について一般論として以下の判断を示しました。

「訴訟上の和解は確定判決と同一の効力を有するところ、訴訟上の和解によって生じた債務につき、実体上の事由によりそれが消滅したことを理由に、債務者がその執行力の排除を求めるためには、民事執行法35条に定める請求異議の訴えを提起することができ、右訴えによって和解調書の執行力排除の目的を達することができるものと解される。しかしながら、先にみたとおり、民事執行法35条に定める請求異議の訴えについての判決はその訴訟物である異議権の存否については既判力が生ずるが、債務名義に表示された請求権の存否そのものを確定するものではないから、右請求権の存否については既判力を有しないものと解すべきである。そうとすれば、訴訟上の和解に係る債務の債務者が右和解成立後右和解調書に表示された債務が、相殺その他の事由により消滅したことを原因として、右債務の存在しないことにつき既判力を有する確定判決を得るべく、債務不存在確認の訴えを提起する法的利益を有することは、これを否定し得ないというべきである。」

同判断は、請求異議訴訟の特殊性を示す事例として、請求異議訴訟と併合して提起する債務不存在確認訴訟を検討する際に参考になるものと思われます。

(3) 先行する抵当権不存在確認請求と被担保債権の不存在確認請求訴訟の確認の利益

東京地裁平成11年5月28日判決（金判1069・44）は、Xがその所有不動産上に債務者A社のためにY銀行を根抵当権者とする根抵当権を設定

したところ、その後A社が破産宣告を受け、破産手続終結決定がなされ、同決定の公告時から10年以上が経過した平成8年にY銀行が根抵当権に基づき不動産競売の申立てを行い競売開始決定がなされ、これに対して、Xが競売手続停止仮処分により同手続を停止させたうえ、本件根抵当権の被担保債権は、A社の破産終結決定公告から10年を経過して時効消滅し、さらに附従性により本件根抵当権も消滅したとして、「根抵当権不存在確認請求」と「根抵当権設定登記抹消登記手続請求訴訟」を提起した（先行訴訟）ところ、同訴訟の上訴審係属中に、XからYに対して「根抵当権の被担保債権の不存在確認を求める債務不存在確認訴訟」が提起されました。

　この事案では、確認の利益があるか否かが大きな争点となりましたが、裁判所は、先行訴訟における最終的な判断によって問題が根本的に解決され、本件訴訟で被担保債権の不存在を確認したところで何らの問題解決にはならないことを理由に、訴えの利益なしとして本件訴えを却下しました。

　もっとも、同判決に対しては、「競売手続における配当受領のためには、配当金計算が必要であり、配当金計算のためには計算のための基準が必要である。通常であれば被担保債権であるが、これが存在しないとしたら、配当金を何に基づいて計算するのであろうか。抵当権の場合はもとより、極度額のある根抵当権の場合でも、債権元本が極度額に満たないような場合、損害金はどの範囲で認められるのか（破産終結による債務消滅の時までか、配当の日までか）などの問題がある…つまり、配当のことを考えると、独立して存在する根抵当権について、どの範囲で配当がなされるのかの確認を求める利益があるともいい得る。この意味で、被担保債務の存否だけでなく、配当の範囲の確認を求める利益を全く考慮しない本判決は、本件事案に限っては、このようにいえたとしても、その判旨を一般化することはできないので

はなかろうか。」との指摘があるとおり（金判1069号45頁）、本件事案の解決としてはともかく、被担保債権が極度額未満である場合にはなお問題が残されているところです。

(4) その他債務不存在確認訴訟における訴えの利益に関する参考判例

参考判例として、建物賃借人の賃貸人に対する賃借権存在確認の訴え並びに同賃貸人から建物及び賃貸人たる地位を譲り受けた第三者に対する賃借権不存在確認の訴えについて、訴えの利益を否定した原判決を取消し、訴えの利益を肯定した事例（東京高判昭60・6・27判時1161・127）や、建設工事共同企業体協定に基づいて最終的に負担する債務の額が一定額を超えないことの確認を求める訴えが確認の利益を欠くとされた事例（東京地判平23・6・29判タ1378・243）、保証人が提起した保証債務不存在確認請求の1審判決後に主債務者が債務を全額弁済した場合、当該訴えの確認の利益はないとして訴え却下の判決がされた事例（福岡高判平27・3・12判時2273・82）、賃借建物の所有権をAからBへ移転する旨の訴訟上の和解等が成立した後、賃借条件について現実の紛争が起こる前に、Aに対し自己との賃貸借契約の存在、Bに対し自己との賃貸借契約の不存在の確認を求める賃借人の訴えにつき、その訴えの利益が否定された事例（東京地判昭59・2・27判時1137・86）、債務不存在等確認の訴えが前訴の既判力に抵触するとして却下された事例（東京地判平20・2・27判時2011・124）、別件貸金返還訴訟において敗訴判決を受けた原告が、脅迫等により架空の返還請求権が作出されたものであると主張して、当該貸付金債務を旧債務とする準消費貸借契約に基づく原告の被告会社に対する債務が存在しないことの確認を求めるとともに、損害賠償を求めた事案において、債務不存在確認の訴えを確認の利益を否定して却下した上で、損害賠償請求を棄却した事例（東京地判平27・5・27（平24（ワ）22308））等があります。

第4　訴訟物の特定

1　債務不存在確認訴訟における訴訟物

　原告の被告に対する一定の権利又は法律関係の主張（訴訟物）は、審判の対象であるとともに、訴訟手続上も様々な場面で重要な意味を有することから、他の請求と混同されないように特定されていなければなりません。

　仮に訴訟物の特定を欠く場合には不適法として訴え却下の訴訟判決がなされることとなります。

　債務不存在確認訴訟における訴訟物は、「存否の確認を求める実体上の権利又は法律関係」です。

　債務不存在確認訴訟における訴訟物が問題となるのは、まず第一に訴状に記載される「請求の趣旨」の記載内容に関してです。この訴訟で典型的と思われる事例の請求の趣旨・訴訟物は、具体的には以下のとおりです。

① 　「原被告間の平成〇年〇月〇日の金銭消費貸借契約に基づく原告に対する元金1000万円の返還債務が存在しないことを確認する」という請求の趣旨の場合の訴訟物は、総債務が1000万円である場合は総債務であり、総債務が1000万円を超える場合は総債務のうち1000万円の部分となります。

② 　「原被告間の平成〇年〇月〇日の金銭消費貸借契約に基づく原告に対する貸金返還債務が存在しないことを確認する」という請求の趣旨の場合は、総債務が訴訟物となります。

③ 　「原被告間の平成〇年〇月〇日の交通事故に基づく原告に対する損害賠償債務は、金300万円を超えては存在しないことを確認する」という請求の趣旨の場合は、総債務から300万円を控除した部分が訴訟物となります。

④ 「原被告間の平成○年○月○日の金銭消費貸借契約に基づく金1000万円の債務のうち、弁済にかかる金200万円を控除した残額が金300万円を超えては存在しないことを確認する」という請求の趣旨の場合は、(1000－200)－300＝500(万円)の部分が訴訟物となります。

つまり、原告は、1000万円の債務のうち200万円は弁済で消滅したとし、300万円の部分は債務が残っていることを自認するわけですから、残りの500万円部分が訴訟物となります。

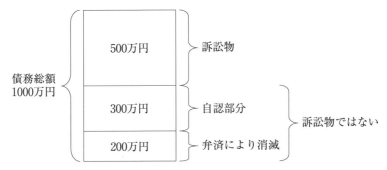

⑤ 「被告が平成○年○月○日に貸し付けた金1000万円の債権を担保するために甲不動産についてした第1順位の抵当権は存在しないことを確認する」という請求の趣旨の場合は、抵当権の存否が訴訟物となります。
⑥ 「原告と被告との間において、被告が、別紙物件目録記載の土地につき、賃借権を有しないことを確認する」という請求の趣旨の場合は、借地権の存否が訴訟物となります。

2 訴訟物の特定の程度

(1) 実体的な権利を特定することの要否

債務不存在確認訴訟における訴訟物は、前記のとおり、原告が請求の趣旨において表示する一定の権利又は法律関係の存否の主張である

とされています（中野貞一郎ほか編『民事訴訟法講義－基礎的理論と判決手続〔第三版〕』138頁（有斐閣、1995））（もっとも、新訴訟物理論の立場から、消極的確認訴訟を、給付訴訟の反対形相とみて、給付を求める地位一般がないとの主張が訴訟物であるとする見解もありますが（三ケ月章『民事訴訟法』112頁（有斐閣、1959））、現行実務の採用するところではありません。）。

したがって、原則として、原告は「請求の趣旨」において債務の法的性質を特定しなければならないと解されています。

具体的には、例えば契約関係に基づく債務の不存在確認を求める訴訟においては、原告において被告の主張する債務の内容を知っているのが通例ですので、原則どおり、原告は、請求の趣旨において債務の法的性質を特定すべきです。

もっとも、事案によっては、原告において被告の主張する債務の詳細を推測するのが困難な場合があることから、特定の程度を緩和する必要があります。

例えば、被告によって一方的に趣旨不明な金銭の支払請求を執拗に受けている等の事情によっては、法律上の性質を記載しなくともやむを得ないとされることがあり得るところです。被告が一方的に架空の債権が存在すると主張し、かつ、その都度金額あるいは発生日時の主張が異なるような特殊なケースでも、「原告は被告に対し債務を負担していないことを確認する。」との判決を求めることは例外的に許容されると解されています。

これに対して、契約関係に起因しない債務、例えば、交通事故による損害賠償債務の不存在確認訴訟においては、法律上の性質を決定をせずに、単に「一定年月日の交通事故に基づく損害賠償債務が存在しないことの確認を求める。」旨の訴えがなされた場合であっても、実務上法的性質が決定されていないことを理由に却下する扱いはなされて

第 1 章　訴訟実務　　　　　　　　　　　　　　　　　　　　59

いません（浅生重機「債務不存在確認訴訟」木川統一郎ほか編『新・実務民事訴訟講座1（判決手続通論1）』363頁（日本評論社、1981））。その理由としては、法律構成のいかんにかかわらず当該事故から発生する賠償義務のないことの確認を求めるのが原告の通常の意思に合致すること、被告の防御に支障が生ずることは通常考えられず、むしろ紛争の一回的解決の観点から審理するのが望ましいこと等が挙げられています（確認訴訟における訴訟物は、旧訴訟物理論によれば、原告の実体法上の性質決定された特定の権利又は法律関係の主張であり、このことは債務不存在確認訴訟であっても変わりがないと解されています。債務の法的性質の特定を緩和する理論的説明としては、新訴訟物理論を前提に給付を求める地位一般がないという主張が訴訟物をなすとする説（三ケ月章『民事訴訟法』112頁（有斐閣、1959））、当該事故に基づいて損害賠償を求める地位一般がないことの主張であるとする説、実体法上可能性のあるすべての請求権の不存在確認請求が単純併合されているとする説、請求が併合されていることを少なくとも請求の原因において明らかにすべしとする説等があります。）。

(2)　請求権競合の場合

　被告（債権者）の原告（債務者）に対する債権の存在が認められた場合には、原告の債務不存在確認請求は棄却されます。

　これとは反対に、原告の債務不存在確認請求が認容されるためには、請求の趣旨記載の債務の発生原因につき、想定されるあらゆる法律構成が検討されたうえで、もろもろの法律構成に基づく債権の存在がいずれも否定される必要があります。

　例えば交通事故の場合に、自動車損害賠償保障法上の損害賠償請求権（自賠3本文）と不法行為に基づく損害賠償請求権（民709）では責任原因が異なり請求額も異なり得るところです。仮に不法行為に基づく損害賠償請求権（民709）の不存在のみが確認され、自賠法上の損害賠償

請求権（自賠3本文）の不存在確認が求められなかった場合には、両者が別個の訴訟物に基づく損害賠償請求権である以上既判力は後訴に及ぶことなく、同一の交通事故について改めて訴訟提起を許容することとなるため、紛争の抜本的な解決には至りません。

したがって、債務者（加害者）が、「自動車損害賠償保障法上の請求はともかく、不法行為に基づく損害賠償請求権が存在しないことの確認」を訴求することは、紛争の抜本的解決にならず確認の利益を欠き訴え却下の訴訟判決がなされる可能性が高いといえるでしょう（新堂幸司『新民事訴訟法〔第5版〕』913頁（弘文堂、2011））。

また、損害賠償債務の不存在確認請求で、原告が債務の法律的性質を決定することなく、単に「一定年月日の交通事故に基づく損害賠償債務が存在しないことの確認を求める。」旨の訴えが提起された場合には、提訴前に被告（債権者）が主張していない請求権については確認の利益を欠くため、通常被告の主張する請求権についてのみ不存在確認を求める趣旨と解されています。

なお、最終的には裁判所の職権によって法律構成がされるとしても、当事者が予期しない法的観点から判決が下されるのは、当事者にとって不意打ちとなり手続保障の観点から望ましくありません。例えば上記の例でいえば交通事故の損害賠償債務の有無が問題となっている場合に、同債務の法的性質について確認がなされないまま判決言渡しに至り、自賠法上の請求権について判断がなされないような場合等です（実際には想定しにくいですが）。

そのため、裁判所としては、審理の途中で、実体権構成に関して、必要に応じて当事者に確認し法的観点について共通の理解を得ておくことが望ましく、仮にこのような確認を怠った場合には審理不尽の判決と評価される可能性もあると指摘されています（新堂幸司『新民事訴訟法〔第5版〕』913頁（弘文堂、2011））。

第 1 章　訴訟実務

(3)　申立ての範囲の限定と被告の応訴に対する原告の対応

> **設 例**
>
> 　原告が貸金債務金1000万円の全部不存在を求めたところ、被告が借用証等を提出して同貸金は金1200万円であると主張した場合、原告としてはどのように対応するべきか。

　原告が請求の趣旨で明示した一定額は不存在を争う全額として原告が想定した額であって、債務不存在確認がなされる上限を画したものです。しかし、債務不存在確認訴訟の訴訟物は原告が指摘した債務額の全額ですので、請求の趣旨の記載と訴訟物は必ずしも一致するものではありません。
　原告としては、このような点に留意しつつ訴訟追行する必要があります。
　設例の場合、原告としては請求を拡張・補正して金1200万円の債務不存在確認に改めるべきでしょう。仮に請求の拡張ないし補正の措置をとらなかった場合には、審理の結果金1200万円の債務の不存在が認められたとしても、裁判所としては処分権主義（民訴246）の制約から金1000万円の限度でしか債務不存在確認を主文として記載することができないからです。

3　訴訟物の特定の方法

　いかなる権利又は法律関係を訴訟物とするかは原告の自由であるとともに、これを特定することは責任でもあることについては債務不存在確認訴訟でも一般の給付訴訟と異なるところはなく、原告は訴状において訴訟物を特定しなければなりません。
　確認訴訟においては、確認されるべき権利又は法律関係は「請求の趣旨」の中に織り込まれることとなるため、通常の場合、訴訟物はそ

れだけで特定され、「請求の原因」による補足を必要としません（通説）。

しかし、「請求の趣旨」の記載だけでは必ずしも訴訟物を特定できない場合もあり得ることから、その場合には「請求の原因」の記載によって訴訟物特定にかかわる情報を補うことが許されるものと解されています（兼子一『新修民事訴訟法体系〔増訂版〕』164頁（酒井書店、1965）、奈良次郎「消極的確認の訴について」民事訴訟雑誌21号70頁）。

なお、訴訟物を特定するために、通常、「よって、Xは前記債務の存在しないことの確認を求める」といういわゆる「よって書き」を記載しますが、これは請求を理由づける事実ではありません（大江忠『要件事実民事訴訟法上』384頁（第一法規出版、2000））。

4　特定不十分であった場合

訴訟物の特定が不十分なままに債務不存在確認訴訟が提起された場合、裁判所は、原告に訴状の補正を命じることになるでしょう（民訴137①）。

多くの場合には原告において被告が主張する債権の法的根拠を知っているか、少なくとも一定の推測をすることが可能であると思われますが、原告にとって、被告の主張する債権の法的根拠が必ずしも明らかではない場合もあり得るところです。特に訴訟外の紛争の場合には専門家によるアドバイスを受けていないことも多いと思われ、適切な法的見解に基づいた請求や交渉がなされているとは限りません。このような場合に原告が実体権を特定せずに債務不存在確認訴訟を提起することが考えられます。

法的構成とは視点が異なりますが、例えば不法行為に基づく損害賠償債務が存在しないことの確認を求めているものの、それが具体的にいつの不法行為を指すのか日時が特定されていない場合にも特定が不十分と言えるでしょう。

裁判所から補正を促されても原告において補正することができなけ

第1章　訴訟実務

れば、訴状が却下されます（民訴137②）。

　仮に補正したとしても、補正後の請求内容が被告の主張と無関係な実体権である場合には、確認の利益を欠くものとして訴え却下の訴訟判決がなされる可能性があります。被告の主張と無関係の実体権の不存在を確認しても実効的な紛争解決とはいえないためです。

　いずれにせよ、法律専門家を依頼することを債務不存在確認訴訟の原告に事実上強要することとなれば、裁判を受ける権利を実現することが困難となり債務者の提訴の途を閉ざすことになりかねないため、提訴時においては、実体的な権利としての特定を要しないとし、むしろ被告が原告に対して主張する実体権を特定するように釈明すべきでしょう。

5　一部請求

　債務不存在確認訴訟においても債務の一部の不存在確認を求めることは適法であると解されています（通説）。

　例えば、原告が存在すると考える量的な一部の債務（被告主張の100万円の債務のうち30万円）を除外すること、弁済や損害の填補等により消滅したと考える部分（100万円の債務のうち弁済された20万円）を除外すること、各個の損害（傷害に基づく損害とか、治療費等損害費目ごとの損害等）の全部又は一部の不存在確認を求めることも可能とされています。

　ただし、一部請求はその部分が特定されていなければなりません。

　その結果、例えば被告の1億円の損害賠償請求に対し、原告としては最大限1000万円を超えることはないものと認識しているケースにおいて、原告が不存在と考える9000万円のうち1000万円の限度で不存在確認を求めることは、一見すると訴額を低く抑える点で利点があるようにも見えますが、そもそも原告が主張する1000万円が、9000万円の一部であることを特定できない限り不適法となりますので注意が必要です。

第5 請求の趣旨

1 請求の趣旨において債務額を表示することの要否

> **設例**
> AとBの各自運転する自動車が衝突し交通事故が発生したものの、AもBも自身の相手方に対する損害賠償責任はそもそも予見可能性、回避可能性がなく生じないと主張している。この場合に、AがBに対して損害賠償債務不存在確認の訴えを提起する際に、訴状の請求の趣旨欄にはどのような記載をするべきか。

債権額を請求の趣旨に表示しない確認の訴えについて、最高裁昭和27年12月25日判決（民集6・12・1282）は、「訴状には請求の趣旨すなわち、原告が訴訟物につき如何なる範囲で如何なる内容の判決を要求するかを記載しなければならず…もし訴訟物が金銭債権であれば必ずその金額を一定してこれが範囲を明確にすることを要するのであって、このことは、それが給付の訴であると確認の訴であるとにより毫も差異はないのである」と判示しています。

しかしながら、上記最高裁判決の事案は金銭債権の「積極的」確認訴訟であることから、その射程が直ちに消極的確認訴訟にまで及ぶものではなく、むしろ、一定金額を示すことが当事者の公平を確保するうえで意味を持たない消極的確認訴訟については債務の存否のみの確認の訴えを不適法とする趣旨のものではないと解すべきであると解されています（浅生重機「債務不存在確認訴訟」木川統一郎ほか編『新・実務民事訴訟講座1（判決手続通論1）』366頁（日本評論社、1981）等）。

債務額を請求の趣旨に表示しない債務不存在確認訴訟について、多数説及び実務は、かかる訴えを一律には不適法としていません。

その理由について、消極的確認の訴えの場合は、原告（債務者）側で具体的金額を把握できない場合も少なくなく、具体的な数額が示されていない場合でも被告（債権者）側の防御にさほど支障がないことなどが挙げられています。

例えば、交通事故に基づく不法行為を原因とする損害賠償債務について、被告が損害として一定金額（例えば1000万円）の主張をしているケースにおいては、原告がその全額の不存在確認を求める場合には、「原告の被告に対する○○事故に基づく不法行為を原因とする金1000万円の損害賠償債務が存在しないことを確認する」と記載することとなります。

また、原告が損害賠償債務のうちの一部分（例えば30万円）の存在を認め、その余の部分の不存在確認を求めるのであれば、「…債務は金30万円を超えて存在しないことを確認する」と記載することとなります。

これらに対して、被告が一定の金額を主張していないときには、債務額を表示しないで単に、「原告の被告に対する○○事故に基づく損害賠償債務が存在しないことを確認する。」というように記載すれば足りることとされています。弁済や填補により消滅した部分を除外する場合には、「…債務のうち弁済にかかる金○○円を控除した残額が○○円を超えて存在しないことを確認する。」と記載すればよいでしょう。

他の責任原因（契約責任等）に基づく損害賠償債務や各個の損害（傷害、死亡、物損等、あるいは治療費、逸失利益等の損害費目）の全部又は一部の不存在確認を求める場合にはその旨を表示することが必要でしょう。

なお、請求の趣旨において債務額を表示することは必要ではないとしても、債務の法的性質は特定する必要があり、これらの点を混同しないよう注意する必要があります。

以上より、設例の場合、訴状の請求の趣旨欄には、次のように記載するべきでしょう。

1　原告の被告に対する別紙記載の交通事故に基づく損害賠償債務が存在しないことを確認する。
2　訴訟費用は被告の負担とする。
との判決を求める。

　なお、債務不存在確認訴訟の原告が交通事故の発生自体を争う場合には、訴状の請求の趣旨欄に次のように記載するのが望ましいでしょう。

1　被告において平成○年○月○日に○○○で発生したと主張する交通事故に基づく原告の被告に対する損害賠償債務が存在しないことを確認する。
2　訴訟費用は被告の負担とする。
との判決を求める。

2　債務額の上限を表示しない請求の趣旨の解釈
(1)　請求の原因及び一件記録による債務額の特定

設　例

　債務額等確定請求事件の訴状の請求の趣旨として、「原告の被告に対する債務の残存元本は金80万円を超えて存在しないことを確認する。その余の原告の被告に対する債務は存在しないことを確認する。訴訟費用は被告の負担とする。」との判決を求め、その請求の原因として、「訴外○○は平成○年○月○日被告から金110万円を弁済期平成○年○月末日の約束で借受けたところ、同人は同年○月○日死亡し原告が相続し同債務を承継した。原告は同貸

> 金の弁済として平成○年○月○日金30万円を被告に支払ったので、前記貸金元本110万円よりこれらを差し引くと残存元本は80万円となる。ところが被告は80万円以上の残債務の存在を主張するので本訴に及んだ。」と陳述した。かかる事案において、請求の趣旨は特定されているといえるか。

　訴え提起の段階においては、債務額を表示しない請求の趣旨も一律に不適法とはいうことができないとするのが実務の取扱いですが、紛争解決のためには、審理の結果債務額が確定することが望ましいといえます。

　原告が金銭債務の上限額を請求の趣旨に表示しなかった債務不存在確認訴訟について、最高裁昭和40年9月17日判決（民集19・6・1533）は、請求の趣旨及び請求の原因並びに一件記録によると、原告が貸金債務について不存在の確認を求めている申立ての範囲（訴訟物）は、原告の自認額を貸金債権額から控除した残額の債務額の不存在の確認であり、裁判所は、申立ての範囲（訴訟物）である貸金残額の存否ないしその限度を明確に判断しなければならないとの判断を示しました。

　この最高裁判決を踏まえると、請求の趣旨に債務額が表示されていなくても、請求の原因及び一件記録により債務額を特定することにより、紛争の実効的解決を図ることができることとなります。

　したがって、上記最高裁判決の事案をベースとした設例の場合にも、一件記録や請求の原因等から貸金債権額が明確になった場合には請求の趣旨の記載として不適法になるものではないということとなります（請求の趣旨の解釈によっても債務額の上限が明示されない場合に請求の特定を欠くこととなるかという問題については、薦田茂正＝中野哲弘編『裁判実務大系(13)金銭貸借訴訟法』333頁（青林書院、1987）参照。）。

(2) 債務の存否のみの確認の訴え

> **設 例**
>
> 　交通事故の加害者として被害者から執拗に賠償を求められたXは、被害者に対して債務不存在確認訴訟を提起すべく、訴状の請求の趣旨として、「原告は被告に対する別紙交通事故目録記載の交通事故に基づく不法行為を原因とする損害賠償債務は存在しないことを確認する。」と記載した。債務の上限も下限も記載のない上記記載に問題はないか。

ア 可 否

　消極的確認訴訟においては、積極的確認訴訟と異なり一定金額を示すことが当事者間の公平を確保するうえで意味を持たないこと、処分権主義（民訴246）などを理由に、債務の存否のみの確認の訴えを一律には不適法としないのが多数説であるとされています。ただし、紛争解決の一回性及び前記最高裁昭和40年9月17日判決との整合性を犠牲にしてまで原告の利己的な意思を尊重してかかる訴えを認める必要性があるのか疑問であること等から、かかる訴えを許容しない少数説（我妻榮編『続民事訴訟法判例百選－重要百判例の解説（別冊ジュリストNo.36）』172頁（有斐閣、1972）、兼子一『新修民事訴訟法体系〔増訂版〕』171頁（酒井書店、1965））や、多数説に疑問を呈する見解もあります（田邊直樹「交通事件における債務不存在確認訴訟の問題点」自正40巻9号47頁）。

イ 基 準

　債務の存否のみの確認の訴えが許容されるとしても、そのような訴えはいかなる場合であっても許容されるのか、それとも一定の場合に限定されるべきか、限定されるとして限定の具体的基準をどのように考えるべきかが更に問題となります。

第1章　訴訟実務

　この点に関しては諸説あります（単に債務の存否のみに限定する訴えはその請求棄却の判決が具体的な数額につき何らの確定力を持たないため紛争解決の一回性・訴訟経済に反するとして、合理的な理由がある場合に例外的に認めるべきであり、訴状で債務額を表示していない場合でも、原則としてこのような趣旨の訴えとみるべきでないとする説（小川英明編『貸金訴訟の実務〔三訂版〕』530頁（新日本法規出版、1998））、原告が特に債務の存否のみの確認を求め金額を問題にしないことを示した場合に限るとする説（木川統一郎ほか編『新・実務民事訴訟講座1（判決手続通論1）』363頁（日本評論社、1981））、債務が存在するとされたときに原告が数額の点について立ち入ることを望まず、当事者間の交渉によって確定したいと考え、その見込みもあること等の事情から当面の訴えについては棄却を望むということも、事情によってはあながち合理性がないとはいえないと考えられ、そのような例外的な場合で、原告の明示の意思表示がなされているときとする説（小川英明＝中野哲弘編『現代民事裁判の課題⑤貸金』785頁（新日本法規出版、1990））、金銭債務については債務の存否のみを確認するだけで紛争が解決されることは極めてまれなことであるものの、例外的に不法行為の場合は賠償責任の不存在確認を求めることもできるとする説（新堂幸司ほか編『講座民事訴訟2』264頁（弘文堂、1984））、紛争解決の一回性と訴訟経済の観点から、債務の存否のみの確認の訴えが許容されるとしても、合理的な理由があり、原告がその旨明示した場合に限られると解するのが妥当であるという説等。）。

　この点に関連する裁判例（交通事故事案）として、「損害賠償債務の一部不存在確認訴訟においては、貸金債務の一部不存在確認訴訟とは異なり、被告の対応に応じて原告の主張する不存在額を超える損害が生じているかどうかだけを判断し、損害が原告の主張する損害を下回っているときはその請求を認容し、超えているときは請求を棄却する

ことで足りる」として債務額を表示しない原告の請求を全部棄却した裁判例があります（東京地判平4・1・31判時1418・109）。

　もっとも、このような取扱いをする裁判例については、金銭債務のような「量」が問題となる訴訟では、額の確認をしないで請求棄却の判決をしても、それにより必ずしも紛争の有効な解決にはならないため、裁判所において、主文で積極的に反訴請求認容額と同額の確認を（反訴が提起されていない場合であっても同様に）するべきであるとの指摘があります（判タ670号194頁）。

　以上より、設例の事案では請求の趣旨の記載として特段問題（特定に欠けるため訴え却下の訴訟判決がなされるような問題）はないといえます。

　なお、原告（債務者）としては、請求棄却判決がなされることにより紛争の終局的な解決が図られないことを懸念するのであれば、審理過程において、あらかじめ裁判所に対して残債務額の確定を求める旨を明確に（準備書面等で）伝えておく必要があるでしょう。

3　請求の趣旨において債務の法的性質を特定することの要否

> **設　例**
>
> 　Xは、Yから内容証明郵便で、平成28年12月1日付の金銭消費貸借契約に基づく貸金の返還として100万円の支払を求められているものの、まったく身に覚えがないため、Yに対して債務不存在確認訴訟を提起しようと考えている。訴状の請求の趣旨として「原告の被告に対する100万円の金銭支払債務は存在しないことを確認する。」と記載した場合、問題はないか。

　確認訴訟は、請求の趣旨で特定明示される権利又は法律関係の存否

第1章　訴訟実務

について判決で確認することによって紛争の解決を図ることを目的・機能とする訴訟ですので、その訴訟上の請求は、特定明示された当該具体的な権利又は法律関係であり、その特定は請求の趣旨の中に織り込まれ、その結果請求の原因は請求の特定のための訴状の必要的記載事項ではないとすることで、訴訟物理論による対立はほとんどないとされています（兼子一ほか『条解民事訴訟法〔第2版〕』798頁（弘文堂、2011）等）。

　したがって、確認訴訟においては、審判の対象となる権利関係は実体法上の権利として明確に一義的に定まっている必要があり、確認訴訟の訴訟物は常に権利の法律的性質決定を伴うことが必要とされています。

　実務上、貸金関係をめぐって債務不存在確認訴訟を提起する場合には、具体的な契約の発生原因（合意の日時、内容）を請求の趣旨に掲げて対象となる法律関係を特定し、かつ、その法律関係から生ずる金銭債権の額を具体的に明示するのが一般的です。例えば、貸金全部の不存在を求める場合には、「原告と被告との間の平成○年○月○日の金300万円の金銭消費貸借契約に基づく原告の被告に対する貸金債務が存在しないことを確認する。」と記載し、また一部不存在を求める場合には、例えば、「…金100万円を超えて存在しないことを確認する。」との請求の趣旨を記載します。

　上記の例では訴訟物は金300万円の貸金債務の存否（一部不存在の場合は金200万円の貸金債務）となります。

　以上より、設例の事案では、100万円の金銭支払債務の発生原因事実が特定されていないため、不適法となる可能性があります。正確には、「原告と被告との間の平成28年12月1日の金100万円の金銭消費貸借契約に基づく原告の被告に対する貸金債務が存在しないことを確認する。」と記載するべきでしょう。

実際の裁判例でも、例えば、金融業者が強迫により債務引受及び連帯保証をさせたうえ取立てのために居宅前でハンドマイクを使用し「詐欺師のお父さん貸した金を返してください」等と発言したのに対して債務不存在確認を求めた事案の訴状の請求の趣旨として、「昭和58年2月15日作成の『和解書』に基づく金600万円の被告に対する原告の債務、同○○○○及び同××××の保証債務がいずれも存在しないことを確認する。」と記載し判決主文でもそのまま認められた事案があります（神戸地判昭62・7・7判タ665・172）。

4　請求の趣旨の代表的な記載例

　請求の趣旨の代表的な記載例としては以下のとおりです。
① 　債務の全部の不存在確認の場合
　　「原被告間の平成○年○月○日の金銭消費貸借契約に基づく原告の被告に対する元金○○円の返還債務が存在しないことを確認する。」
② 　債務額を明示しない場合
　　「原告の被告に対する別紙記載の交通事故による損害賠償債務が存在しないことを確認する。」
③ 　債務の一部の不存在確認の場合
　　「原被告間の平成○年○月○日の金銭消費貸借契約に基づく原告の被告に対する元金100万円の返還債務は30万円を超えて存在しないことを確認する。」
④ 　継続的取引に基づく債務不存在確認の場合
　　「原被告間の平成○年○月○日の継続的商品供給契約に基づく平成×年×月×日から平成△年△月△日までに納入された商品の売買代金債務が金○○円を超えて存在しないことを確認する。」

第6 請求原因事実

1 確認の利益を基礎付ける事実

　訴状には、請求の趣旨及び原因が記載されなければならないとされています（民訴133②二）。

　債務不存在確認訴訟を提起する際、訴状の請求原因として、被告は原告に対し、請求の趣旨記載の債権を有すると主張していること（確認の利益を基礎付ける事実）を記載します。

　具体的には以下のとおりです。

　1　被告は、原告に対し、別紙債権目録記載の債権を主張している。
　2　よって、原告は、上記債務が存在しないことの確認を求める。

　上記1において訴訟物たる債務を特定するために必要な事実を記載することを要します。

　上記に加えて、被告が原告に対して特定の給付を求めるに至った経緯・原因（確認の利益を基礎付ける事実）、債務不存在の根拠となる理由をも具体的に記載するのが望ましいでしょう（民訴規53②参照）。

　確認の利益は訴訟要件であって裁判所の職権調査事項であるため、仮にこれを欠くときは訴え却下の訴訟判決がなされるべきものですが、その判断は職権探知によるのではなく、当事者の弁論にあらわれた事実に基づいてなされる以上（兼子一『新修民事訴訟法体系〔増訂版〕』205頁（酒井書店、1965）、新堂幸司ほか編『講座民事訴訟2』165頁・298頁（弘文堂、1984）等）、原告において主張することを要するためです。

　被告が原告に対し請求の趣旨に記載した債務の存在を主張している旨の記載で足り、この点については争いがないのが通常ですが、もし争いがあるのであれば、原告はその根拠資料を提出して確認の利益を基礎付ける事実の存在を明らかにする必要があります。

また、上記とは異なり、債務の一部不存在確認を求める場合の請求原因の一例としては、以下の記載が考えられます。

> 1　被告は、原告に対し、平成28年4月1日、金100万円を貸し付けたとして残元金90万円の返還を請求している。
> 2　しかし、上記金銭消費貸借契約に基づく取引経過は別表（記載省略）のとおりであり、残元金は10万円である。
> 3　よって、原告は、被告に対し、請求の趣旨記載の事項の確認を求める。

　なお、貸金返還請求の場合に期限の利益を喪失していないとか、利息制限法の制限利率での引き直し計算に誤りがあるといった主張をする場合、これらの主張は抗弁に対する積極否認の先行主張と位置づけられます。

2　訴訟物特定に必要な事実

　消極的確認訴訟では、攻撃方法としての請求原因である一定の事実主張というものはなく、訴訟物である権利の発生原因事実については、被告にその立証責任があるとされます（高橋宏志＝加藤新太郎編『実務民事訴訟講座〔第3期〕第2巻－民事訴訟の提起・当事者』118頁（日本評論社、2014）、岡口基一『要件事実マニュアル第1巻－総論・民法1〔第3版〕』69頁（ぎょうせい、2010）等参照）。

　しかしながら、処分権主義の結果として原告が訴訟物を特定する権限を有し特定の責任も負うことから、原告としては請求原因により債務を特定する必要があります。

　訴状における請求原因の記載が十分ではなく、訴訟物の特定に欠ける場合、原告に補正が命じられ、補正に応じなければ訴状が却下されます。訴状が却下されなかった場合であっても、審理の結果請求原因の記載が十分ではなく、訴訟物が特定されていなかったならば、訴えが却下されることとなります。

そのため、前記確認の利益の基礎となるべき事実（権利関係について当事者間に争いのあること、被告が原告に対して特定の給付を求めるに至った経緯・原因）に加えて、訴訟物特定に必要な事実を記載する必要があります。

これらの主張が欠ける場合には、漫然と債務の不存在を主張した提訴であると評価され（特定不十分）、あるいは紛争の基礎となる事情の提示がない以上は当事者間で紛争がないと評価され、本案判決をする必要性に欠けるとして即時確定の利益が否定されかねません。

したがって、特に原告訴訟代理人としてはこの旨留意するべきでしょう。

以下に、実際の訴訟における具体的な請求原因の記載例を紹介します。大阪地裁平成8年6月28日判決（判タ942・214）（**事例41参照**）は、献血時の採血による傷害を受けたとして損害賠償を求められたのに対して献血を主催した日本赤十字社が損害賠償債務が存在しないことの確認を求めた事例ですが、その請求原因には次のとおり記載されており、参考になります。

1　被告は、原告らに対し、別紙事故目録記載の事故（以下「本件事故」という。）について、損害賠償債権を有すると主張している。
2　しかし、右事故に基づいて損害賠償債権は発生しておらず、仮に損害賠償債権が発生していたとしても、原告らは、被告に対して休業損害、治療費、通院交通費等の名目で合計金46万8872円を支払済みであるから、同債権は消滅している。よって、原告らは、被告に対し、右債務の存在しないことの確認を求める。

このように、訴訟物の特定に必要な事実については、「別紙」を利用して遺漏なく記載するケースが多く、損害賠償債務以外の債務の存否が問題となっている事案でも積極的に活用されるべきでしょう。

第3節　訴訟の進行
第1　抗弁以下の攻撃防御

> **設　例**
>
> 　Yを貸主、Xを借主として3000万円の金銭消費貸借契約を締結した事案で、Xが既に3000万円全額を弁済したと主張して債務不存在の確認を求める場合の攻撃防御の構造はどのように整理されるか。

1　債務不存在確認訴訟における主張整理の具体例

　設例の貸金債務の事案における債務不存在確認訴訟の抗弁以下の攻撃防御方法としては、概要以下のとおり整理することができます。

訴　訟　物：YのXに対する貸金返還請求権
請求原因：YはXに対し、請求の趣旨記載の債権を有すると主張していること
　　　　　＊請求原因は、主として確認の利益の基礎となるべき事実（権利関係について当事者間に争いがあること）の主張の意味です。
抗　　弁：YはXに対し、金3000万円を弁済期平成〇年〇月〇日の約定で貸し渡したこと
　　　　　＊当該債権の発生を根拠付ける法規の要件事実が抗弁となります。
　　　　　＊実務上は、Xは抗弁を先行自白し、再抗弁を請求原因レベルに「せり上げ」て主張することが多いでしょう。
　　　　　＊請求原因事実の中に、これに対する抗弁の要件事実が含

まれている場合に、請求原因事実とともに当該抗弁を覆滅させる再抗弁の要件事実をも請求原因欄に「せり上げて」主張しなければ、当該請求原因の主張は主張自体失当となり、かかる場合が「せり上がり」といわれています。

再 抗 弁：ＸはＹに対し、抗弁の金3000万円を弁済したこと
　　　　　＊当該債務の発生障害、消滅を根拠付ける法規の要件事実が再抗弁となります。
　　　　　＊なお、原告が訴状において債務発生原因事実（契約、故意・過失など）を否定する主張している場合には、それは被告の抗弁事実の先行否認となります。

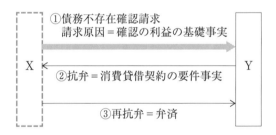

2　原被告主張の債務が一致しない場合について

　債務不存在確認請求訴訟の被告は、原告の特定した債務の発生原因事実を抗弁として主張立証する責任があります。
　その場合に被告の主張が原告の特定した債務と一致する場合には問題はありませんが、そうでない場合には被告の主張は有効な抗弁とはならないため、理屈のうえでは原告の請求が認容されることになります（ただし確認の利益がないとして訴え却下となることもあり得ます。）。例えば、原告の「不法行為に基づく」損害賠償債務の不存在確認の申立てに対し、被告が「契約に基づく」損害賠償債務の発生原因

事実を主張した場合等です。

　もっとも、被告が他の債務の存在を主張している以上、仮に上記のように原告の請求認容判決をしたとしても紛争の抜本的な解決にはなりません。

　そのため、このような場合には原告としては訴えの変更をして被告の主張する債務に一致させるのが妥当と考えられます。

　同様に、債務額について不一致がある場合にも請求の拡張又は減縮をして一致させるのが相当でしょう。

第1章　訴訟実務　　79

第2　証明責任

> **設　例**
> 1　金銭消費貸借契約上の借主が貸主に対して、貸金債務は30万円を超えて存在しないことの確認を求めて提訴したが、口頭弁論終結時において貸金債権が存在するかどうかについて裁判所が心証形成できなかった場合、いかなる判決がなされるか。
> 2　1の事案において、被告が適式の呼出しを受けながら口頭弁論期日に出頭せず、答弁書その他の準備書面も提出せずに第1回口頭弁論期日に欠席した場合に、請求認容判決をすることに問題はないか。

1　主張立証責任

　消極的確認訴訟においては、原告は不存在確認を求める権利又は法律関係を特定すれば足り、その発生原因事実について主張立証責任を負うものではありません（大江忠『第3版要件事実民法 (3) 債権総論』282頁（第一法規、2005）、吉田秀文＝塩崎勤編『裁判実務大系 (8) 民事交通・労働災害訴訟法』392頁（青林書院、1985）等）。
　主張立証責任は法条によって定められるのであり、当事者が原告、被告のいずれになるかによって左右されるものではないからです。
　したがって、債務不存在確認訴訟においては債務の発生原因事実は、債務者たる原告ではなく、債権者たる被告に主張立証責任があります（通説）。
　この点に関し、東京地裁平成2年7月16日判決（金判871・30）は、「債務不存在確認訴訟においては、攻撃方法としての請求原因である一定の事実主張というものはなく、訴訟物である権利の発生要件事実は、これによって利益を受ける当事者すなわち被告にその主張立証責任があり、被告の防御方法すなわち抗弁となるものと解すべきであり、その

理が被告の応訴内容によって左右されるものでないことはいうまでもない。したがって、債務不存在確認訴訟の場合でも、訴訟物である権利の発生要件事実について主張責任と立証責任は分離せず、いずれも被告に帰属するものである。」（下線は筆者）との判断を示しているところです（その他、東京地判平27・11・17（平27（ワ）27352）等）。

そのため、被告は抗弁（正確には抗弁と断定しがたいものですが、被告が主張立証すべき事実という意味）として金銭消費貸借契約の成立（合意と金員交付）の事実について主張・立証することとなります。

これによって、原告と被告の立場は積極的確認訴訟や給付訴訟と逆の関係になります。

以上により、設例1の場合、証明責任は貸主たる被告が負うこととなりますので、その立証がなされない以上、原告の債務不存在確認請求を全部認容する判決がなされます。

2　被告の欠席

被告が適式の呼出しを受けながら口頭弁論期日に出頭せず、答弁書その他の準備書面も提出しない場合は、通常、いわゆる欠席判決がなされます（民訴159①③参照）。

これは、被告の期日への欠席という事由を直接の原因としてこのような判決をしているわけではなく、被告が期日に欠席することによって、相手方の主張する事実を争うことを明らかにしないまま判決の基礎とすることができるためです。

これを債務不存在確認訴訟についてみると、債務の内容が特定されていれば被告欠席の場合に請求認容判決をすることは給付訴訟と同様可能です。もっとも、原告の訴状の記載内容いかんによってその説明の仕方には差異が生じます。

すなわち、貸金事案の例でみると、原告（債務者）が、借り受けた事実そのものを否定するとともに（抗弁事実の先行否認）、仮に借り受

けたとしても弁済消滅したと主張（抗弁事実の先行自白と再抗弁事実の先行主張）していた場合は、被告が上記主張事実を明らかに争わないものと認めて（擬制自白）、請求認容判決をすることになります。

　これに対して、訴状に最小限の記載しかない場合には上記のような擬制自白ではなく、被告が訴訟物である債務の発生原因事実を主張・立証しないことを理由に請求認容判決をすることとなります（浅生重機「債務不存在確認訴訟」木川統一郎ほか編『新・実務民事訴訟講座1（判決手続通論1）』376頁（日本評論社、1981））。もっとも、いずれにしても請求認容判決という結論に変わりはないため、上記の点はあくまでも説明・整理の仕方に相違があるということに留まります。

　以上より、設例2の回答としては、「特段問題はない。」となります。

3　保険事故における「故意・重過失」の証明責任

　債務不存在確認訴訟においては、前述のとおり、債権者たる被告に証明責任があるのが原則です。

　もっとも、保険金請求権の不存在確認を求める債務不存在確認訴訟の場合には、通常、保険契約の約款上に保険契約者又は被保険者の故意又は重過失により事故が発生した場合には保険金の支払義務を負わない（免責される）旨規定されています。また、法律上も、例えば保険法17条1項は、「保険者は、保険契約者又は被保険者の故意又は重大な過失によって生じた損害をてん補する責任を負わない。」と規定しています。

　このため、保険金の不正請求が争点となる事案における大きな問題点は、事故の偶然性（事故が被保険者等の故意等によらないという意味での偶然性）をめぐる主張立証責任の所在をいかに解するか、事故の偶然性に関する種々様々な間接事実をどう評価するか、という2点に整理されますが、前者の問題点については、傷害保険契約に関する事案につき、被保険者側に偶然性の主張立証責任を負わせた最高裁平

成13年4月20日判決（判タ1061・65）の射程が、火災保険等その他の類型の保険契約の場合にも及ぶのか否かという点が問題となります。

　この点に関して、店舗総合保険や自動車総合保険、テナント総合保険等の保険金不正請求が問題となった諸々の事案において、各最高裁判決は、保険契約者又は被保険者に「故意又は重過失」があることについては、保険者において、免責事由として主張・立証する責任を負うと判断しています（参考判例：店舗総合保険につき最判平16・12・13民集58・5・1178、自動車総合保険につき最判平18・6・1民集60・5・1887及び最判平18・6・6判時1943・11、テナント総合保険につき最判平18・9・14判時1948・164等）。

　これら一連の最高裁判例からすると、保険事故における偶然性の立証責任については、保険契約の類型にもよりますが、保険者が保険契約者・被保険者の故意・重過失を立証しなければならないという判断基準が採用されるケースが多いものと思われます。

　もっとも、立証責任の所在をいずれに解するとしても、実際の審理においては、故意ないし重過失を推認させる間接事実の立証活動が重要であり、具体的な訴訟手続の審理では、この点に焦点が絞られることになるでしょう。

　そうすると、いかなる間接事実を積み重ねることにより被保険者の故意ないし重過失を推認することができるのかが次に問題となりますが、過去の類似の裁判例が参考とされるべきでしょう。

　例えば、放火事故招致が問題となった裁判例がおおむね共通して掲げている間接事実としては、①出火原因・状況の不自然性、②保険契約の不自然性（保険の目的の購入動機・経過等、契約締結過程、契約内容）、③保険契約の始期と事故日との接近性、④保険事故前後の被保険者等の態度・アリバイの不自然性、⑤被保険者等の経済的困窮性、⑥被保険者・関係者の保険金請求歴等が紹介されており（塩崎勤編『現代裁判法大系（25）生命保険・損害保険』261頁（新日本法規出版、1998））、参考となります。

第3　給付訴訟と債務不存在確認訴訟

> **設　例**
>
> 1　債権者Xが債務者Yに対して貸金返還請求訴訟を提起し訴訟係属した後に、別訴としてYがXに対して債務不存在確認訴訟を提起することはできるか。
>
>
>
> 2　債務者Xが債権者Yに対して債務不存在確認訴訟を提起し訴訟係属した後に、別訴として債権者Yが債務者Xに対して貸金返還請求訴訟を提起することはできるか。
>
>
>
> 3　債務者Xが債権者Yに対して債務不存在確認訴訟を提起し訴訟係属した後に、反訴として債権者Yが債務者Xに対して貸金返還請求訴訟を提起することはできるか。仮に提起できるとして、反訴提起後も債務不存在確認訴訟が取り下げられなかった場合にはいかなる判決がなされるか。

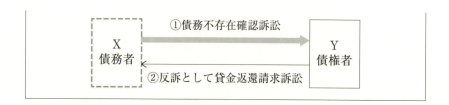

1 給付訴訟の係属中の債務不存在確認訴訟の提起

給付訴訟が先行して係属中の状況において、債務不存在確認訴訟を別訴として提起することは、二重起訴の禁止に触れ許されません（民訴142）。

また、給付訴訟が先行して係属中に、債務不存在確認を求める反訴についても、給付訴訟の棄却判決によって反訴の目的を達することができることから、反訴の利益がないと解されています（なお債務不存在確認を求める反訴請求を「棄却」した事例として東京地裁平成11年5月31日判決（判タ1017・173）があります。）。

これに対して、具体的執行行為の排除を求める請求異議訴訟は、異議権の存否を確定しますが、債務の不存在を確定するわけではないので、別に債務不存在確認訴訟を提起することは二重起訴の禁止に抵触しないと解されています（東京高判平7・5・29判時1535・85）。

以上より、設例1の場合、別訴として債務者Yが債権者Xに対して債務不存在確認訴訟を提起することはできません。

2 債務不存在確認訴訟の係属中の別訴給付訴訟の提起

債務不存在確認訴訟の係属中、給付訴訟で別訴を提起することは二重起訴の禁止に触れ、許されないとするのが多数説です（小川英明＝中野哲弘編『現代民事裁判の課題⑤貸金』794頁（新日本法規出版、1990）、東京地判昭55・9・29判タ429・136等）。

このような事態が生ずるのは、通常は債務者が債務不存在確認訴訟

を提起していたのに、債権者がそれを知らないまま、その直後に給付訴訟を別訴として提起したという場合に限られるでしょう。もっとも、東京地裁平成13年8月31日判決（判時1772・60）は、銀行と顧客の相続人等との間の貸金債務不存在確認請求訴訟の「控訴審係属中に」、銀行が貸金返還を求める別訴を提起した事案において、本件訴えは民事訴訟法142条の規定に違反する不適法なものであるとして訴え却下の訴訟判決を下しました。

　同判決は、別訴が許されない理由として、①先行訴訟では、給付そのものに関する抗弁が審理・判断の対象とならないとしても、重複訴訟禁止の掲げる不都合が生ずることになる、②債務不存在確認訴訟が係属している場合において、同一の権利関係について給付判決を求めようとする当事者の利益は、先行訴訟の手続において反訴の提起をする方法により確保することが可能である、③控訴審における反訴提起については、反訴被告の同意が必要とされているが、本件の場合は反訴被告の同意を要しない場合に該当すると解される余地がある、④控訴が取り下げられた場合、原告が直ちに新たな訴訟を提起することができ、権利保護に欠けるところはない、などを掲げています。

　原告が債務不存在確認訴訟において、債務額の上限を限定して請求するのに対して、被告がこれを上回る額の債務の存在を主張し、別訴給付訴訟を提起した場合であっても、債務を区切る標識がないため訴訟物が単一であるときは、既判力の抵触を生じるおそれがあるので、二重起訴の禁止に触れると解すべきでしょう。

　ただし、手形訴訟の特殊性（先行する債務不存在確認訴訟の反訴として手形訴訟を提起することができないという特質）、先行する債務不存在確認訴訟の反訴として手形訴訟を提起することができないことから、手形金債務不存在確認訴訟の係属中に手形訴訟を提起することは、民事訴訟法142条の重複起訴（二重起訴）の禁止に抵触しないと解

されています（大阪高判昭62・7・16判時1258・130、同旨東京地判平3・9・2判タ769・237）。

したがって、設例2の場合、別訴として債権者Yが債務者Xに対して貸金返還請求訴訟を提起することはできません。債権者Yとしては反訴請求をすれば足りることとなります。

なお、設例2において、係属中の債務不存在確認訴訟が控訴審の審理中である場合には、債権者の反訴が可能であるか否かによって別訴提起の可否が変わってくる可能性があります（前掲東京地判平13・8・31判時1772・60）。控訴審での反訴提起について相手方の同意が不要とされる場合につき、伊藤眞『民事訴訟法〔第3版再訂版〕』573頁（有斐閣、2006）は、「それ以外の場合であっても、審級の利益保護を考慮する必要がないか、またはこれに優先する反訴原告の合理的利益が認められるときには、相手方の同意が不要とされる。前者の例としては、すでに第1審における抗弁などの形で、反訴請求についての実質的審理が行われている場合がある。後者の例としては、人事訴訟の控訴審における反訴について相手方の同意を不要とする人事訴訟法18条の規定がある。」と解説しているところです。

もっとも、被告たる債権者としては先行する債務不存在確認請求訴訟の第1審係属中に反訴請求をすればよいのですから、この点さえ留意すれば足りるでしょう。

3 債務不存在確認訴訟の係属中の反訴給付訴訟の提起

（1） 問題の所在（民事訴訟法261条2項ただし書）

債務不存在確認訴訟の判決には執行力が生じないことなどから、被告が給付訴訟を反訴として提起する実益があります。

東京地方裁判所民事交通部においては、交通事故による債務不存在確認訴訟について、被告が応訴するときには、早期に反訴の提起を求

め、かつ、原告には本訴の取下げを求めていると報告されています（長久保守夫「東京地裁民事27部（民事交通部）における民事交通事件の処理について－2－」司法研修所論集87号134頁）。

　ただし、本訴を取り下げると反訴は相手の同意なくして取り下げることが可能となる（民訴261②ただし書）ため、口頭弁論終結時点においては反訴取下げの危惧があったのであるから、同時点で訴えの利益がないと言い切れるかどうかについては疑問が残り、終結時といえども本訴の取下げを強引に勧告するような訴訟指揮は問題があるとの指摘があります（田邊直樹「交通事件における債務不存在確認訴訟の問題点」自正40巻9号47頁）。なお、この点に関し、本訴たる債務不存在確認訴訟の取下げに際して、念のため反訴を取り下げない旨の訴訟上の合意をしておくことを示唆する考え方があり参考となります（西理「債務不存在確認訴訟について（下）」判時1405号6頁）。

　このような問題は交通事故以外の債務不存在確認請求訴訟一般も当てはまることでもありますし、原告訴訟代理人の立場からすれば、せっかく訴訟提起した本訴を取り下げることについての理由を依頼者に十分説明し、その納得を得ることができるかという観点も実際には非常に重要なことですから、本訴取下げには留意すべきでしょう。

　以上のとおり、設例3の場合には債権者Yが反訴として債務者Xに対して貸金返還を求めることは当然できます。

　(2)　原告が債務不存在確認訴訟を取り下げない場合の判決

　　ア　不適法却下の訴訟判決

　原告が、債務不存在確認訴訟を取り下げないときには、判決に当たり、本案判決をする裁判例（神戸地判平7・2・22交民28・1・230、大阪地判昭59・6・7判タ533・239、東京地判昭61・3・28交民19・2・451、神戸地判平元・4・25交民22・2・512、大阪高判平6・8・10判タ860・88等）と、訴えの利益を欠くとして、訴えを却下すべしとする裁判例（大阪高判平8・1・30判タ919・215、

大阪地判平6・6・10交民27・3・788、大阪地判昭62・12・24交民20・6・1616）及び論文（長久保守夫「東京地裁民事27部（民事交通部）における民事交通事件の処理について－2－」司法研修所論集87号135頁）があります。

　そして、実際の裁判実務においても、前記のとおり裁判官は後者の立場から原告に対して訴えの取下げを勧めることがあります。要するに、本訴を維持すると判決の際に却下になるのだから、そうならないように早めに取り下げたらどうかという勧告です。

　この点に関連して、神戸地裁平成8年5月24日判決（交民29・3・771）は、以下のように判示しています。すなわち、「債務不存在確認請求訴訟に対して損害賠償の給付を求める反訴が提起された場合、反訴の提起があったからといって、直ちに債務不存在確認請求訴訟の確認の利益がなくなるわけではないが、少なくとも、弁論が終結し、判決を言い渡す段階に至った場合には、本訴と反訴とが同一の訴訟物に関するものであって、反訴に対して本案判決がされる限り、反訴に対する判断によって、右債務の存在を前提としてより直接的にその債権の履行が命ぜられ、あるいは、その債権の不存在が確定されるものであるから、本件については、確認の利益を後発的に喪失したというべきである。」との判断です。

　この裁判例によれば、給付訴訟の反訴の提起がなされた時点では直ちに本訴の訴えの利益がなくなるわけではないものの、弁論終結に至り判決を言い渡す段階に至った場合にはそれがなくなると判示している点が重要と思われます。

　したがって、反訴の提起がなされた時点で裁判所が直ちに原告に対して本訴の取下げを勧告するのはやはり疑問が残ります。

　また、この問題点については、保険金請求に関わる最高裁平成16年3月25日判決（判時1856・150）が、反訴の提起によって「もはや確認の利益を認めることはできない」として本訴は「不適法として却下を免れ

ない」と判示しており、その後の下級審判例はこの考え方に従って処理されているといってよいでしょう（大阪地判平17・2・28（平15（ワ）10959・平16（ワ）4755）裁判所ウェブサイト、広島高岡山支判平18・1・31判タ1216・162、青森地判平20・2・28（平19（ワ）88）裁判所ウェブサイト、名古屋高判平20・12・2医療判例解説20・59、東京地判平21・3・10判時2062・74、東京地判平21・10・26消費者法ニュース82・179、東京地判平24・1・16判自357・70等）。

　本訴原告は、結局本訴請求を取り下げないで終局判決を得ることになったことから（終局判決後に反訴を取り下げると、反訴原告は再訴を提起することはできない）、もはや本訴について本案判決を得る実益はなくなり、終局判決の中で本訴請求を却下しても特段の支障はないといえるでしょう（前掲文献田邊直樹「交通事件における債務不存在確認訴訟の問題点」自正40巻9号47頁参照）。

　以上より、設例3の場合、現在の裁判実務上の取扱いからは債務不存在確認の本訴請求については、訴え却下の訴訟判決がなされる可能性が高いといえます。

　なお、この点は、反訴請求が認容されるか棄却されるかにかかわらず同様であると思われます。反訴請求の棄却判決（の既判力）により紛争が終局的に解決されるため、別途債務不存在確認判決をする実益はないといえるからです。

　　イ　訴訟費用

　本訴被告が、反訴として給付訴訟を提起した場合、上記のとおり本訴（債務不存在確認請求訴訟）については確認の利益が失われて不適法却下されます。

　この場合、本訴については形式的には本訴被告（債権者）の勝訴となりますが、反訴で本訴被告（債権者）が敗訴したときは、訴訟費用は、本訴・反訴を通じて、全部、本訴被告（債権者）に負担させるべきと解されており、その根拠は民事訴訟法62条です（最判平16・3・25民集58・3・753）。

第4　被告の応訴と消滅時効中断効

> **設　例**
> 　Xは、Xに対して100万円の貸金があると主張しているYに対して、30万円を超えて貸金債務は存在しないことの確認を求めて訴えを提起し、訴訟係属後に貸金の弁済期到来から10年間が経過した。
> 1　Yが貸金返還を求める反訴請求もせず、また貸金返還の別訴提起をしないまま、判決においてXの請求棄却判決がなされた場合、Yの貸金債権の消滅時効は中断するか。
> 2　上記1の場合に消滅時効中断効が発生するのはいつの時点か。
> 3　Xが自認する30万円は時効期間の経過により消滅することとなるか。

1　債務不存在確認訴訟における消滅時効の中断

　債務不存在確認訴訟における応訴は、訴訟における権利主張であり裁判上の請求として、消滅時効中断効が認められます（民147一・149）。

　なお、民法の改正により、「時効の中断」という概念は「時効の更新」に変更されますが（公布の日（平成29年6月2日）から3年を超えない範囲内において政令で定める日から施行）、時効の更新の効果は現行民法の時効の中断と同じです（大阪弁護士会民法改正問題特別委員会編『実務解説　民法改正』53頁（民事法研究会、2017））。

　当初判例は債務不存在確認訴訟に応訴して債権者が勝訴した場合でも時効中断効を認めないとしていましたが（大判大11・4・14民集1・187、大判昭6・12・19民集10・1237）、その後判例変更して時効中断効を認める

に至りました（大中間判昭14・3・22民集18・238）。同判例によると、時効中断効を認める根拠は、以下の3点にあるとされています。すなわち、①権利の上に眠る者ではないことを表明する点に時効中断の根拠があるとすれば、このような場合には民法が時効中断の事由として規定する裁判上の請求に準ずべきものと解しても時効制度の本旨に反しないこと、②権利関係の存否が訴訟上争われつつある間に他方において当該権利が時効により消滅し得る解釈をとることは条理に合致しないこと、③消極的確認請求を棄却する判決が確定した場合と、積極的確認請求訴訟において原告（債権者）勝訴の判決が確定した場合とで、時効中断事由を認めるべきか否かにつき別異の取扱いをするべき理由に乏しいこと等が挙げられています。

消滅時効中断効は、債務者の勝訴判決（債務不存在確認請求の認容判決）が下された場合はもちろんですが、訴えが取り下げられたときにも生じません（訴えの取下げにつき民法149条。なお、改正民法147条では、訴えの取下げにより訴訟が終了した場合（「権利が確定することなくその事由が終了した場合」）、更新効（中断効）は生じず、訴訟終了から6か月は時効が完成しないものとされています。）。

したがって、原告の訴え取下げによる中断の失効を予防するためには被告（債権者）としては、積極的に債権確認又は給付請求の反訴を提起する必要があります。消極的に訴え取下げに同意しないという方法も考えられますが、中断の失効を予防できても反訴提起しないことにより事実上不利な心証形成をされてしまう可能性もあると思われ、やはり反訴提起が望ましいといえます。

なお、債務不存在確認訴訟において消滅時効中断効が生じているか否かが問題となった事例として、最高裁平成10年11月24日判決（判タ990・127）があります。同判決は、貸金債権は判決確定時点から新たに消滅時効が進行することになり、それから10年間が経過した時点で時

効消滅したと主張とする被上告人（債務者）に対し、上告人（債権者）は、仮差押登記が存続する限り仮差押による時効中断の効力は存続するから本件債権のうち仮差押命令の被保全債権である金1000万円については消滅時効が完成していないと主張し、最高裁は被告（債権者）の主張を認容して破棄差戻判決を言い渡しましたので、関連する裁判例として留意しておく必要があるでしょう。

　以上より、設例1（債務不存在確認請求についての請求棄却判決）の場合、YのXに対する貸金返還請求権については時効中断効が生じることとなります。

2　債務不存在確認訴訟における債権の消滅時効中断の効力発生時期

　債務不存在確認訴訟において被告（債権者）が勝訴した場合には債権の時効は中断しますが（大中間判昭14・3・22民集18・238）、同判決は、この場合の中断の効力発生時期について、「<u>被告カ請求棄却ノ判決ヲ求ムル答弁書又ハ準備書面ヲ裁判所ニ提出シタル時ヲ以テ又若シ斯ル書面ヲ提出セサル場合ニハ口頭弁論ニ於テ同様ノ主張ヲ為シタル時ヲ</u>以テ該債権ノ消滅時効ハ中断スルモノト解スルヲ妥当ト断セサルヲ得ス」（下線は筆者）との判断を示し、学説の多数もこれを支持しているとされています（川島武宜編『注釈民法(5)総則(5)』90頁（有斐閣、1967））。

　したがって、上記裁判例を前提としますと、設例2の場合、YがXの債務不存在確認請求に対して請求棄却判決を求める答弁書を提出するか（多くはこの場合でしょう。）、又は口頭弁論期日において準備書面ないし口頭で請求棄却を求める趣旨の主張をした時点で消滅時効が中断することとなります。

3　消滅時効中断効の及ぶ範囲

消滅時効中断効は、審判の対象たる訴訟物に及びます。

債務不存在確認訴訟において、原告が自認している債権部分が訴訟物になるならば、消滅時効が中断されると解することができます。

これに対して、この部分が訴訟物に含まれないとするならば、被告が応訴しても自認部分には消滅時効中断効は生じないことになります。

債務不存在確認請求訴訟における訴訟物は、旧訴訟物理論によれば、原告の実体法上の性質決定された権利又は法律関係の主張ですので、設例3の場合（100万円のうち30万円を超えて債務が存在しないことの確認を求める事案）には、原告が自認する30万円を控除した残り70万円の部分が訴訟物となります。

したがって、原告が自認する30万円の部分は債務不存在確認訴訟における訴訟物には含まれないこととなります。

もっとも、通常は、債務不存在確認請求訴訟の訴状に原告の自認部分が明記されている以上は、これを債務承認と評価することができ（民147三）、消滅時効は中断されるものと思われます。

なお、民法の改正により、「時効の中断」という概念は「時効の更新」に変更されますが（公布の日（平成29年6月2日）から3年を超えない範囲内において政令で定める日から施行）、時効の更新の効果は現行民法の時効の中断と同じであり、債務承認が更新（中断）事由であることも変更はありません（大阪弁護士会民法改正問題特別委員会編『実務解説民法改正』53頁（民事法研究会、2017））。

以上より、設例3の場合には、Xが自認する30万円については消滅時効が中断されることから（訴状の送達＝訴訟係属を以て中断効が生じるものと思われます。）、訴訟係属後に貸金の弁済期到来を起算点とする消滅時効期間が経過するとしても、30万円の貸金債権は消滅しないこととなります。

第5　債務不存在確認訴訟と請求異議訴訟

> **設　例**
>
> 　X・Y間でXがYに対して金銭を支払うことを約束した公正証書（いわゆる執行証書）に基づきYが動産執行を申し立て、その執行係属中に、XがYに対して請求異議訴訟を提起する際、併せて同公正証書に基づく金銭支払債務が存在しないことの確認を求めるべくYに対して債務不存在確認訴訟を提起することは許されるか。

1　請求異議訴訟と債務不存在確認訴訟の併合提起の必要性

　請求異議の訴え（民執35）は、債務名義に表示された請求権と実体上の権利関係に不一致がある場合に、その債務名義の執行力を排除することを目的とする訴訟類型です。

　請求異議訴訟の法的性質・訴訟物については争いがありますが、判例の主流は、その法的性質については執行法上の異議権を生じ、この異議権に基づいて債務名義の執行力の排除を求める形成の訴えであると解しており（形成訴訟説）、その訴訟物については形成権たる執行法上の包括的な一個の異議権であり、弁済・相殺・放棄その他実体上の

具体的異議事由は攻撃方法にすぎないと解釈する裁判例があります（『民事弁護教材　改訂民事執行〔補正版〕』35頁（司法研修所、平成17年3月補正））。

　これを踏まえると、請求異議訴訟において原告の債務不存在確認の主張が認められて勝訴判決を得ても、請求異議訴訟における訴訟物が執行法上の異議権であるため、その既判力は異議権が存在しないことに留まり、これを超えて、債務が存在しないことについてまで既判力が生ずるわけではありません。

　したがって、例えば債務名義として執行証書（民執22五）がある場合などは、仮に請求異議訴訟で債務者が勝訴したとしても、その後に債権者が更に給付訴訟を提起することを（原則として）妨げないこととなります。

　そのため、事後的な給付訴訟の可能性を喪失させるために、請求異議訴訟だけではなく、それとともに債務不存在確認訴訟をも併せて提起しておく必要があります。

　なお、この点に関し、「従来このような併合請求はあまり一般的ではなかったように思われます。少なくとも公刊物に登載された裁判例でみる限りはそのような傾向が確認できるのではないかと思われます。その原因は、請求異議訴訟において債務の存否が真に争点とされ、理由中であれ、それが存在しないとの判断がなされれば、理論的にはともかく、現実にはそれが蒸し返されるというようなことは殆どなく、また、当事者らもそのように信じて訴訟活動をしていることということなのであろう」と指摘されており参考となります（西理「債務不存在確認訴訟について（下）」判時1405号7頁）。

2　債務不存在確認訴訟の独自の意義

　この点に関し、東京高裁平成7年5月29日判決（判時1535・85）は、公正証書に基づく動産執行事件係属中に提起された請求異議訴訟におい

て、債務不存在確認を別途提起することが適法か否かが争点の一つとなった事案において、以下のように判示しました。

「別件請求異議の訴えは右具体的執行行為の排除を求める訴えであること、右訴えの対象は右具体的執行行為…に対する異議権の存否であって、右具体的執行行為に対応する請求債権の存否ではないと解すべきであるから、右請求の放棄により右異議権を放棄したからといって、当然に右請求債権にかかる債務の不存在確認請求権を放棄したことにはならないし、そのように推認すべき根拠もなく、右請求債権の存在も確定しているともいえない。また、請求異議の訴えにより異議権が確定しても、請求債権にかかる債務の不存在が確定するものでもないから、請求異議の訴えとは別に債務不存在確認の訴えを提起する独自の意義が認められ、後者は前者の単なる付随的存在ということはできない。したがって、別件請求異議の訴えにより本件債務不存在確認の訴えが許されないものとはいえない。」(下線は筆者)

以上より、設例の場合に債務不存在確認訴訟を併合提起することが不適法となるものではなく、むしろ積極的に提起するべきといえるでしょう。

第6 判　決

　債務不存在確認訴訟においては、原告が債務の存否のみに限定して申し立てている場合（故意・過失や帰責事由の有無を争点とする損害賠償債務の不存在確認や保証債務の成立を争点とする保証人の保証債務不存在確認）でない限り、何らかの債務の存在が認められる以上は、裁判所は、現存する具体的な債務額を確認する判決をしなければなりません（最判昭40・9・17判時425・29参照）。

　以下のように、請求内容ごとに判決内容効力（既判力）を整理して把握しておく必要があります。

1　債務の存否のみの確認を求める請求に対する判決

> **設　例**
>
> 　交通事故に基づく損害賠償債務が存在しないことの確認を求めて加害者が被害者に対して提訴したケース（債務の存否のみの確認を求める請求）で、次の場合にそれぞれどのような判決がなされるか。
> 1　損害賠償債務が認められる場合
> 2　損害賠償債務が認められない場合
>
>

(1) 認容判決

原告が債務の存否のみの確認の申立てをしている場合には、債務が少しでも存在していることが認められれば請求棄却の判決をすることになり、全く認められなければ請求認容の判決をすべきこととなります。

したがって、設例2の場合の判決主文としては、「○○の債務が存在しないことを確認する。」という形式でなされます。

この場合、同判決は、訴訟物とされた債務の全面的な不存在を確定する効力（既判力）を有します。

その結果、被告（債権者）は以後その債務について、実は原告（債務者）の主張額以上の債務があったとしてその残額を請求すること（例えば原告（債務者）申立ての100万円の債務不存在確認の請求認容判決がなされた後に、被告（債権者）が実は債権総額は150万円であったとして残額50万円の請求をすること）はできなくなります。

ただし、原告（債務者）が訴訟物としなかった債務について既判力が生じないことは当然です。例えば、①債務の一部不存在確認請求において訴訟物から除外された債務（特定の費目の損害の不存在確認を求めた申立てにおける他の費目の損害等）、②弁済や填補により消滅したものとして除外した債務、③既判力の基準時（口頭弁論終結時）後に生じた予見し得ない債務（後遺症に基づく損害等）、④交通事故とは全く別件の貸金等については既判力が生じないものといえるでしょう。

なお、やや特殊な事例ですが、原告が請求の趣旨において明示的には損害賠償債務の不存在確認のみを求めていたのに対して、鉱害賠償請求権の存在確認の裁定取消しの主文をも併せて掲げるのが相当であると判断した事例があります（福岡地判平3・5・23判タ771・92）。

(2) 棄却判決

原告が不存在確認を求めた債務につき、審理の結果、当該債務が存在すると認められた場合には、原告の請求は棄却されます。

したがって、設例1の場合（債務の存否のみの確認を求める場合）における同判決の主文は「原告の請求を棄却する。」という形式でなされます（東京地判平4・1・31判時1418・109参照）。
　この場合、訴訟物とされた債務が存在することに既判力が生じますが、判決理由中の債務の具体的内容（残債務の金額）については既判力が及びません。
　その意味では、この種の判決を裁判所に出してもらっても実質的には中間判決的な意義にとどまり、紛争の最終的な解決にはならない可能性があります。
　このような可能性を回避するためには、債務不存在確認訴訟の原告においては残債務額の確定を求める旨を明確に裁判所に伝えること、被告においては反訴提起が必要となるでしょう。
　この点に関連して、東京地裁平成23年3月4日判決（判タ1353・158）は「債務不存在確認を求めている原告において、損害額をも確定することを望んでいる」としたうえで、損害額の確定を行っており参考になります。

2　債務額を表示しない請求に対する判決（前掲1を除く場合）

> **設例**
> 　XのYに対する貸金債務が存在しないことの確認を求めて債務者Xが債権者Yに対して提訴したケースで、一件記録から貸金債務総額が100万円であることが認定されたケースで、次の場合にそれぞれどのような判決がなされるか。
> 　1　最終的に貸金債務が30万円残存しているものと認められる場合
> 　2　貸金債務が一切残存していない場合

(1) 全部認容判決

　前掲1の場合は、そもそもそのような請求が許されるかという観点でも争いがあるところですが（債務の存否（不存在）のみの確認請求を許容するということは、被告が債務額の主張・立証をしようとする場合であっても、原告の債務不存在確認請求を棄却することを意味し、紛争の終局的解決にならないという問題意識）、前掲1と異なり、仮に債務が存在する場合でも原告（債務者）が額の確定を望んでいるケースにおいて、最高裁昭和40年9月17日判決（判時425・29）は、請求の趣旨及び請求の原因並びに一件記録によると原告が貸金債務について不存在の確認を求めている申立ての範囲（訴訟物）は原告の自認額を貸付債権全額から控除した残額の債務額の不存在の確認であるから、裁判所は、申立ての範囲（訴訟物）である貸金残額の存否ないしその限度を明確に判断しなければならないとの判断を示しました。

　もっとも、全部認容判決（貸金債務は一切残存していない旨の判決）がなされる場合には前掲1の債務の存否のみの確認を請求する場合と同じ扱いとなります。

　したがって、設例2の場合の判決主文としては、「原告Xの被告Yに対する貸金債務が存在しないことを確認する。」という形式でなされます。

　また、既判力についても、訴訟物とされた債務の全面的な不存在を確定する効力（既判力）を有することとなります。

(2) 一部認容（一部棄却）判決

　債務額が表示されていない請求の場合にも、債務の存否のみを確認を求める場合でない限り、何らかの債務の存在が認められる以上は、裁判所は、申立ての範囲内で現存する具体的な債務額を判断する必要があります（最判昭40・9・17判時425・29参照）。

　したがって、この場合に全部棄却ということは実際上あり得ず、裁判所は認定した額を超えて債務が存在しないことを確認する一部棄却

第1章 訴訟実務

（一部認容）判決をすることとなります。
　一部棄却の判決は一部認容の判決と表裏の関係になることから、同様に考えて差し支えないものといえるでしょう。
　具体的には、「…の債務は金○○円を超えて存在しないことを確認する。原告のその余の請求を棄却する。」旨の判決をするのが多数説とされています。また、上記判決方法の他に、理由中で債務額を明らかにしたうえで、主文で単に請求棄却の判決をすることもできるとする説（小川英明編『貸金訴訟の実務（三訂版）』553頁〔満田忠彦〕（新日本法規出版、1998）、小川英明＝中野哲弘編『現代民事裁判の課題⑤貸金』787頁（新日本法規出版、1990））もあります。
　したがって、設例1の場合には、「原告Xの被告Yに対する貸金債務は金30万円を超えて存在しないことを確認する。原告のその余の請求を棄却する。」という判決がなされることとなります。
　原告勝訴の限度で債務の不存在、原告敗訴の限度で債務の存在につき既判力が生じます。
　したがって、設例1の場合の貸金債務不存在確認請求においては、総額100万円の債務のうち30万円を超える部分の不存在を確認する判決は、30万円の債務が存在することと、30万円を超える債務が存在しないことが確定します。

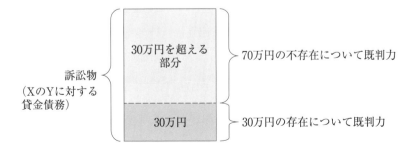

(3) 全部棄却判決

前記(2)のとおり、判決主文中で債務額を明らかにすべしとする立場から、全部棄却判決は実際上あり得ないと解されています。

したがって、設例1の場合には、前記(2)と同様に、裁判所は認定した債務額を超えて存在しないことを確認する一部認容判決をすることとなります。

3 債務額（申立範囲の上限）を表示した請求に対する判決

> **設 例**
>
> 債務者Xは、債権者Yに対して100万円の貸金債務が存在しないことの確認を求めて提訴した。
> 1 裁判所が貸金債務は全部で200万円でありその全額が既に弁済により消滅しているとの心証を得た場合、いかなる判決がなされるか。
> 2 裁判所が貸金債務100万円のうち70万円の債務が残存するという心証形成した場合、いかなる判決がなされるか。
> 3 裁判所が貸金債務はそもそも原告の請求範囲（100万円）を超える120万円であるとの心証形成をした場合、いかなる判決がなされるか。

(1) 全部認容判決

原告が不存在を主張する債務額と裁判所が認定する債務額が一致しない場合はあり得るところです。

このような場合には、裁判所はあくまでも訴訟物（原告の申立ての範囲内の部分）について判断するのみですので、設例1においては、訴訟物である「原告Xの被告Yに対する金100万円の貸金債務が存在し

ないことを確認する。」との本案判決がなされることとなります。

　既判力についても、設例1の場合、訴訟物とされた100万円の貸金債務の不存在について生じます。

　(2)　一部認容判決

　原告が不存在を主張する債務額と客観的に存在が疑われる債務額とがずれる場合があります。

　この場合、全部認容判決であっても、判決主文では、民事訴訟法246条（処分権主義）の制約により原告が表示した債務額の不存在までしか認容することができません（青山善充ほか編『注釈民事訴訟法(4)』100頁（有斐閣、1997）、小川英明＝中野哲弘編『現代民事裁判の課題⑤貸金』788頁（新日本法規出版、1990）等）。

　したがって、裁判所が認定した債務額が、原告の申立ての範囲内であればその限度で一部認容判決をすることとなります（量的一部認容判決）。

　設例2の場合には、100万円の債務のうち70万円を超える30万円の部分は原告の申立ての範囲内ですので、「原告Xの被告Yに対する貸金債務は70万円を超えて存在しないことを確認する。原告Xのその余の請求を棄却する。」との一部認容判決をすることとなります。

　この判決は、判決の確認した額の債務の存在と、その額を超える債務の不存在の両方を確定する効力（既判力）を有します。

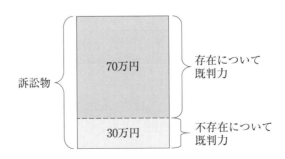

(3) 全部棄却判決

　裁判所が認定した債務額が、原告の申立ての範囲を超えている場合には、全部棄却判決をすることとなります。

　設例3の場合には、認定された債務額120万円は原告X申立ての範囲（100万円）を超えていますので、全部棄却判決をすることとなります。

　全部棄却の判決は通常訴訟と同じく、「原告Xの請求を棄却する。」という主文となります。

　既判力については、以下のとおり整理することができます。

　全部認容判決の場合と異なり、原告が債務額を表示して債務不存在確認の訴えを提起した場合の全部棄却判決の既判力が及ぶのは、原告が表示した債務額までの債務の存在に限られるのであって、当該債務額を超える部分についての後訴は、被告からの給付訴訟であれ、原告からの債務不存在確認訴訟であれ、当該棄却判決によって遮断されません。

　その理由として、原告の表示した債務額を超える部分は、原告及び被告の攻撃防御が尽くされるとは限らず、被告の応訴の程度いかんで既判力の及ぶ範囲が異なるのは相当でないこと等が挙げられます。

　設例3の場合、審理の結果、120万円の債務が現存することが判明した場合でも、原告Xの請求を全部棄却する判決は、100万円の債務の存在を既判力により確定するにとどまります。

4　申立範囲の上限が示されずに下限（残債務額）が示された請求に対する判決

　　設　例

　　債務者Xは、債務額（申立範囲）の上限を示さないで、単に30万円を超えて貸金債務が存在しないことの確認を求めて債権者Y

第1章　訴訟実務

に対して提訴した。裁判所が、貸金債務100万円のうち金70万円の債務が存在するとの心証を形成した場合にいかなる判決がなされるか。

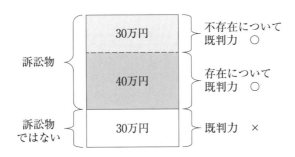

　債務不存在確認訴訟を提起する際、原告が、申立範囲の上限を特に明らかにすることなく、「○○の債務は金○○円を超えて存在しないことを確認する。」旨の請求の趣旨を立てることがあります。

　原告が自認するよりも多くの債務が認定されれば、一部認容判決ではなく、請求棄却判決がなされます（岡口基一『要件事実マニュアル第1巻総論・民法1〔第3版〕』69頁（ぎょうせい、2010）参照）（ただし、一部認容判決を認めるべきと指摘する文献もあります。（上田徹一郎『民事訴訟法〔第7版〕』189頁（法学書院、2011）参照）。）

　もっとも、不意打ち等を防止するべく、債務の上限を明示しない請求がなされた場合には、裁判所としては原告に対して上限を定めた請求なのか釈明すべきといえるでしょう。もっとも、原告の意図が明らかにならなかった場合であっても、一件記録から上限が認定できれば、上限を定めた請求がなされたものと解されているため（最判昭40・9・17判時425・29）、口頭弁論終結時まで債務の上限が明らかとならないようなケースは多くないといえるでしょう。

　以上より、設例の場合には、判決主文としては、「原告Xの請求を棄却する。」という形式でなされます。

既判力については、原告Xが自認する「金○○円」は訴訟物から除外されているため（最判昭40・9・17民集19・6・1533参照）、設例の場合には、訴訟物（100万円のうち原告Xが自認する30万円を除いた70万円）のうち、70万円を超える部分の30万円についてのみ既判力が及ぶこととなります（ただし、原告の自認額については、紛争解決の一回性等を理由に何等かの拘束力を認めようとする説（新堂幸司『民事訴訟法』231頁（筑摩書房、1974）、木川統一郎ほか編『新・実務民事訴訟講座1（判決手続通論1）』357頁（日本評論社、1981）も有力に主張されています。）。

5　申立範囲の上限及び残債務額を示した請求に対する判決

> **設　例**
>
> 　交通事故の加害者は、訴訟前の示談交渉過程で、被害者から交通事故の損害賠償として1000万円の支払を求められた。しかし、被害者の積算根拠（過失割合・損害額等）について代理人弁護士と協議のうえ、少なくとも300万円を超える部分については被害者の指摘には理由がないと考えたため、債務不存在確認訴訟を提起した。同訴訟の請求の趣旨は、「原告の被告に対する別紙交通事故目録記載の交通事故に基づく1000万円の損害賠償債務は、300万円を超えて存在しないことを確認する。」である。
> 1　この場合に原告の請求を全部認容する判決がなされた場合、判決の効力はどのように考えるべきか。
> 2　この場合に、「原告の被告に対する別紙交通事故目録記載の交通事故に基づく1000万円の損害賠償債務は、500万円を超えて存在しないことを確認する。」という一部認容判決がなされた場合はどうか。
> 3　この場合に、裁判所が認定した損害賠償額が1200万円となり、請求棄却判決がなされた場合はどうか。

(1) 全部認容判決

設例1の場合には、300万円を超える700万円の債務の不存在について既判力が生じるのみであり、原告が申立ての範囲から除外した300万円の債務の存否には既判力は生じません（最判昭40・9・17判時425・29）。

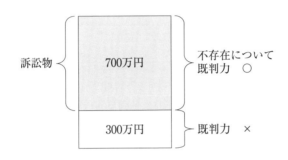

(2) 一部認容判決

設例2の場合には、300万円を超える200万円の債務の存在及び1000万円のうち500万円を超える部分の500万円の債務の不存在について既判力が生じます。これに対して、設例1同様に、原告が申立ての範囲から除外した300万円の債務の存否に既判力は生じません。

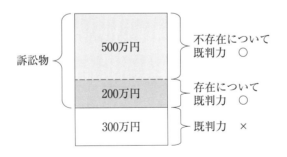

(3) 全部棄却判決

設例3の場合には、1000万円の損害賠償債務のうち、300万円を超える700万円の存在について既判力が生じるのみです。これに対して、原告が申立ての範囲から除外した300万円及び1000万円を超える200万

円の存否については、いずれも既判力は生じません。

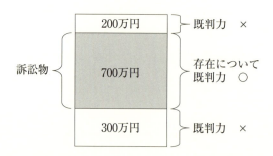

このように、既判力が生じるのはいずれも訴訟物の範囲と同一の範囲です。

もっとも、設例2や設例3の場合には訴訟物についての理解を誤る可能性もあることから、注意が必要です。

なお、かかる取扱いでは、原告が自認する部分については既判力が生じないため、その結果判決確定後に新たに自認額の支払を求める裁判を提起した場合であっても既判力に抵触することはないこととなりますが、かかる結論では紛争の抜本的な解決を図ることが困難となります。

このため、原告の自認額についても、紛争の一回性等を理由に信義則等を根拠として何らかの拘束力を認めようとする説（新堂幸司『民事訴訟法』231頁（筑摩書房、1974）、木川統一郎ほか編『新・実務民事訴訟講座1（判決手続通論1）』357頁（日本評論社、1981）もあります。

6　中間判決

> **設　例**
> 交通事故（物損事故）に基づく損害賠償示談交渉を続けてきたが、修理費用や休業損害の有無等双方の見解の乖離が大きいため、

第1章　訴訟実務

> 事故から約1年が経過した時点で、加害者側が損害賠償債務額を確定させる趣旨で、被害者に対して債務不存在確認訴訟を提起したところ、被害者側は同訴訟提起は訴えの濫用であり、確認の利益ないし必要性がないとして、訴え却下を求めた。裁判所としてはいかなる判断をするのが相当か。

前記1ないし5は全て終局判決（訴え又は上訴によって継続している訴訟を、その審級において完結させる判決（民訴243①））です。これに対して中間判決とは、訴訟の進行過程において当事者間で争点となった訴訟法上又は実体法上の事項につき、終局判決に先立って解決しておくための判決です。

中間判決事項は、①独立した攻撃又は防御方法、②中間の争い、③請求の原因及び数額について争いがある場合における請求原因の3点です（民訴245）。

これら問題となった事項について、中間判決をするか、終局判決の理由中で判断を示すかは、受訴裁判所の裁量によりますが、中間判決をした場合、中間判決をした事項については、これを前提として終局判決をしなければなりません。中間判決に対しての独立の上訴は認められず、終局判決に対して上訴する方法によります（民訴283）。

この点に関し、東京地裁平成9年7月24日中間判決（判夕958・241）は、物損交通事故の加害者Xが、被害者Yに対し、事前の交渉により賠償額につき合意できなかったとして、損害賠償債務の不存在確認訴訟を提起したところ、Yが、本案前の抗弁として、この訴えは訴えの濫用であり、確認の利益ないしは必要性がないとして、訴え却下を求めたため、確認の利益の有無について中間判決をした事案であり、参考となるものと思われます。

なお、上記中間判決の主文は、以下のとおりです。

「確認の利益に係る被告の本案前の抗弁は理由がない。」
　以上より、設例の事案では、裁判所は、債務不存在確認訴訟の確認の利益という本案前の抗弁についてあらかじめ判断を示しておく必要があると認められる場合には、中間判決を下すことが望ましいと思われます。仮に確認の利益が認められる場合には、
　「確認の利益に係る被告の本案前の抗弁は理由がない。」
との中間判決をすることとなります。
　これに対して、確認の利益が認められない場合には、
　「原告の訴えを却下する。」「本件訴えをいずれも却下する。」
などとして、中間判決ではなく、訴え却下の訴訟判決をすることとなります。

第7 和解条項

　債務不存在確認訴訟における裁判上の和解も、通常の給付訴訟と基本的に変わるところはありませんが、和解条項を作成する際の参考例と若干の留意点等を以下のとおりご紹介します。

1 消費貸借契約の債務の不存在を確認した事例

> 1　被告は、原告に対し、本件消費貸借契約に基づく原告の債務が存在しないことを認める。
> 2　訴訟費用は各自の負担とする。

　本訴の請求の趣旨が、上記のとおりであれば、被告が訴訟物については全部を認めているのであり、そもそも和解とならないのではないかという疑問も生じ得るところです。

　しかしながら、訴訟上の和解の要件たる「当事者の互譲があること」というのは、訴訟物たる権利関係に限らず、訴訟物となっていない権利関係についての譲歩であってもよいと解されています。したがって、上記和解条項であっても、司法上の請求権である訴訟費用償還請求権について「各自の負担とする。」との限度で互譲があったものであり、訴訟上の和解となり得ると解されています。

　なお、債務不存在確認訴訟では請求の趣旨において訴訟物を特定する必要があり、この点が給付訴訟とは大きく異なるところであり、訴訟係属後もなお特定が不十分なまま和解協議に入るケースもあるかと思われますが、最終的に裁判上の和解をする際に特定されていれば足りるところです。

　なお、通常の民事事件における和解調書では、その末尾に「原告と

被告は、原告と被告との間には、本件に関し、本和解条項に定めるもののほかに、何らの債権債務がないことを確認する。」といった、いわゆる清算条項が入るのが一般的ですが、債務不存在確認請求訴訟において債務がないという内容で和解する場合には、そもそも原告被告間に債権債務の関係がない以上、上記の清算条項はいわば屋上に屋を重ねることになりますから不要と思われます。ただし、訴訟物となった債務以外の債務の不存在をも含めて和解する場合には別途の考慮が必要です。

2 身元保証契約に基づく損害賠償債務の不存在を確認した事例

> 1 被告は、原告に対し、本件身元保証契約は、平成○年○月○日に解約されたことを認める。
> 2 被告は、原告に対し、本件身元保証契約に基づく損害賠償債務が存在しないことを認める。

本項は、身元保証ニ関スル法律4条によって身元保証契約が将来に向かって解約された事実の確認条項です。同条は、「解除」という文言を使用していますが、一般に講学上は遡及効のない場合には「解約」という表現を用いており、いずれの表現でも差し支えないとされています。

第 2 章

債務不存在確認訴訟の
活用事例

第1節　貸金関係

事例1　期限の利益喪失を前提にした貸金業者からの一括弁済請求に対して期限の利益を喪失していないこと及び信義則違反等を主張して債務不存在確認を求めた事例

（東京高判平14・10・17金判1162・14）

事案の概要

【当事者】
控訴人 X_1：金銭消費貸借契約の借主
控訴人 X_2：X_1の代表取締役
被控訴人 Y：Bから債権譲渡を受けた整理回収銀行と合併した整理回収機構
A：金銭消費貸借契約の貸主（銀行）
B：Aから債権譲渡を受けた銀行

【関係図】

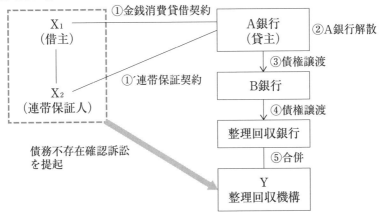

【事実経過】

平2.3.16	X_1は、銀行Aとの間で1億6000万円の金銭消費貸借契約を締結した。その際、X_1の代表者X_2が連帯保証をした。
平3.2.28	X_1は、銀行Aとの間で1億5000万円の金銭消費貸借契約を締結し、平成2年3月16日分と併せて合計3億1000万円を借り受けた。その際、X_1の代表者X_2が連帯保証をした。
平8.1.29	銀行Aは解散した。 同日、本件各貸金債権を含む一切の債権は、別の銀行Bに譲渡された。
平8.12.18	銀行Bは本件各貸金債権についての平成8年10月の元利均等分の弁済がないので期限の利益を喪失させる旨等を記載した催告書をX_1及びX_2に送付し、本件各貸金債権の期限の利益を失ったと主張した。
平11.3.23	銀行Bは、本件各貸金債権を含む全債権を株式会社整理回収銀行に譲渡し、Yは同銀行との合併により本件各貸金債権を取得した。X_1及びX_2はその譲渡について特に異議を留めない承諾をした。
平12	X_1及びX_2が期限の利益を喪失していないこと等を根拠としてYに対し遅延損害金支払債務の不存在確認を求めて訴訟を提起した。

訴訟の経緯

① 第1審係属中に、YがX_1及びX_2に対して反訴を提起した。
② 平成14年1月18日第1審判決は、Xらの訴えのうち遅延損害金支払債務不存在確認請求について訴えを却下するとともにその余の請求を棄却し、Yの反訴請求全額を認容した。
③ X_1及びX_2が控訴した。
④ 平成14年10月17日控訴審判決は、原判決を取り消したうえ、Xらの債務不存在確認請求を認容し、Yの反訴請求を棄却した。

コメント

1 遅延損害金の発生を防ぐ必要と債務不存在確認訴訟

本件は、バブル経済時期になされた貸付債権の整理回収案件として位置付けられる訴訟です。

貸金債権が存在することについて当事者間に争いはなく、争点は、Xらが本件各貸金債権について期限の利益を喪失したか否か（遅延損害金が発生するか否か）であり、1審と2審で判断が分かれた事例です。

Xらとしては、貸金元本が多額であり、Yが期限の利益の喪失を主張している以上、放置すれば遅延損害金が膨張し続ける可能性のある事案だったといえます。

銀行Bが期限の利益喪失を主張してから訴え提起に至るまで2年程度が経過しており、この間の交渉の詳細は明らかではありませんが、XらはYと従前に合意した金額で毎月の弁済を継続しており、直ちに債務不存在確認訴訟を提起する差し迫った必要性がないと判断された可能性もあり得る状況でした。

しかしながら、Xらの認識と異なり遅延損害金が発生している可能性がある以上（債権者たるYがそのように主張している以上）、いつまでも放置しておくことはできず、債権者側が給付訴訟を提起していないことからも、債務者たるXらは遅延損害金の発生の有無、一括弁済の必要性について確定的な判断を得る必要があり、そのための手段として債務不存在確認訴訟を提起したものと推察されます。

2 債務不存在確認請求と反訴請求

本件で、東京高裁は、期限の利益喪失の催告時以降の遅延損害金支払債務が不存在であることを確認するとともに、反訴請求を棄却する判決を下しました。

反訴請求がなされた場合には、原告としては被告の同意を得たうえで本訴を取り下げるという手段をとることも考えられます。

　しかし、相手方が本案について準備書面を提出し、弁論準備手続において申述し、又は口頭弁論をした後の本訴の取下げについては相手方の同意が必要であるのに対して、本訴取下げ後の反訴の取下げについては相手方の同意が不要となります（民訴261②ただし書）。

　そのため、債務不存在確認の本訴を取り下げた債務者側が、反訴請求についての棄却判決を期待していたにもかかわらず、知らないまま反訴が取り下げられ、何ら裁判所の判断を得ることができないまま、印紙代等も返還されずに訴訟が終結する危険性があります。

　特に交通事故事案では債務不存在確認請求の本訴提起後に反訴提起がなされた場合には裁判所から本訴取下げを求められることがあり得ると思われますが、上記の危険性を勘案したうえで、取下げについては慎重な検討が必要となりますし、その旨を裁判所にも告げた方がよい場合もあると思われます。

　その意味で、本件は最後まで本訴を取り下げずに維持したことで上記危険性を回避した事例としても意義があるといえるでしょう。

＜参考判例＞
○消費者金融業者に対して過払いに基づく不当利得返還請求とともに残債務不存在確認を求め、その一部が認められた事例（東京地判平9・2・21判タ953・280）
○個人間を当事者とする金銭消費貸借契約の借主の相続人の一部が特定の相続人が免責的債務引受をなしたため貸金債務を免れたとして債務不存在確認を求めた事例（最判昭40・9・17判時425・29）
○消費者金融会社であるYからそれぞれ金銭の貸付けを受けたXらが、Yに対し、Xらの返済した金額が利息制限法に基づく利息計算をすればYに対する債務はもはや存在せず、かえって過払いになっているとして、

X_1について不当利得の返還を、X_2について債務不存在確認をそれぞれ求める一方（本訴請求）、YがXらに対し、貸金業の規制等に関する法律43条に基づくみなし弁済が行われたとして、約定利率及び遅延損害金利率を前提とした貸付金の未払金等の支払を求めて反訴請求したが、反訴が棄却された事例（東京高判平9・11・17判タ1005・78）

事例2　父親から一定の代理権を与えられた長男が父親の替え玉を同行して金融業者から父親を借主とする融資を受けたケースで父親らが金融業者に対して借入金債務の不存在確認を求めた事例　（京都地判平8・3・18金判1003・35）

事案の概要

【当事者】

原告X₁～X₅：亡父親の法定相続人

被告Y：金融機関

A：X₁の長男

B：AがX₁の替え玉としてYに紹介した者

【関係図】

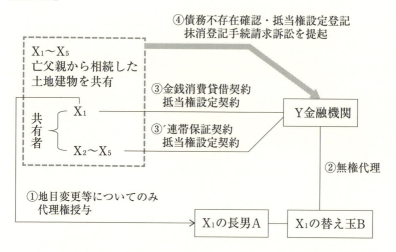

【事実経過】

平2.9.19	X_1〜X_5は亡父親所有の土地建物を相続し共有しているところ、X_1は、X_2〜X_5の承諾を得て、同土地の地目を畑から宅地に変更した。その際、X_1は、同手続をするについて長男であるAに代理権を与え、亡母親の相続分をX_1の単独名義とするにつきX_1を代理してX_2〜X_5と交渉する権限を付与した。
時期不明	Aは多額の負債を抱えてその処理に窮したため、上記不動産を担保としてX_1を借主、X_2〜X_5を連帯保証人として、Yから融資を受けることを計画した。
平2.9.28	Aは、X_1の替え玉として用意したBを伴ってY支店に赴き、BをX_1と称させて、計画どおり借入れを行うとともに、Xらに無断で、XらがYに対し同不動産につき抵当権を設定する旨の契約を締結し、その旨の登記が経由された。
平4	X_1〜X_5は、Yに対し、上記借入債務及び連帯保証債務の不存在確認並びに抵当権設定登記の抹消登記手続を求めて本件訴訟を提起した。

訴訟の経緯

① 平成8年3月18日第1審(本件)判決
 主文：1 原告X_1と被告との間において、同原告X_1の被告に対する別紙債務目録(一)記載の債務が存在しないことを確認する。
　　　2 原告X_2、X_3、X_4、X_5と被告との間において、別紙債務目録(二)記載の債務が存在しないことを確認する。
　　　3 被告は、原告らに対し、別紙物件目録記載の各不動産について、京都地方法務局嵯峨出張所平成2年9月28日受付第〇〇号抵当権設定登記の抹消登記手続をせよ。
② Yが控訴した。

> コメント

　本件は、父親から一定の代理権を与えられた長男が父親の替え玉を同行して金融業者から父親を借主とする融資を受けたケースで父親が金融業者に対して借入金債務の不存在確認を求めた事例です。

1　併合請求

　本件では、表見代理の成否が争点となっているところ、債務不存在確認訴訟という視点からは、原告側が複数であるという点、債務不存在確認請求に加えて抵当権設定登記抹消登記手続請求をも併せて求める必要があったという点がポイントと言えます。

　本件では、連帯保証契約に基づいてXらの不動産持分に抵当権が設定され登記されていたため、Xらとしては連帯保証債務不存在確認訴訟を提起する際に、抵当権設定登記の抹消登記手続請求をも併合する必要がありました。

　被担保債権と抵当権設定登記のように密接不可分の関係にある法律関係の場合には、いずれかの処理について検討を看過することはほぼないものと思われますが、本件と異なり、他の類似の例が少ない事例の場合に債務不存在確認訴訟を提起する際には、併合して求めておくべき給付請求、形成権、別の債務不存在確認等がないかどうかを慎重に検討する必要があるでしょう。

2　複数当事者による債務不存在確認請求

　本件では、Aの行為により同様の被害に遭った親族が合計5名いることから、事実上、全員が共同して訴訟提起しなければ必ずしも紛争を完全に解決したことにならない事案であったということができると思います。もっとも、Xらはそれぞれ別個の連帯保証債務を負担しそ

れぞれの不動産の持分に抵当権が各々設定されていたものであるため、いわゆる必要的共同訴訟ではないと判断される可能性が高く、仮にＸらの一部のみが保証債務不存在確認等を求めて提訴することも可能であったのではないかと思われます。その場合には先行訴訟の結果が勝訴判決であった場合には、他の当事者についても任意に金融機関が抵当権抹消に応じる可能性もあり、任意に応じない場合には改めて債務不存在確認等を求める必要があるでしょう（ただし勝訴判決を証拠として提出すれば訴訟追行の負担は大幅に軽減されるでしょう。）。これに対して、先行訴訟で敗訴した場合には、（訴訟告知がなされていないケースでは）改めて提訴して争うことが可能ですが、その前提として先行訴訟の主張立証を精査する必要があるでしょう。

　本件では、Ｘらが不審に思い、X_1が登記簿を確認したことによりＡの行為が判明したため5名全員の協力が一括して得られやすかったものと想像されますが、本件と異なり全員の協力が得られない場合にも債務不存在確認を求める意義は大きく、その場合には受任の仕方（他の当事者から協力を得ることができるか否か、複数当事者間に利益相反関係があるか否か等）に留意する必要があるでしょう。

＜参考判例＞
〇友人であるＡにクレジットカードを貸与してこれを不正に使用された者がクレジットカード会社に対して不正使用に基づく代金債務等の不存在確認を求めたが認められなかった事例（大阪地判平6・10・14判タ895・166）

| 事例3 | 借主の債務整理のため弁護士が受任通知を送付したことを理由に貸金業者が期限の利益喪失を主張し、利息制限法の適用に否定的な対応をとったことから借主が借入金債務について利息引き直し計算後の金額を超えて借入金債務が存在しないことの確認を求めた事例 |

(秋田地判平15・3・6金判1171・28)

事案の概要

【当事者】

原告X₁：Yから借入れをした株式会社

原告X₂：原告X₁の貸金債務の連帯保証人であるX₁代表者

被告Y：事業者向け融資業を営む株式会社

A：原告X₁の貸金債務の連帯保証人

【関係図】

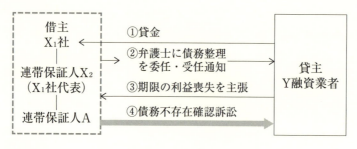

【事実経過】

平10.1.19	X₁とX₂及びAは、融資業者であるYとの間で取引を開始した。
平11.6.29	X₁は、Yから300万円を借り受け、X₂及びAはX₁のYに対する貸金債務について連帯保証した。

第2章　活用事例

平13.9.6	Ｘらは、弁護士に対し、Ｙに対する債務について利息制限法による債務整理を委任し、同月10日に同弁護士がＹに対し、「受任通知」と題する書面によりＸらの代理人を受任したことを通知するとともに、利息制限法による債務整理を申し入れた。
時期不明	上記受任通知に対して、Ｙは、利息制限法の適用に否定的な対応をとり、同弁護士が債務整理に介入したことを理由に期限の利益喪失を主張した。
平13.9.18	同弁護士は、Ｙに対し、「辞任通知」と題する書面により、Ｘらの代理人を辞任すること及びＸ₁が従来どおり支払を継続する意思であることを通知した。
平13.9.18	Ｙは、改めて本件貸金契約の期限の利益喪失を主張するとともに法的手続及び約束手形の取立ての可能性を示唆するなどした。
平13.10.3	Ｘら及びＡは、秋田地裁に本件訴えを提起し、Ｘ₁のＹに対する借入金債務並びにＸ₂及びＡの連帯保証債務について140万1351円を超えて債務が存在しないことの確認を求めるとともに、Ｘ₂は平成13年9月18日付のＹの書面記載の言動による不法行為を主張して損害賠償として150万円及び遅延損害金の支払を求めた。

訴訟の経緯

①　Ｙは、平成13年10月11日、秋田地裁横手支部に対して、Ｘら及びＡを被告として、Ｘ₁については貸金契約による貸金の返還として、Ｘ₂及びＡについては保証債務の履行として、連帯して残元金300万円及びこれに対する遅延損害金の支払を求める訴えを別途提起した。

② 　Ｙは、秋田地裁横手支部に対し、平成13年10月18日、Ｘ₁に対する本件貸金契約に基づく債権について、残元金300万円のうち100万円

を被保全権利として、X_1の株式会社秋田銀行及び株式会社北都銀行における預金債権に対する債権仮差押えを申し立てた。
③　秋田地裁横手支部は、平成13年10月29日、上記①の事件を秋田地裁に回付し、同事件は本件に併合された。
④　秋田地裁横手支部は、平成13年11月5日、②の申立てについて仮差押決定をした。
⑤　X_2は、平成13年11月8日の第1回口頭弁論期日において陳述された準備書面により、X_2のYに対する損害賠償請求の原因として、本件仮差押えによる不法行為の主張を追加した。
⑥　X_1は、平成13年11月15日に仮差押解放金100万円を供託し、本件仮差押えの執行取消決定を得た。
⑦　X_1は、平成13年12月18日の第2回口頭弁論期日において陳述された11月12日付「訴えの追加的変更申立て」と題する書面により、不法行為に基づく損害賠償として、500万円及びこれに対する遅延損害金の支払を求める請求を追加した。
⑧　本件訴訟のうち、YがXら及びAに対して貸金等の支払を求める貸金返還請求事件については、平成14年6月21日の第7回口頭弁論期日において分離され、同日、Xら及びAが、Yに対して連帯して和解金55万円を支払うこと、Yは本件仮差押えを取り下げること等を内容とする和解が成立した。
⑨　Xら及びAは、⑧の際、X_1のYに対する借入金債務並びにX_2及びAのYに対する連帯保証債務の各債務不存在確認請求部分を取り下げ、Yもこれに同意した。
⑩　平成15年3月6日第1審（本件）判決
　　主文：1　被告は、原告X_1に対し、金25万円及びこれに対する平成13年11月16日から支払済みまで年5分の割合による金員を支払え。

2 原告X₁のその余の請求を棄却する。

3 原告X₂の請求を棄却する。

> コメント

　本件は、債務整理を受任した弁護士の受任通知を契機として、期限の利益喪失を主張する貸金業者に対して利息引き直し計算後の金額を超える借入金債務の債務不存在確認請求訴訟を提起した事案です。

　争点は、期限の利益を喪失したか否かであり、裁判所は、X₁の信用不安が生じていたか否かを詳細に検討したうえで、結論としては期限の利益を喪失していないと認定しました。

期限の利益喪失と債務不存在確認訴訟

　期限の利益喪失の有無は、債務が存在することを前提とするものですので、本件のように期限の利益喪失が争点となっている場合に債務不存在確認訴訟を提起する意義について正確に押さえておく必要があります。

　つまり、債務不存在確認訴訟の対象は、履行期が到来した債権に限定されず、更に進んで将来債権（将来履行期が到来する債権）をも含むものであり、債務の存在を前提として、その履行期が到来しているかどうか（現に支払債務が発生しているか否か）を争う場合にも同訴訟を活用することが可能なのです。

　本件は、期限の利益の喪失の有無が問題となっている事案でも債務不存在確認訴訟を活用できる一例として紹介する次第です。

　なお、本件で紛争の契機となった期限の利益の喪失という争点それ自体については現時点ではおおむね裁判実務上の取扱いが確立されている状況にあるといえますが、本件事例が示しているのは、本件が問

題となった当時（裁判実務上の取扱いが確立される以前の時点）において、債務不存在確認訴訟の提起を選択したことが紛争解決手段として有効に機能したという点です。

その意味で、本件はあまり類例がないケースで債務不存在確認訴訟が活用された事例として意義があるといえます。

＜参考判例＞
○サラ金業者の債権取立行為が社会通念上許容される範囲を逸脱しているとして債務不存在確認とともに不法行為に基づく慰謝料を求め、それが認められた事例（大阪地判昭56・3・30判時1029・104）
○金融業者が深夜早朝の打電で貸金返済の催告をしたことが不法行為に当たるとされた事例（東京地判昭55・4・1判時966・65）

第2章　活用事例

> 事例4　貸金債権は10年の時効期間の経過により消滅したとして借主が貸主の相続人に対して債務不存在確認を求めた事例　　（最判平10・11・24判夕990・127）

事案の概要

【当事者】

被上告人Ｘ：Ａに対し貸金債務を負担していた者
上告人Ｙ：Ａの相続人
Ａ：Ｙの夫（法定相続人）であり、Ｘに対する貸金債権者

【関係図】

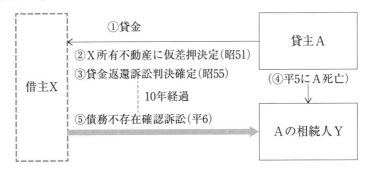

【事実経過】

昭51.11.25	Ａは、Ｘに対する貸金債権を保全するため、Ｘ所有不動産に対する仮差押決定を得て、その登記を得た。
昭55.4.3頃	ＡがＸに対する貸金返還を求めて提訴し、同判決が確定。
平5.9.30	Ａが死亡しＹが相続。
平6	Ｘが本件貸金債権は10年間の時効期間の経過により消滅したとして貸金債務不存在確認を求めて提訴。

訴訟の経緯

① Xは、判決確定時点から新たに消滅時効が進行することになり、それから10年間が経過した時点で時効消滅したと主張した。

これに対してYは、仮差押登記が存続する限り、仮差押えによる時効中断の効力は存続するから本件債権のうち仮差押命令の被保全債権である金1000万円については消滅時効が完成していないと主張した。

② 平成6年5月26日第1審判決は、Xの債務不存在確認請求を全部認容した。
③ 平成7年2月28日第2審判決は、Yの控訴を棄却した。
④ Yが上告した。
⑤ 平成10年11月24日最高裁第三小法廷（本件）判決は、原判決を破棄し、高裁へ差し戻した。

コメント

1 消滅時効の中断

本件は、貸金債権の確定判決に基づいて貸金の返還を求められた借主が、貸主の相続人に対して消滅時効の完成を根拠として債務不存在確認を求めた事例です。

注目すべきなのは、1、2審のX勝訴の判断を覆して新判断を下した点です。

本件の最高裁判決は、以下の判断を示しました。

「仮差押えによる時効中断の効力は、仮差押えの執行保全の効力が存続する間は継続すると解するのが相当である…。けだし、民法147条が仮差押えを時効中断事由としているのは、それにより債権者が、

権利の行使をしたといえるからであるところ、仮差押えの執行保全の効力が存続する間は仮差押債権者による権利の行使が継続するものと解すべきだからであり、このように解したとしても、債務者は、本案の起訴命令や事情変更による仮差押命令の取消しを求めることができるのであって、債務者にとって酷な結果になるともいえないからである。また、民法147条が、仮差押えと裁判上の請求を別個の時効中断事由と規定しているところからすれば、仮差押えの被保全債権につき本案の勝訴判決が確定したとしても、仮差押えによる時効中断の効力がこれに吸収されて消滅するものとは解し得ない。」との一般論を展開したうえで、本件では仮差押えの執行保全の効力が現在まで存続している以上仮差押えの被保全債権については時効は中断していないと述べて原判決破棄を言い渡しました。なお、改正民法149条では仮差押えの効力が消滅した場合には、その後6か月時効が完成しない旨規定していますが、上記判断に影響があるものではないと思われます。

2 紛争解決手段としての債務不存在確認訴訟

　債務不存在確認訴訟において消滅時効が主張されるケースは少なくなく、消滅時効が完成しているか否か、時効中断事由の有無、起算点をどこに置いて考えるべきか等様々な争点となり得るところです。
　消滅時効については様々な論点があるところであり、本件で争点となったように、確定した最高裁判例がない論点について判断がなされる場合も少なくないと思われます。
　弁護士として法律相談を受けた際に軽々に「消滅時効が完成しているから大丈夫です。」などとは決して伝えるべきではないでしょう(弁護士職務基本規程29条2項「弁護士は、事件について、依頼者に有利な結果となることを請け合い、又は保証してはならない。」)。なお、民法及び商法の改正により、消滅時効期間が変更されます(公布の日(平

成29年6月2日）から3年を超えない範囲内において政令で定める日から施行）ので注意が必要です。

　本件のように、消滅時効が完成しているかどうか自体が争点になる可能性がある以上、いわゆる債務整理の事案において、消滅時効の援用通知を発送しただけでは事件が終了しないこともあるということを本裁判例は示唆しています。

　本件では債務不存在確認を求めた債務者が全面的な勝訴判決を得ることはできませんでしたが、あくまでも債務不存在確認訴訟は、紛争を解決することに主眼があることに鑑みれば、その目的を達した側面があることも見逃すべきではないと思われます。

＜参考判例＞
○約束手形金請求事件の確定判決に基づく金銭債務が時効によって消滅したとして、その不存在確認を求めた事案において、仮差押により中断した時効はその中断事由の終了した時より更に進行を始める（民法157条1項）が、仮差押えの執行手続が終了した時（不動産の仮差押では、仮差押命令に基づき仮差押登記がなされ、同命令が債務者に告知されたとき）に時効の中断事由は終了するものと判断した事例（東京高判平4・10・28判時1441・79）
○債権仮差押命令が債務者（原告）及び第三債務者（訴外金庫）に送達・告知された時期から約束手形金債権の時効期間である三年間が経過しており、本訴が提起される以前に消滅時効が完成したことは明らかであるとして約束手形金請求事件の判決主文に基づく金銭債務が存在しないことの確認を求め、それが認められた事例（京都地判平6・1・13判時1535・124）

事例5 株券を担保とする消費貸借につき債務者による貸金の供託により貸金債務が消滅したとして債務不存在確認及び株券の引渡しを求めた事例

（横浜地判昭63・4・22判時1296・110）

事案の概要

【当事者】
　原告X：本件株券の所有者であり金銭消費貸借契約上の借主
　被告Y：信販会社
　A：原告Xの代理人弁護士

【関係図】

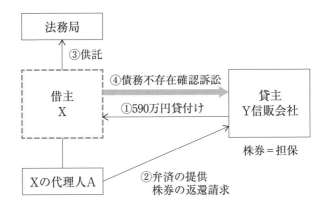

【事実経過】

| 昭61.8.28 | Xは、Yから590万円を借り受け、同債務の担保として本件株券をYに預託。その際、YはXに対して本件株券の預り証を交付。 |

昭61.12.1	Xの代理人Aは、本件貸金元利金及びXの実印を持参してYの支店に赴き、Yの担当者に対し、元利金を弁済するので本件株券を返還してもらいたい旨述べた。 これに対してY担当者は、本件株券の預り証ないしX代理人であることを確認し得る物の呈示を求め、呈示がなければ本件株券の返還に応じられない旨述べた。 Aは、Xの委任状も本件株券の預り証も所持していなかったので、元利金を弁済することもなく帰った。
昭61.12.9	その8日後、Xは、横浜地方法務局に対し、被供託者をYとして、本件貸金を弁済のため供託した。
昭62	Xは、供託により本件貸金債務は消滅したとして、債務不存在確認及び本件株券の引渡しを求めて本訴を提起した。

訴訟の経緯

① Yが、Xに対し、Yからの本件株券の引渡しと引き換えに本件貸金及び利息・遅延損害金を支払うよう求めて反訴を提起した。
② 昭和63年4月22日第1審判決（本判決）は、Xは信義則上弁済のため債務者としてすべき行為をしながら、債権者にこれを受領させ得なかったとはいえないから、Yが弁済を拒絶した場合には当たらず、Xの本件供託は要件を欠き、債務消滅の効果を生じないとして、Xの本訴を棄却し、Yの反訴をほぼ認容した。
③ Xが控訴した。

コメント

　本件は、債権者Yが提供された弁済金を受領しなかったことにつき合理的な理由が認められる事例について、信義則上債務者Xが弁済提供に際してとるべき行為（株券の預り証を紛失して提示できないので

あれば、例えば、Ｘの印鑑証明付で実印の押印がしてある領収書等の提示等）を尽くしていなかったとして、供託原因となる受領拒絶に当たらないと判断した事例です。

弁済供託と債務不存在確認訴訟

　本件では結論として原告Ｘは敗訴しましたが、実際の判決では本件株券の引渡しと本件貸金の弁済について「引き換え給付判決」をしており、原告Ｘとしては、本件株券の引渡しを受ける（又はそのための確実な道筋をつける）という当初の目的を達することができたものと評価することができます。

　なお、本件事案においては、判決理由から推測すると、株券の預り証と委任状を持参したうえで債権者Ｙに対して呈示し、それでもＹが弁済金を受領せず株券を返還しないという事情があれば供託が有効となった可能性が高いものと思われます。

　本件類似の場面において供託を利用して債務消滅の効果を生じさせたうえで担保目的物の取戻しをする際には参考にされてよい事例と思われます。

　類似の例があまりない事案において債務不存在確認訴訟が活用された事例として紹介する次第です。

＜参考判例＞
〇借入金債務の不存在確認とともに同金銭債権を被担保債権とする抵当権設定登記の抹消登記手続等を求めた事例において、一旦被担保債務は消滅したがその後の新たな貸金債務を担保するものとして登記の流用の合意があったとして、抹消登記手続は認められなかった事例（東京地判昭53・8・10判時930・83）
〇債務承認支払契約公正証書が錯誤により無効であるとして債務不存在確認等を求め、それが認められた事例（札幌地判昭43・2・1判時530・65）

○商工ローン融資の限度根保証契約が法律行為の要素に錯誤があり（200万円の貸金債務について連帯保証すると誤信して、保証契約書の保証極度額に1000万円と記載）無効であるとして金銭債務の不存在確認を求めた事例（高松高判平11・11・18判時1721・85）
○金銭消費貸借契約に基づく貸金返還債務が存在しないことを求めたケースにおいて、第一回の金銭消費貸借契約上の債権を担保するために設定された抵当権が被担保債権の完済によって消滅したが、そのころなされた第一回と同額の金銭消費貸借契約において、その効力を失うことが予定されていた前記抵当権の設定登記を流用する旨の合意が当事者間で成立した場合には、抵当権設定登記は、少なくとも抵当権設定契約の当事者の間では、第二回の金銭消費貸借契約上の債権を担保するものとして、有効に存続しているとされた事例（東京地判昭53・8・10判時930・83）

第2章 活用事例

事例6 手形判決等が確定している場合においてその原因債権の不存在確認の訴えの利益が認められた事例

（東京地判平2・7・16金判871・30）

事案の概要

【当事者】
原告X：手形振出人
被告Y：手形の所持者
A：第1裏書人
B：第2裏書人

【関係図】

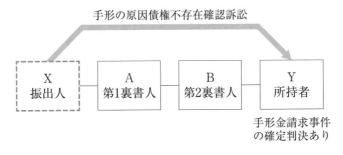

【事実経過】

昭61.2.19	Xが本件約束手形を振出。第1裏書人A、第2裏書人B。
平元	XがYに対して上記手形・小切手がAによって偽造されたものであり、手形・小切手の原因関係は全く存在しないとして、手形等の所持者であるYに対し原因債権の不存在確認訴訟を提起。
平2.3.6	YのXに対する約束手形金請求事件の上告棄却により判決確定。

訴訟の経緯

① 平成2年7月16日第1審（本件）判決は、債務不存在確認の利益を肯定したうえで、XのYに対する貸金債務（約束手形の原因関係の債務）が存在しないとしてXの請求を全部認容した。
② 判決が確定した。

コメント

本件は、Yが既にXに対する手形小切手訴訟の勝訴判決を得て確定していたところ、Xは同手形がAにより偽造されたことから原因関係は全く存在しないとして手形の所持者であるYに対して原因債権の不存在確認訴訟を提起したケースにおいて、Yが、本案前の答弁において、Xのいう原因債権の存在は主張しないと述べたうえで、本案の答弁においては、Xの請求原因事実である「被告がその債権の存在を主張していること」という要件について立証がないとして請求棄却を求めた事案です。

1　確認の利益の有無

本判決のポイントの一つは、約束手形の原因債権の不存在確認を求める利益があるかどうかについて詳細に言及したことです。やや長文ですが、手形の無因性という特質に触れているという意味において示唆に富む内容であるため引用します。「手形金債権・小切手金債権とその原因債権とは、実体法上別個の請求権であるばかりか、通常は、前者は後者の支払手段としての機能を有する一方、その間には強固な無因性が存し、しかも、手形訴訟・小切手訴訟といった原因関係とは切り離された簡易迅速な訴求制度が定められていることに照らすと、

手形金債権・小切手金債権とその原因債権とは、当事者の同一の有無にかかわらず、訴訟法上別個独立の請求権として、それぞれ別異に取扱う他はなく、したがって、手形判決・小切手判決が確定した後、その被告が右判決の執行力を排除する方法として請求異議訴訟を提起し、或いは右判決による執行後に不当利得返還請求訴訟を提起するとしても、そこでいわゆる原因関係上の抗弁なるものは、手形金請求権・小切手金請求権の行使に対する権利濫用を基礎づける一つの事情としての意味をもつことはあっても、それ自体が直接手形金債権・小切手金債権に関する請求異議の原因ないしは不当利得を基礎づける事実とはなり得ないものと解される。そうすると、…本件訴えの確認の利益はこれを肯定すべきものであると言わざるを得ない。」

2　債務不存在確認訴訟における証明責任

　本件のもう一つのポイントとしては、債務不存在確認訴訟における証明責任の所在について、明確に判示していることです。証明責任について裁判所が判決理由中で言及すること自体珍しいですが、さらに債務不存在確認訴訟での証明責任ですので、この点も重要と思われ、以下紹介します。

　「訴訟物の特定・識別の方法と請求原因に記載する攻撃方法としての要件事実とは理論上区別されなければならない。前者すなわち訴訟物の特定・識別方法の主張の性質は、一定の権利主張（法律上の主張）であるが、後者すなわち攻撃方法の性質は、一定の事実主張である。債務不存在確認訴訟においては、攻撃方法としての請求原因である一定の事実主張というものはなく、訴訟物である権利の発生要件事実は、これによって利益を受ける当事者すなわち被告にその主張立証責任があり、被告の防御方法すなわち抗弁となるものと解すべきであり、その理が被告の応訴内容によって左右されるものでないことはいうまで

もない。したがって、債務不存在確認訴訟の場合でも、訴訟物である権利の発生要件事実について主張責任と立証責任は分離せず、いずれも被告に帰属するものである。」（下線は筆者）

このように、本件は債務不存在確認訴訟の本質的な議論に触れている点で貴重な判決ですので、紹介する次第です。

＜参考判例＞
○Aを第1裏書人、Bを第2裏書人兼所持人とする約束手形について、Aが、A名義の裏書はA代表者が権限を濫用したものであってこれについてBに悪意又は過失があるなどと主張して、手形債務の不存在確認を求めるとともに、手形債権を被保全権利とするBの債権仮差押命令の申立てが違法であると主張して、Bに対し不法行為に基づく損害賠償を求めた件につき、請求を認容した原判決の判断が支持され、控訴が棄却された事例（東京高判平26・5・22金判1446・27）
○原告が、約束手形の第1裏書人欄にある原告の裏書は原告に無断で行われたものであり、また、手形債務の原因関係が存在していない等と主張して、同約束手形を所持する被告に対し、手形の遡求による手形債務の不存在の確認を求めた件につき、原告の請求が認容され控訴も棄却された事例（東京高判平26・2・27（平25（ネ）5716））
○原告Aが、銀行との金銭消費貸借契約が成立していないとして、銀行に対する貸金債務不存在の確認を求めるとともに、原告Bが、銀行に対して負う手形債務につき和解契約が成立したことにより遅延損害金債務が免除されたとして、同債務不存在の確認を求めたが認められなかった事例（大阪高判平25・1・11金判1410・10）

| 事例7 | 健康保険被保険者証の貸与を受けた者が保険証の名義を利用して借り入れた貸金の返還を求められた保険証名義人が消費者金融業者に対して損害賠償債務等が存在しないことの確認を求めた事例 |

（名古屋地判平14・6・18判夕1117・277）

事案の概要

【当事者】

原告X：Aに対して健康保険被保険者証を貸与した者

被告Y：消費者金融業者

A：YからXの名前で50万円を借り入れた者（Xの母親の内縁の夫が経営する会社の従業員）

【関係図】

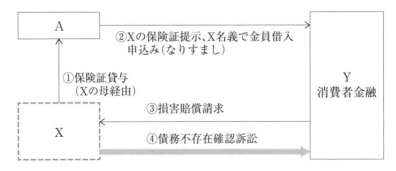

【事実経過】

平12.8	Xは、母親から、母親の内縁の夫の従業員Aが腰痛で困っているが保険証がないため受診できないので保険証を貸してほしいと依頼された。
平12.8.27	Xは、母親を通じてAに本件保険証を貸与。

平12.8.28	Aは、Y（消費者金融業者）の従業員に対して、Xであると詐称して金員借入申込みをし、自己の身分を証明する書類として、本件保険証を提示。同日、Y・X名義の借入極度額50万円の基本契約を締結し、Aは金銭借入れに必要となる○○カードを受領。
平12.8.31	Aは、上記○○カードを利用して、Yから本件契約に基づき50万円を借り受けた。
平12.9.5	Xは、母親を通じてAから本件保険証の返還を受けた。
平12～平13	Yは、Xに対し、Aが本件保険証を利用してXになりすまし取引の相手方に自己をXであると誤信させる手段として利用することを許容して保険証を貸与したことは違法であり、本件貸付金残額の損害を被ったことから同額相当の損害賠償を求めた。
平13	Xが、Yに対し、本件契約に関する損害賠償債務等一切の債務がないことの確認を求めて本件訴えを提起。

訴訟の経緯

① Yが反訴を提起した（Xには、AがXを詐称する手段として違法に利用することを許容して本件保険証をAに貸与した過失があるとして、Xに対し、不法行為による損害賠償請求権に基づき、本件貸付に係る未回収金約48万円の損害賠償金の支払請求）。

② 本件判決は、保険証の貸与者として被貸与者が、貸与者を詐称して消費者金融業者から金員を借り受けるという財産的な取引のために当該保険証を使用することを蓋然性をもって予見することはできないなどとして、Y主張の過失を否定してXについての不法行為の成立を認めず、Xの本訴請求を認容し、Yの反訴請求を棄却した。

③ 判決が確定した。

> コメント

　本件は、交通事故のような典型的な損害賠償請求事案ではなく、健康保険証を貸与したこと自体の違法性を消費者金融業者が主張したという、不法行為の類型としては非典型的なケースでの債務不存在確認訴訟事案です。

非典型事例における請求の趣旨の記載

　本件の判決主文は、以下のとおりです。
「1　原告と被告間において、原告を借主とする平成12年8月28日付極度借入基本契約書に基づく貸付に関し、原告の被告に対する損害賠償債務等一切の債務が存在しないことを確認する。
　2　被告の反訴請求を棄却する。」
　本件の判決文からは必ずしも明らかではありませんが、おそらく借入金の返済が滞ったために借入名義人であるXに督促状が送付され、XがYに連絡したことで保険証を貸与した事実が発覚したという経緯であるものと思われます。
　消費者金融業者側がXに対して損害賠償を求めたのも書面で請求書を郵送したものと思われ、このような客観的な文書が存在する場合には、債務者側（債務不存在確認訴訟の原告）が先方（被告）の請求内容を特定するのは容易といえます。
　債務不存在確認訴訟においては、原告において請求の趣旨を特定して記載する必要がありますが、本件のように非典型的な事例では、ケースによっては相手方の請求内容を特定するのが困難であったり、記載方法に苦慮することもあるかと思われます。
　本事例は、請求の趣旨をどのように特定するかという参考例になるものと思われ紹介する次第です。

＜参考判例＞

○貸金債務の不存在確認を求めた事案において、被告が貸金の内容についての主張立証をしないため原告の請求が認容された事例（東京地判平28・6・27（平28（ワ）10891））

○遺言執行者として指定された者が遺言者の債権者に対して求めた貸金債務不存在確認請求の事例において、原告適格が否定され却下された事例（東京地判平28・3・31（平24（ワ）3511））

○原告が、被告に対し、被告主張にかかる原告の被告に対する借入金債務について、同債務の基礎となる金銭消費貸借契約を原告は締結していないとして、同債務の不存在確認を求めた事案において、原告を債務者兼抵当権設定者とする金銭消費貸借抵当権設定契約証書の原告名の署名は原告のものではなく、他方その印影は原告の実印によるものであるが、原告の実印がその妻を通じて第三者に盗用された可能性があるとして、原告の請求が認容された事例（東京地判平22・10・5（平21（ワ）15790））

第2節　保証関係

事例8　会社の貸金債務の消滅時効の進行中に連帯保証人が一部分割払した場合においても同保証人による主債務の消滅時効の援用が信義則に反しないとして債務不存在確認を求めた事例

（東京地判平9・7・25判タ969・221）

事案の概要

【当事者】
　原告Ｘ：金銭消費貸借契約の連帯保証人
　被告Ｙ：金銭消費貸借契約の貸主
　Ａ　：金銭消費貸借契約の主債務者

【事実経過】

平2.8.31	ＹはＡに対し金500万円を、弁済期平成5年8月31日、利息年8.6％、遅延損害金年14％、手形交換所の取引停止処分を受けた時は当然に期限の利益を失うとの約定により貸し付け、Ａの取締役であったＸはこれを連帯保証した。
平3.4	ＸはＡ代表取締役との会社経営方針の違いからＡ（東京都所在）を退職し、故郷の佐賀県に帰郷した。
平3.10.8	Ａは取引停止処分を受けた。これにより金銭消費貸借契約に基づき期限の利益を喪失し残元本につき履行期が到来した。
平3.10	ＹのＸに対する内容証明郵便が送付され、Ｘはこれにより初めてＡが倒産しＡ代表取締役が自己破産の申立てをしたことを知った。
平4.3頃	ＸがＹとの間で平成4年4月以降に、毎月1万5000円宛分割弁済する旨の分割弁済契約を締結。

平4.4～平8.10	ＸはＹに対して上記分割弁済契約に基づく約定に基づき弁済を継続した。
平8.10.8	本件保証債務の主債務の消滅時効が完成。
平8.11	Ｘは給料の大半を上記負債の弁済に充ててきたが、その元本がほとんど減らないため、任意整理又は自己破産の申立てをしようと思い、原告代理人の事務所に赴いた。
平8.11～平9.3頃	原告代理人はＸの連帯保証債務が時効消滅をしていることを確認したうえで、ただし支払を完全に断ち切ることは債権者らに対して申し訳ないとのＸの気持ちを踏まえ、消滅時効を援用したうえで解決金を支払う方向で債権者らと交渉した。 しかし、債権者であるＹはあくまでも残元本全額の支払を要求したため円満解決が困難となった。
平9.3	本件訴訟提起。

訴訟の経緯

① Ｘは、履行期の到来から5年が経過し、本件保証債務の主債務が時効により消滅したので、Ｙに対し、平成9年3月3日、訴状の送達をもって時効を援用する旨の意思表示をした。

② Ｙの主張：Ｙは、Ｘの誠意を信じて、分割弁済契約をもって本件保証債務の一括弁済を猶予し、その後の分割弁済を受けることによって時効の援用の余地はないと信じていたものであり、Ｘは本件保証債務につきＸ独自の利益をもって支払当事者として分割弁済契約を締結し貸金の主債務の消滅時効の完成と関係なく弁済を履行し続けていたものである。かかる経緯から、Ｘが本件貸金の主債務の消滅時効を援用して本件貸金に係る一切の債務を免れることは信義則に反し許されない。

③　本件判決は保証債務不存在確認請求を全部認容した。

　主文：貸主被告と借主訴外株式会社○○との間の金銭消費貸借に基づく訴外株式会社○○の被告に対する債務につき、原告の被告に対する連帯保証債務が存在しないことを確認する。

　理由：本件保証債務の主債務の消滅時効が平成8年10月8日の経過によって完成していることは当事者間に争いがないところ、被告主張の分割弁済契約なるものは、…原告に資力がなかったため、暫定的に本件保証債務の履行を猶予していたにとどまり、これを超えて、原告において、主債務の消滅時効が完成しても本件保証債務については履行するという確定的な意思を表明したものであることまでを認めるに足りる証拠は全くない。したがって、保証債務の付従性からして、訴外会社が主債務の時効援用により債務を免れ得る以上、原告において主債務の時効を援用して保証債務の消滅を主張することが信義則によって妨げられることはないというべきであり、本件において、原告の右援用が信義則に反すると認めるに足りる事情は全く認められないというほかない。

④　判決が確定した。

コメント

　本件は、貸金債務の連帯保証債務の履行を求められた連帯保証人が債務不存在確認を求めて提訴した事例です。

1　依頼者の意思の尊重

　事実経過から分かるとおり、本件の原告は債務が存在することを前

提としたうえで、任意整理又は自己破産の相談のために原告代理人の事務所に赴いていますが、実体法上は消滅時効が完成しているというケースです。

本件での一つのポイントは、債務不存在確認はあくまでも当該紛争解決のための一つの手段であるという点です。

すなわち、法律上支払義務が存在するかどうかと、「債権者に対して申し訳ない」と考える保証人の心情とは必ずしも一致するものではなく、本件のように両者が乖離するケースも決して珍しいものではありません。

依頼者の利益を最大化することが代理人の責務であるとしても、「依頼者の利益」と経済的利益は常に完全に一致するわけではない以上、代理人としては、依頼者の心情・気持ちに対しても最大限の配慮を怠ってはならず、可能な限りその配慮に基づいた解決策を模索する必要があります。

このことは、弁護士職務基本規程22条1項に「弁護士は、委任の趣旨に関する依頼者の意思を尊重して職務を行うものとする。」と明記されているところでもあります。

本件についてみると、原告（連帯保証人）は、自身が取締役を務めていた会社を代表取締役との意見の相違により退職し、かつ、専門家（弁護士）に相談して保証債務を支払う法律上の義務がないとの説明を受けても、なお「債権者に申し訳ない」との心情を強く保持していたものです。

このような状況の下で、原告代理人が強引に債務不存在確認訴訟を提起すれば、仮に保証債務の不存在が確認されたとしても、依頼者の意思を真に尊重した解決であるか疑問が残るところであり、上記弁護士職務基本規程との抵触の問題も生じかねません。

したがって、代理人としては、本件原告訴訟代理人のように、依頼者の意思を尊重した事件処理を心掛け、債務不存在確認訴訟という選択肢につき依頼者の意思を確認したうえで提訴すべきでしょう。

本件において、仮に債務不存在確認訴訟を提起しないままに放置した場合には、いつまでも原告本人の真摯な想いに区切りがつけられないまま時間が経過することとなってしまい、また債権者からの督促にも対応し続けなければなりません。本件は、債務不存在確認訴訟が適切な場面で活用された例として参考となります。

2 消滅時効の援用と信義則

本件では、連帯保証人が債権者との間で分割弁済契約を締結していたところ、仮に分割弁済契約の条項として、主債務の消滅時効が完成しても支払義務を負う旨明記されていた場合には、主債務の消滅時効の援用が信義則に反する可能性が出てくるものと思われます。

前掲判決理由中では、「被告主張の分割弁済契約なるものは、…原告に資力がなかったため、暫定的に本件保証債務の履行を猶予していたにとどまり、これを超えて、原告において、主債務の消滅時効が完成しても本件保証債務については履行するという確定的な意思を表明したものであることまでを認めるに足りる証拠は全くない。」との判断が示されているからです。

したがって、原告代理人としては、本件のように分割弁済契約が存在する場合には当該契約の条項を精査し、時効援用に支障を来す可能性のある内容が含まれているか否か慎重に検討すべきです。

また、信義則（民1②）というのはいわゆる一般条項ですから、「信義則に反する」か否かという問題は微妙な判断であることが多いはずです。このような意味においても、裁判所の判断を仰ぐために債務不存在確認訴訟を活用することは推奨されるべきでしょう。

＜参考判例＞
○主債務者が消滅時効完成後に債務を承認すると信義則により消滅時効の援用が許されなくなるとした事例（最判昭41・4・20判タ191・81）
○商工ローン業者との間で締結した連帯保証根保証が要素の錯誤又は詐欺に基づき無効であり保証と同時に設定した根抵当権設定契約証書は偽造されたものだとして債務不存在確認とともに根抵当権設定仮登記の抹消を求めて提訴し、それが認められた事例（東京高判平13・6・25判タ1084・179）
○主債務につき消滅時効完成後に連帯保証人が保証債務を承認し又は弁済した場合に主債務の消滅時効を援用することが信義則に反しないとした事例（大阪高判平5・10・4判タ832・215、東京高判平7・2・14判時1526・102）
○大学付属病院における頭左下脂肪腫摘出手術に関し、主治医等と面談をした時から3年が経過し準委任契約の債務不履行に基づく損害賠償請求権又は不法行為に基づく損害賠償請求権はいずれも時効により消滅しているとして、上記時効を援用して損害賠償債務が存在しないことの確認を求め、それが認められた事例（東京地判平28・8・10（平28（ワ）16220））
○遺留分減殺請求権の時効期間経過後に、遺留分減殺請求権を行使する旨の意思表示がなされたのに対して、被相続人の相続について遺留分減殺請求権を有しないことの確認を求め、それが認められた事例（東京地判平28・1・14（平27（ワ）30985））
○債務引受及び連帯保証の意思表示につき強迫による取消しが認められた事例（神戸地判昭62・7・7判タ665・172）

第2章 活用事例　　　151

| 事例9 | 他人の100万円の貸金債務について連帯保証すると誤信して極度額1000万円の根保証契約書と記載された契約書に署名押印した者が根保証契約は要素の錯誤により無効であるとして保証債務が存在しないことの確認を求めた事例 |

（東京高判平11・12・15判タ1027・290）

事案の概要

【当事者】

　控訴人（債務不存在確認訴訟の原告）X：大手企業に勤務する者であり、Zとは中学校時代の同級生

　被控訴人（債務不存在確認訴訟の被告）Y：個人の金融業者

　A：ケーキ製造業者

　Z：A会社の代表者

【関係図】

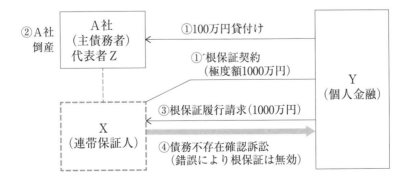

【事実経過】

平3.10以降	訴外A会社は、Yから借入れをするようになった。
平9.5頃	Xは、訴外A会社の代表者Zから、A会社が個人の金融業者Yより100万円を借り入れるについて保証人となるよう依頼された。
平9.5.23	Xは、契約日に、Yと面談したうえ、表題に根保証契約書と記載され、極度額としてチェックライターで1000万円と印字された契約書に署名押印した。その際、YはA会社に対して100万円を貸し付けた。
平10.3.16	A会社が手形交換所の取引停止処分を受け倒産。
平10.3.16頃	Yは、Xに対し、1000万円の根保証の履行を請求。
平10	Xは、Yに対し根保証契約書の極度額欄が空欄であった、仮に1000万円の根保証契約が成立したとしても、100万円の保証と取り違えたものであるから、根保証契約は要素の錯誤により無効であるなどと主張して、1000万円の保証債務が存在しないことの確認を求めて本訴提起。

訴訟の経緯

① Yが、Xに対して、1000万円の保証債務履行を求めて反訴請求した。

② 平成11年4月7日第1審判決（横浜地裁）は、Xの錯誤の主張は採用できない等として、Xの本訴請求を棄却し、Yの反訴請求を認容した。

③ 平成11年12月15日第2審判決（本判決）は、他人の100万円の貸金債務について連帯保証（確定保証）すると誤信して極度額1000万円の根保証契約書と記載されていた契約書に署名押印した場合に、極度額1000万円の根保証契約のうち、100万円の範囲で連帯保証（確定保証）をすることを超える部分は要素の錯誤により無効であるとし

て、原判決を変更して、100万円について反訴請求を認容し、100万円を超える保証債務が存在しないことを確認する一部認容判決をした。

④ 判決が確定した。

コメント

本件は、根保証契約について錯誤による一部無効を主張して保証債務が存在しないことの確認を求めた事例です。

1 一部債務を認めている場合の債務不存在確認訴訟の活用

保証人Xとしては100万円の範囲内では保証する意思があったものの、1000万円を請求されている状況下で、100万円のみ支払うと言ってもYが受領しない可能性が極めて高く、少なくとも100万円についての遅延損害金の発生を最小限に食い止めて債務の存否・金額を確定する必要があったものと思われます。

このような状況下において、保証人Xとしては、100万円につき、Yの受領拒絶を理由として供託手続を利用することも考えられます。

しかしながら、債務不存在確認訴訟を提起せずに供託だけしても、供託した限度での弁済の効力が生じるにとどまり、Xの保証債務の有無・金額が確定されるわけではありません。

むしろ、供託後に何らの措置を講じることなく放置してしまえば、万が一供託金額以上の残債務が存在するような場合には、気付かぬまま遅延損害金が無制限に膨張し続けてしまう可能性があるところです。

したがって、ある程度以上の金額の債務の存否が問題となっている事案においては、供託の有無を問わず債務不存在確認訴訟の提起を検

討することが望ましいといえ、本判決はその参考となるものと思われます。

2 請求の趣旨の記載例

本判決の主文は、保証債務という債務不存在確認請求訴訟の定型事例における訴状の請求の趣旨の記載の参考となるものと思われますので、以下のとおり紹介します。

「控訴人の被控訴人に対する主債務者を株式会社○○とする平成9年11月5日付け金銭消費貸借契約に基づく1000万円の保証債務は、100万円及びこれに対する平成10年3月31日から支払済みまで年3割の割合による遅延損害金の支払債務を超えて存在しないことを確認する。」

＜参考判例＞
○他人の200万円の貸金債務について連帯保証すると誤信して保証極度額1000万円と記載された保証契約書に署名押印した者が保証契約は要素の錯誤により無効であるとして保証債務不存在の確認を求め、それが認められた事例（高松高判平11・11・18判タ1021・194）
○保証人が提起した保証債務不存在確認訴訟の一審判決後に主債務者が債務を全額弁済した場合に当該訴えの確認の利益はないとして訴え却下の判決がなされた事例（福岡高判平27・3・12判時2273・82）
○金融業者からの400万円の借入れの際、2000万円を限度額とする根保証契約を締結した根保証人が契約の不成立等を主張して連帯保証債務の不存在確認等を求め、それが認められた事例（東京高判平13・12・18判時1786・71）
○他の連帯保証人がした連帯保証契約が有効であると誤信していたため同保証契約の錯誤無効を主張して保証債務不存在確認を求め、それが認められた事例（大阪高判平2・6・21金判880・9）

第2章 活用事例　　　155

事例10　リース契約においてサプライヤーから役務提供を受けられなかったことを前提に、ユーザー及びその連帯保証人が連帯保証債務の不存在確認を求めた事例

（大阪地判平24・5・16金判1401・52）

事案の概要

【当事者】

原告X_1：リース取引（第1契約）上のユーザー（洋裁教室を経営）

原告X_2：リース取引（第1契約）上のX_1の連帯保証人

原告X_3：リース取引（第2契約）上のユーザー

原告X_4：リース取引（第2契約）上のX_3の連帯保証人

被告Y：リース取引上のリース会社

Z：リース取引上のサプライヤー

【関係図】

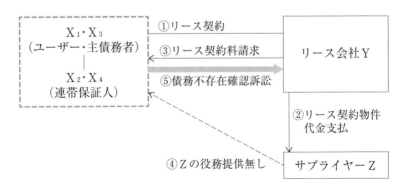

【事実経過】

平20.6.4	原告X_3は、被告Yに対し、リース契約（第2契約）の申込みを行い、原告X_4は原告X_3が被告Yに対して負担する一切の債務について、連帯保証する旨の意思表示をした。
平20.6.20	被告Yは、原告X_3に対し、本件第2契約についての確認を行い、これにより本件第2契約及び原告X_4の連帯保証契約は、同日付で成立したものとした。
平20.6.30	被告Yは、リース契約（第2契約）の物件代金をサプライヤーZに支払った。
平20.7.18	原告X_1は被告Yに対してリース契約（第1契約）の申込みを行い、原告X_2は、原告X_1が被告Yに負担する一切の債務について連帯保証する旨の意思表示をした。
平20.8.11	被告Yは、原告X_1に対し、本件第1契約についての確認を行い、これにより本件第1契約及び原告X_2の連帯保証契約は、同日付で成立したものとした。
平20.8.14	被告Yは、リース契約（第1契約）の物件代金をサプライヤーZに支払った。
平21.6.2	X_3はホームページ作成の役務提供をZから受けられない状況であったためリース料の支払を停止した。
平21.7	平成20年12月以降X_1はZ担当者と連絡がとれない状態が続いたため、消費者センターや弁護士に相談の上、Yに対するリース料の支払を停止した。
平22	原告Xらが、リース料の支払債務がないとしてリース会社Yを被告とする債務不存在確認訴訟を提起。

訴訟の経緯

① 平成24年5月16日第1審判決は、Xらがリース料の既払金の返還を求める給付請求については棄却したが、債務不存在確認請求については連帯保証債務を含めて全部認容した。
② 判決が確定した。

第2章 活用事例

コメント

　本件は、リース取引を行うYとの間で、Zをサプライヤーとするリース契約を締結したユーザー並びに連帯保証人であるXらが、Yに対してリース料の一部を支払ったのに、Zからホームページ作成の役務の提供を受けられなかったことを前提に、法律構成としては、本件各契約の不成立、無効、解除を理由に、不当利得返還請求として既払いのリース料の返還と、未払いの残リース料債務及びその連帯保証債務の不存在確認を求めた事例です。

裁判所の判断を得て支払義務の有無を早期に確認できるメリット

　リース契約においては、リース会社、サプライヤー、ユーザー三者の法律関係となりますが、誰が誰に対していかなる義務ないし債務を負担するかは契約書や約款、裁判例を確認したとしても、本件のように必ずしも判然としないケースも大いに考えられるところです。

　本件では、洋裁教室等を経営する原告らが、訴外会社にホームページの作成等を依頼し、その代金支払方法として、ホームページ作成用のソフトウェアのリースを受ける名目で、リース会社である被告との間でリース契約を締結した場合において、被告が若干の注意を払えば、役務の提供にリース契約が利用される事案であることを知り得たのに、その点の調査をせずにリース契約を締結したところ、訴外会社が業務を停止し、ホームページが作成されなかったときは、原告らは被告に対し、未払いリース料の支払義務を負わないとの判断を示しており、事後的に同判断を確認しても、事前にその結論を正確に予測することは極めて困難といえるでしょう。

　特にリース会社との継続的な取引関係を検討しているサプライヤー

やユーザーとしては、支払義務が発生するものと裁判所が認定するならば積極的に支払う意向であるものと思われます。かかる場合には、債務者（ユーザー）側から積極的に、債務不存在確認請求を求める実益があります。

なお、本件ではリース会社からユーザーに対して反訴が提起されていません。

もっとも、本判決により支払義務の有無が確認されることから、同判決確定を待って差し支えないところです。原告としても債務不存在確認訴訟の認容判決が確定すれば紛争が解決されますので、特段支障があるところではないでしょう。

＜参考判例＞
○リース契約の詐欺取消し等を理由にリース料支払債務不存在確認を求めたのに対して、税理士が当事者となっているリース契約であっても、「営業のために若しくは営業として」締結されたものかどうかは、当該事業、職務及び取引の実態、物件の活用状況等から個別具体的に判断されるべきであるとした事例（大阪地判平21・10・30判時2095・68）
○期間の定めのある建物賃貸借における賃借人のための保証人は更新後の賃貸借から生じる賃借人の債務について保証の責めを負わないとして保証債務不存在確認を求めたが認められなかった事例（最判平9・11・13判タ969・126）
○原告が、被告との間で締結したクレジット契約に基づき、金銭の借入れや商品購入等の取引についての貸付金及び立替払金の支払を求めたのに対して被告が、本件取引の一部は第三者の強迫により行ったものであると主張して債務不存在確認を求めたが、認められなかった事例（東京地判平27・2・20（平25（ワ）33853））

第2章 活用事例

事例11 妻が夫に無断で信用金庫との間で妻名義の消費貸借契約の連帯保証及び根抵当権設定契約を締結したことについて債務不存在確認を求めた事例

(東京地判昭63・3・30金判807・25)

事案の概要

【当事者】
　原告X：被告Y₁の夫
　被告Y₁：原告Xの妻
　被告Y₂：原告Xの代理人と称する被告Y₁との間で連帯保証契約・根抵当権設定契約を締結した信用金庫
　A：Y₂の職員

【関係図】

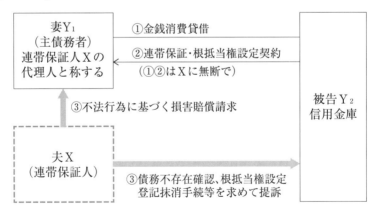

【事実経過】

| 一 | Xの妻Y₁はその宝石販売業の資金をY₂から借り入れ、XがY₂に預けていた定期預金を無断で担保に差し入れた。 |

昭57.9	定期預金証書がないことに気付いたXは、Y₂の職員A（得意先係）に対し紛失届を提出。
昭57.12	Y₁はXに無断でX名義の不動産を担保にY₂から融資を受けることにして、Xの実印、印鑑証明書を持参してY₂に赴き、Xの代理人として連帯保証契約及び根抵当権設定契約を締結して1500万円を借り入れ、従前の債務を返済して定期預金証書の返還を受けた。
昭58.1～2	Y₁は定期預金証書とXの届出印を押捺した解約依頼書をY₂に提出して定期預金の解約、払戻しを請求し、払戻しを受けた。
昭58	Xが連帯保証債務の不存在確認、根抵当権設定登記の抹消及び定期預金の払戻しを求め、またY₁に対して不法行為に基づく損害賠償を求めて提訴。

訴訟の経緯

① 昭和63年3月30日第1審（本件）判決

　Xの請求（連帯保証債務不存在確認、根抵当権設定登記抹消登記手続請求、Y₁に対する損害賠償請求）を全部認容し、Y₂（信用金庫）に対する定期預金返還請求も遅延損害金の一部を除き全部認容した。

② 判決が確定した。

コメント

　本件は、妻が夫に無断で信用金庫との間で妻名義の消費貸借債務の連帯保証及び根抵当権設定契約を締結した事案において、事実を知った夫が信用金庫に対して債務不存在確認等を求めたケースです。

担保権実行前段階での積極的な提訴

　現在では金融機関による本人確認手続がより厳格化されており、また、改正民法（平成29年6月2日法律44号）によっても、公正証書の作成が義務付けられる保証契約は、主債務に事業のために負担する貸金等債務が含まれている場合（改正民法465の6）、保証人が法人である根保証契約の求償権に対する保証契約（改正民法465の8）の場合に限定されており、改正民法施行後であっても本件類似の案件が生じる可能性は依然として残るものと思われます。

　本件において、Xとしては、根抵当権が行使（担保権実行による強制競売申立て）されてしまうと、請求異議訴訟を提起するとともに、強制執行停止申立てをしなければなりませんが、請求異議訴訟の判決には根抵当権の被担保債権が存在するかどうかという点について既判力が生じないために請求異議訴訟とともに債務不存在確認訴訟をも併せて提起する必要が出てきます。

　担保権の実行段階になりますと、手続上の制限が種々あるほか様々な混乱が予想され、十分に権利を守りぬくことがそうでない場面と比較して困難になるものと思われます。

　したがって、抵当権が実行に移されるよりも前の時点でその被担保債権が成立しないことを確認しておくことが望ましいといえ、その意味で本件のような債務不存在確認訴訟は参考にされる価値があるものと思われます。

＜参考判例＞
○連帯保証契約及び根抵当権設定契約の成立が否定されるとして保証債務不存在確認等を求めたケースにおいて、妻が夫から、妻の父の死亡による妻のための相続手続に必要であるとの虚偽の説明を受けて、夫に実印、印鑑登録証明書、登記済権利証を交付したところ、夫が第三者の債務の

ために金融機関から融資を得るについて、これらを利用して妻を連帯保証人とし、妻所有の建物に根抵当権を設定する旨の契約を締結した場合において、金融機関が妻の夫に対する委任状の呈示を受けることをせず、また、妻に対して保証意思・担保設定意思の確認を得ていない事情の下では、右代理行為につき妻から夫に対する代理権の授与は認められず、また、表見代理を理由とする連帯保証契約及び根抵当権設定契約の成立は認められないとした事例（東京地判昭62・12・22判時1286・97）

○保証期間・限度額の制限のない包括根保証人に保証債務全額について責任を負わせることは信義則に反するとされた事例（神戸地判平元・2・9判時1318・110）

○連帯保証契約が通謀虚偽表示により無効であるとして保証債務不存在確認を求め、それが認められた事例（東京地判昭63・4・22判タ665・256）

○信用金庫取引約定書に署名した連帯保証人から包括根保証をするつもりはなかったとして錯誤による無効を根拠として保証債務不存在確認訴訟が提起されたが認められなかった事例（仙台高判昭59・4・20金判704・3）

○金銭消費貸借契約上の高利の約定について公序良俗違反を主張して債務不存在確認を求めて提訴したが、公序良俗違反とまでは認められなかった事例（東京地判昭42・11・28金判94・6）

○被告との間で生命保険契約を締結している原告が、被告に対し、原告名義で作成された契約者貸付用カードを利用して行われた7口の本件カード貸付に係る貸付金債務が存在しないこと及び保険料自動貸付規定に基づき行われた本件自動貸付に基づく利息債務が一定額を超えて存在しないことの確認を求めた事案において、原告の配偶者が原告名義の本件カードを使用して受けた本件カード貸付も、本件カード貸付は、原告と原告の配偶者の夫婦の日常の家事に関する法律行為に当たるということができ、その法的効果が原告に帰属することになり、原告はその借入れにつき責任を免れないが、利息は貸付毎に単利計算しなければならない等として原告の請求の一部を認容した事例（東京地判平24・11・30（平24（ワ）304））

第3節　交通事故関係

事例12　自動車の接触事故により2名が18日間入院しその後も通院を続けた場合において加害者が被害者に対して負傷の事実が認められないとして損害賠償債務不存在の確認を求めた事例
（名古屋高判平3・10・30判タ779・224）

事案の概要

【当事者】
　被控訴人X：加害車両運転者
　控訴人Y₁：被害車両運転者
　控訴人Y₂：被害車両同乗者

【事実経過】

平元.11.11	交通事故発生。 Xの保有する自動車が時速約10kmで走行中、その右前部が、Y₁が運転しY₂が同乗していた自動車の左後部に擦過するように接触した。
平元.11.13〜11.30	Yらは18日間入院した。
平元.12.1〜平2.7.21	Y₁が通院。 Y₂はY₁より短期間の通院（平成2年1月12日まで）。
平元	Xは、本件事故によるY₁車両に生じた物損につきY₁との間で示談してその支払を終了した。
平元	Xは、本件事故によりYらに生じた傷害の損害賠償内金として、Y₁に金7万3102円、Y₂に金13万3818円を支払った。
平元	Xは、Yらに対して、本件事故に基づく損害賠償義務がないことの確認及び既払損害賠償金の返還を求めて提訴。

訴訟の経緯

① 平成2年2月16日第1審判決（名古屋地裁豊橋支部）は、Xの請求を全部認容した。
② Yらが控訴した。
③ Yらが控訴審において反訴請求した（自動車損害賠償保障法3条に基づく損害賠償請求）。
④ 平成3年10月30日第2審（本件）判決は、「控訴人らが負傷した事実の存否について医療専門家としての十分な検討がなされていないものであることは明らかであるから、医療機関への入退院がされたからといってその事実のみから直ちに控訴人らが本件事故により右診断に係る負傷をしたとすることは相当ではない」とした上で、以下のとおり判決した。
　主文：1　本件控訴をいずれも棄却する。
　　　　2　控訴人らの反訴請求をいずれも棄却する。
⑤ Yらが上告した。

コメント

　本件は、いわゆるむち打ち症を訴えて入通院した被害者に対して、加害者側から損害賠償債務は存在しないことの確認を求めて提訴した事例です。
　他覚所見が認められないむち打ち症の場合、診断する医師において被害者が訴える苦痛を無視することは難しく、また交通事故の発生自体が事実であれば被害者が訴える苦痛の少なくとも一部は事実に基づく可能性が高く、過剰な部分とそうでない部分とを明確に区別することが困難であるため、しばしば早期解決が困難になるケースも多く見

受けられるところです。

　加害者側の損害保険会社としては、自賠責の後遺障害等級認定の判断を待つことが通常と思われます。もっとも、等級認定はあくまでも後遺障害の逸失利益や後遺症慰謝料に関わるものであり、治療期間が問題となる治療費や休業損害の判断について一義的な指針を提供するものとは言い切れません。

　損害賠償請求権の消滅時効期間（現民法上は724条により被害者が損害及び加害者を知ったときから3年間ですが、改正民法724条の2により人の生命又は身体を害する不法行為については同起算点から5年間となります。）が経過する前に被害者が提訴する可能性は高いとはいえ、加害者側が可能な限り早期に積極的に解決するツールとして、債務不存在確認訴訟を活用することが考えられます。

　現状においては、損害保険会社側が被害者に配慮して債務不存在確認訴訟を積極的に活用しているとは言い難い状況であり、多くは民事調停の申立て等の手段によっていますが、調停では強制力がないため、事案によっては債務不存在確認訴訟を適切に活用することによってより良い解決ができるケースも少なくないものと思われます。

　本判決はその一例として参考になります。

＜参考判例＞
〇加害者も被害者も停止していたところブレーキペダルから足が外れたため後退して被害車両に衝突した事案について損害賠償債務不存在確認を求めて提訴した事例において、診断そのものに疑問があるとして本訴請求が認められた事例（神戸地判平2・7・20交民23・4・902）
〇交通事故により頭部打撲、頸部捻挫等の傷害を受けた被害者が、約1年6か月にわたって治療を受けた交通事故の損害賠償債務不存在確認訴訟の事案につき、事故状況、関係車の事故後の損傷状況、工学鑑定及び医学鑑

定の結果を踏まえれば一定期間を超える期間の治療と事故との間には相当因果関係がないとされた事例（神戸地判平2・9・14判タ751・175）
○交通事故により頸椎捻挫、腰椎捻挫等の傷害を被ったとする自動車運転者、同乗者の損害賠償請求に対する債務不存在確認請求訴訟において、本件事故の状況、入通院状況、被害者の事故歴ないし既往症、法医学者の鑑定所見、被害者の症状についての供述に偽虚部分ないし不自然な部分があること等を総合考慮して、本件事故により入通院を必要とする傷害が生じたものとは認められないとされた事例（神戸地判平元・3・22判タ709・218）
○原告車両が停車直前に被告車両に追突したという交通事故において、衝突の痕跡すら残っていないこと、被告を除く同乗者らが何ら傷害を受けていないこと等に鑑み、本件事故により被告が受傷していないと主張して、損害賠償債務は不存在であることの確認を求めた事例（神戸地判平元・3・22交民22・2・411）

第2章 活用事例

事例13 物損交通事故の当事者が訴訟前の交渉により合意に達しなかったため損害賠償債務の不存在確認訴訟を提起したところ争点となった確認の利益につき中間判決がなされた事例　　　（東京地中間判平9・7・24判タ958・241）

事案の概要

【当事者】
　原告Ｘ：交通事故の加害者
　被告Ｙ：交通事故の被害者

【関係図】

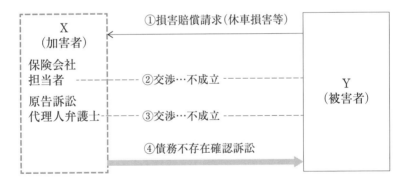

【事実経過】

平6.12.7	本件交通事故発生。 原告車両は前方を走行していた訴外Ａ運転の被告所有に係る被告車両に追突した。
平7.1	原告側保険会社担当者と被告担当者との間で示談交渉が進められ、平成7年初め頃までに修理費用については合意したが、休車損害に関しては合意が成立しなかった。

平7.1.12	原被告間でファクシミリを利用して相互に休車損害について具体的主張を交換したが合意に至らなかった。
平7.3.13	原告側に代理人弁護士が就任し被告に受任通知を送付。
平7.4.4〜8.21	原告代理人と被告との間で相互に休車損害について具体的主張を交換したがなお合意に至らなかった。
平7.11.21	原告代理人は被告に対し、直接話合いをしたい旨の書面を送付した。
平7.12.12	被告は、原告代理人に面談の申込みに応じたいとの書面を送付したほか、原告代理人宛てに直接電話し、面談のための日程調整をしようとしたが同代理人不在のため面談は実施されなかった。
平8.1.8	原告代理人は被告に対して、従前の提案を変更する意思のないことを回答した。
平8.1.17	原告は、被告に対し、本件訴訟を提起した。

訴訟の経緯

① 被告が本案前の抗弁として確認の利益がない等と主張し訴え却下の訴訟判決を求めた。
② 平成9年7月24日第1審（本件）判決は、中間判決という形式で「確認の利益に係る被告の本案前の抗弁は理由がない」との判断を示した。

コメント

　債務不存在確認請求訴訟を提起された被告が本案前の抗弁として、確認の利益ないしはその必要性がないと主張して訴えの却下を求めた場合、裁判所としてはどのような処理をすべきでしょうか。本件は、物損交通事故の当事者間における債務不存在確認訴訟でしたが、裁判所は、確認の利益の有無について、いわゆる中間判決を下しました。

ここにいう中間判決とは、独立した攻撃防御方法その他中間の争いについて裁判をするのに熟したとき又は請求の原因及び数額について争いがある場合における請求原因について裁判をするのに熟したときに、裁判所が下すことができる判決のことをいいます（民訴245）。

1　交通事故に関する債務不存在確認訴訟の確認の利益

　交通事故において債務不存在確認訴訟を提起することが許されないという場合があるのでしょうか。本判決は、この問題に関する一般論として、交通事故による損害賠償に関して責任の有無及び損害額の多寡について当事者間に争いがある場合には、加害者から債務不存在確認訴訟を提起することは特段の事情のない限り許されるが、債務不存在確認訴訟は、被害者側の意思にかかわらず加害者側が一方的に訴えを提起して紛争の終局的解決を図るものであり、被害者側に応訴負担などで過大な不利益を受けることもあり得ることなどを考慮すれば、以下のような場合で訴えの提起が権利の濫用に当たると解されるときは確認の利益がなく不適法であるとの判断を示しました。

　具体的には、①交通事故が起こった直後等、事故による被害が流動的ないし未確定の状態にあり、当事者のいずれにとっても損害の全容が把握できない時期に訴えが提起されたような場合、②訴訟外の事前の交渉において加害者側が被害者を脅迫したり、威迫したりするなど、加害者側に著しく不誠実な態度が認められ、そのような交渉態度によって訴訟外の解決が図られなかった場合、③専ら被害者を困惑させる動機により訴えが提起された場合（例えば、被害者との事前交渉を全く行っていない場合）などです。

　本件では、事故から訴訟提起まである程度の期間（約1年1か月）があったこと、その間頻繁に交渉が行われたにもかかわらず休車損害の額について合意に至らなかったことなどの具体的な交渉経過に照らし

て、訴訟の提起が権利の濫用に当たり確認の利益を有しないということはできない、として本案前の抗弁を排斥しました。

交通事故に関する債務不存在確認訴訟が提起される事案の類型としては、㋐被害者が交通事故をいわば種にして多額の損害賠償を得ようとするなど、被害者の執拗な要求を排除し、損害賠償債務の存否や適正な損害額の確定を求めようとする場合、㋑むち打ち症等により延々と継続する被害者の治療や休業損害の拡大を阻止しようとする場合、㋒現在は請求を受けていないものの将来の損害賠償請求を封じようとする場合などがあると指摘されています（村田長生「債務不存在確認訴訟」吉田秀文＝塩崎勤編『裁判実務大系(8)民事交通・労働災害訴訟法』387頁（青林書院、1985）参照）。

このうち、㋑㋒のような場合は、権利関係の明確化、紛争の予防、紛争の早期解決という積極的側面を有するといえますが、その反面として、被害者側にとっては、適正な治療への圧力になるという消極的側面もあります（田邊直樹「交通事故における債務不存在確認訴訟の問題点」自正40巻9号47頁）。このことから、債務不存在確認訴訟について、いかなる事情のある場合に確認の利益が否定されるのか、という点が問題になります。

したがって、加害者側の代理人として債務不存在確認訴訟を提起する場合にはこの点を常に意識すべきでしょう。

この問題意識に触れた関連裁判例としては東京高裁平成4年7月29日判決（判タ809・215）があります。この裁判例は、加害者が、損害額についての主張の違いを解消すべく当事者が誠意をもって協議を尽くしたがなお示談が成立しない事情、あるいは、加害者の誠意をもって協議に応ずることができない被害者側の事情などを主張立証しなければ確認の利益が肯定されないということはないとし、原則として、損害額に争いがあれば確認の利益は肯定されるとしましたが、同判決は、極

めて限定的ではありますが確認の利益が否定される余地を残していると考えられています（判評411号33頁等）。

通常の給付訴訟を提起する場合と異なり、債務不存在確認訴訟を提起する場合には、確認の利益の有無に配慮する必要があり、本裁判例はこの点に関して参考にされるべきでしょう。

2　中間判決

本件のもう一つの特色は、中間判決がなされたという点です（民訴245）。中間判決とは、訴訟の進行過程において当事者間で争点となった訴訟法上又は実体法上の事項につき、終局判決に先立って解決しておくための判決をいいます。中間判決事項は、①独立した攻撃又は防御方法、②中間の争い、③請求の原因及び数額につき争いがある場合における請求原因の3点です。これら問題となった事項について、中間判決をするか、終局判決の理由中で判断を示すかは受訴裁判所の裁量によりますが、中間判決をした場合には、中間判決をした事項については、これを前提として終局判決をしなければならず、中間判決に対しての独立の上訴は認められず、終局判決に対して上訴する方法によることとなります（民訴283）。

本件では被告が確認の利益の有無を争ったため（本案前の抗弁）、中間判決がなされました。

債務不存在確認訴訟の被告訴訟代理人となった場合には本案前の抗弁（特に確認の利益）の検討は不可欠と言って差し支えないものと思われますので、注意を要するでしょう。

＜参考判例＞

○交通事故による損害賠償債務の不存在確認の訴えを確認の利益に該当する具体的な事情の主張立証がないとして却下した1審判決が違法であるとして取り消された事例（東京高判平4・7・29判タ809・215）

〇交通事故による損害賠償債務の不存在確認訴訟につき、確認の利益があるというためには、当事者の主張する損害額が異なるというだけでなく、その違いを解消するため当事者が誠意をもって協議したがなお示談が成立しない事情若しくは加害者が誠意を尽くしても協議に応ずることのできない被害者側の事情が存することが必要であるとした上で、本件では確認の利益が肯定できないとして却下した事例（東京地判平4・3・27判時1418・109）

＜参考文献＞
〇交通事故訴訟による損害賠償債務の不存在確認訴訟につき、「東京地裁民事第27部における民事交通事故訴訟の実務について」（別冊判例タイムズ15号3頁以下）
〇交通事故訴訟における債務不存在確認訴訟（村田長生「債務不存在確認訴訟」吉田秀文＝塩崎勤編『裁判実務大系(8)民事交通・労働災害訴訟法』387頁（青林書院、1985）、田邊直樹「交通事故における債務不存在確認訴訟の問題点」自正40巻9号47頁）

第2章　活用事例　173

事例14　交通事故に基づく債務不存在確認訴訟における確認の利益の存否について加害者側が立証しない場合に裁判所がとるべき対応等について判断された事例

（東京高判平4・7・29判タ809・215）

事案の概要

【当事者】

控訴人X₁：運行供用者（加害車両所有者）
控訴人X₂：加害者（タクシー運転手）
被控訴人Y：被害者

【関係図】

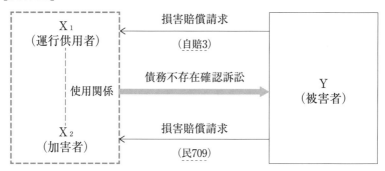

【事実経過】

| 平3.9.16 | 東京都新宿区歌舞伎町付近路上において交通事故発生。事故態様：X₂は、同人が運転する自動車を靖国通り方面より池袋方面へ明治通りを進行させた際に、歩行者横断禁止場所でしかも横断歩道外を横断していた被告を発見し、急制動の措置をとるもYに接触し同人に傷害（右下腿打撲）を負わせた。 |

平3.9.16～平3.10.28	YがA外科病院に通院（通院実日数7日）。
平3.10頃～平3.12頃	XらはY（被害者）との間で円満解決を目指して交渉してきたが、Y（被害者）はXらに対し、本件事故に基づく損害賠償請求債権は極めて高額である等と主張して交渉に応じようとしなかった。 そこで、Xらは損害賠償債務不存在の確認を求めて提訴した。

訴訟の経緯

① Xらは、本件訴訟に至る経過を詳細に主張した準備書面を提出したが、同準備書面の副本は第1回口頭弁論期日までにYに送達されていなかった。

② 第1回口頭弁論期日では、Xら訴訟代理人が①の準備書面（確認の利益に該当する具体的事情が記載されたもの）については陳述不要であると述べて、これを陳述しないまま弁論終結となった。

また、Xらは裁判所に甲号証の正本・副本を提出し、その副本は訴状とともにYに送達されていたが、裁判所はこれにつき証拠の申出をさせず取調べをしないままに弁論を終結した。

Yは、上記口頭弁論期日に出頭せず、答弁書その他の準備書面を提出して自己の損害を主張しなかった。

③ 平成4年3月27日原審判決（東京地裁）は、Xらの請求をいずれも却下した。

④ Xらが控訴した。

⑤ 平成4年7月29日（本件）判決は、原判決を取り消して原審に差し戻した。

第２章　活用事例

コメント

本件は、交通事故に関する債務不存在確認訴訟の一事例です。

ポイントとしては、①提訴するか否かの判断、②訴訟提起後の訴訟追行のあり方、の2点に分けられます。

1　提訴すべきか否かの判断

まず、①債務不存在確認訴訟を提訴するか否かの判断についてですが、示談交渉を継続する中で被害者が金額に了承せず、交渉が膠着状態に陥ることは珍しいことではありません。

そのような場合に、どのタイミングで加害者側から債務不存在確認訴訟を提起すべきかについては一義的に確定することは困難です。損害の内容、交渉の経緯、当事者の個別的な事情等様々な要因を考慮する必要があるためです。

もっとも、その中で一つの基準があるとすれば、以下のようなものではないかと思われます。

すなわち、⑦依頼者（加害者）が早期の解決を望んでいるか否かは重要な要素です。代理人の役割は、依頼者の利益を最大化することにあるからです。依頼者によっては代理人に全てを委ねて、細かい経緯についてはあまり関心を持たない方もいる一方、早期解決を希望し代理人に対しても事件処理の詳細について関心を抱き、場合によっては方針についても代理人と意見が対立する場合も大いにあり得るところです。このような場合には速やかに提訴することが依頼者にとっても、代理人にとっても（そして場合によっては被害者にとっても）望ましい解決となり得ます。見通しのはっきりしない示談交渉と異なり、訴訟は始まれば必ずどこかで終結するからです。この点に関連して、弁護士職務基本規程35条は「弁護士は、事件を受任したときは、速やかに着手し、遅滞なく処理しなければならない。」旨定めています。

また、①被害者側の請求内容の不当性の程度がどれほどのものかも大きな考慮要素であるといえるでしょう。被害者側の請求内容が明らかに過大に過ぎ、訴訟に至れば到底認定されがたいことが明らかであるような場合には、示談交渉を継続することの意義が乏しいと考えられますから、速やかに提訴すべきでしょう。

　㋒被害者の症状が固定しているかどうか、も考慮要素となると思われます。一般的には、症状固定前の時点では損害の全貌が明らかではないため、提訴しても確認の利益の有無が争点となることも考えられ、そのため債務不存在確認訴訟の提起には躊躇を覚えるところです。

　この点につき、本判決は、以下のように判示しており、参考となります。

　「被害者の症状が未だ固定していない場合には、損害が更に拡大する余地があるから、被害者の側でもその間は訴訟の提起を差し控える理由ないし利益があり、…確認の必要性ないし利益を否定する立場もあり得るところである。しかし、…<u>症状が固定していないとの被害者の言い分が果たしてそのとおりであるか加害者の側で正確に把握することができないため、訴訟外での折衝の成り行きに任せたままでは、加害者の側として本来正当とされる解決の範囲を超えて不当に多額の損害の賠償を強いられるおそれがあるということもあり得ないではなく、このような場合には、被害者の側で訴訟を提起しないのであれば、加害者の側に訴訟の場で損害を確定することについて必要性ないし利益があるというべきであり、加害者から債務不存在確認の訴えを提起したときに、これにつき確認の利益を否定することは困難である。</u>」(下線は筆者)

2　訴訟代理人の訴訟追行について

　次に、②訴訟提起後の訴訟追行のあり方についてですが、本判決は、

確認の利益を判断した原審の審理過程に問題があったか否かを丁寧に分析して判断を述べています。

そこで指摘されているのは、確認の利益の有無により訴訟の帰趨を決するとの審理方針であったのであれば、それを明示的に当事者に釈明し、同利益に関わる準備書面の陳述や書証の取調べをしておくべきであったという、主として裁判所サイドの訴訟指揮に関わる点です。

もっとも、本件原審において、原告訴訟代理人は確認の利益に関する準備書面の陳述を不要であると述べており、これが裁判所の審理方針に相応の影響を与えたのではないかと推察されます。

「確認の利益」は債務不存在確認訴訟を維持するためのいわば生命線であり、如何なる事情があったかは裁判例から必ずしも明らかではないものの、少なくとも準備書面の陳述はしておくべきでしたし、更にいえば、訴状の中に、確認の利益に関する具体的主張を記載しておけば、却下判決がなされる可能性を小さくすることができたのではないかと思われます。

＜参考判例＞
○交通事故に基づく原告らの被告に対する損害賠償債務が存在しないことの確認を求める事案において、被告が適式の呼出しを受けながら本件口頭弁論期日に出頭せず答弁書その他の準備書面も提出しないことから請求原因事実を明らかに争わないものと認め、これを自白したものとみなした事例（東京地判平28・8・30（平28（ワ）13707））
○交通事故の加害者及び保険会社らから受けた債務不存在確認訴訟に対する反訴で、被害者が残存する後遺障害について損害賠償を請求した件につき、被害者が保険会社の確認請求の訴え提起、遂行に違法があると控訴して請求を拡大する一方で、保険会社が被害者に対し当該債務がないことの確認を求めて附帯控訴したところ、債務がないことに争いがないことを理由に確認の利益がないとして保険会社の附帯控訴が棄却され、

被害者の控訴も第一審判決が支持されて棄却された事例（東京高判平23・8・4交民44・4・851）
○交通事故による損害賠償債務不存在確認訴訟において、第1審で同債務の存在についての主張を提出することができたにもかかわらず、その主張をしないまま敗訴の判決を受けた控訴人（被害者）が、控訴審の第2回口頭弁論期日に至って初めて損害賠償請求に関する主張をすることは、故意又は重大な過失により時機に後れた攻撃防禦方法であるとした事例（東京高判平9・9・17判時1648・74）
○交通事故による損害賠償債務の不存在確認の訴えは、責任の有無及び損害額の多寡につき争いがあるときは、特段の事情のない限り許されるが、事故による損害の全容が把握できない時期に提起された場合、加害者側の著しく不誠実な交渉態度のために訴訟外の解決が図られなかった場合、あるいは専ら被害者を困惑させる動機により提起された場合などで、訴えの提起が権利の濫用にわたるときは、確認の利益がないものとして不適法であるとした事例（東京地中間判平9・7・24判時1621・117）
○交通事故による損害賠償債務の一部不存在確認訴訟においては、原告の主張する不存在額を超える損害が生じているかどうかが判断の対象であり、損害が原告主張の損害を下回っているときは請求を認容し、超えているときは請求を棄却することで足りるものと解すべきであることを前提に、本件では請求が棄却された事例（東京地判平4・1・31判時1418・109）

第2章 活用事例

事例15 交通事故の後遺障害に関する示談契約締結後に被害者が同示談契約が弁護士でない者の介入があり無効であるとして損害賠償を求めたのに対して加害者が示談契約の有効性を主張して債務不存在確認を求めた事例

（大津地判平20・12・5判タ1296・241）

事案の概要

【当事者】

債務不存在確認請求事件被告・損害賠償請求事件原告Ｘ：交通事故の被害者

損害賠償請求事件被告Ｙ：加害者側の任意保険加入共済

債務不存在確認請求事件原告Ｚ：交通事故の加害者

Ａ：非弁護士

【関係図】

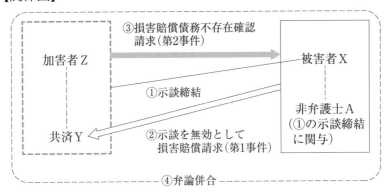

【事実経過】

| 平16.3.8 | 交通事故の発生により、Ｘは右大腿骨骨折等の傷害を受けた。 |

平17.8.3	Xは、加害運転者Z及び任意保険加入共済Yとの間で、傷害部分について示談契約締結。
平18.1.16	Xは、Z、Yとの間で、後遺障害について本件示談契約を締結（免責証書への署名押印）。 ＊示談締結までの間、非弁護士Aが加害者側共済担当者と示談交渉。
平18.1.17	Xは、自賠責保険において、後遺障害10級3号と認定された。
平19	Xが示談契約は弁護士法72条に違反するもので、公序良俗違反（民90）により無効であるとして、Yに対して、被害者の対人賠償の直接請求として、後遺障害逸失利益及び後遺障害慰謝料等の支払を求めて提訴（第1事件）。
平20	Zは、Xとの間の示談契約は有効であり、示談契約の免責条項によりXの本件事故に関する損害賠償請求権は一切存在しないことが確認されたとして、Xとの間で交通事故に基づく損害賠償債務の不存在確認を求めて提訴（第2事件）。

訴訟の経緯

① 平成20年12月5日第1審（本件）判決は、被害者Xの損害賠償請求を棄却し、加害者Zの債務不存在確認請求を全部認容した。
② 判決が確定した。

コメント

　本件は、交通事故事案において、一旦締結された示談契約の効力が後になって争われた事案です。

　この裁判例は、結論として、被害者に必要な情報が与えられており、

自らの意思に基づき示談契約を成立させたと認められるときは、被害者と弁護士でない者との間の委任契約が公序良俗に反し無効であったとしても、当該示談契約の効力は無効とならないとしました。

　第1事件は、直接請求のため被害者Xと加害者側保険会社（共済）Yが当事者となった事案であるのに対して、第2事件は加害者Zと被害者X間の損害賠償債務の不存在確認請求事案となっています。

　加害者Zが別訴として第2事件（債務不存在確認訴訟）を提起し、弁論が併合されたものと思われます。

　加害者Zとしては、仮に被害者X・加害者側保険会社Y間の第1事件で被害者Xの損害賠償請求が棄却されたとしても、同棄却判決の既判力は第1事件の当事者となっていない加害者Zに当然に及ぶものではありません。一般に加害者と加害者側保険会社は対被害者に対する関係では、損害賠償責任の有無・範囲に関して基本的な主張内容は一致するため、本件のように第1事件で加害者側保険会社Yが被害者Xと争っているのであれば、その結果を待つという選択肢もないわけではありません。

　しかしながら、加害者側保険会社が十分な主張・立証を尽くすことについての保証はなく、万が一敗訴した場合には、後にその結果を覆すことは非常に困難になることが予想されます。

　そのため、本件において加害者Zは、別個に、被害者Xに対して債務不存在確認請求訴訟を提起して、加害者側保険会社Yと歩調を合わせ万全の体制で主張・立証活動を行ったものと思われます。タイミングとしても、加害者側保険会社Yが当事者となっている訴訟と併合して審理されることが立証の負担軽減等加害者に大きなメリットがあるといえるでしょう。

　債務不存在確認訴訟の手段を利用する際には、その適切な時期を見誤らないことが肝要であり、本件はその参考事例として紹介する次第

です。

<参考判例>
○交通事故による損害賠償債務の不存在確認訴訟において、被告には原告が主張した以上の損害が生じていたとして請求が棄却された事例（東京地判平4・1・31判時1418・109）

○交通事故により頭部打撲、頸部捻挫等の傷害を受けた被害者が、約1年6か月にわたり治療を受けた事案につき、事故状況、関係車の事故後の損傷状況、工学鑑定及び医学鑑定の結果を検討して、当事者間で争いのない約7か月を超える期間の治療と事故との間には相当因果関係がないとして損害賠償債務不存在確認訴訟を提起し、それが認められた事例（神戸地判平2・9・14判タ751・175）

○交通事故による損害賠償債務不存在確認訴訟において、第1審で同債務の存在についての主張を提出することができたにもかかわらず、その主張をしないまま敗訴の判決を受けた控訴人（被害者）が、控訴審の第2回口頭弁論期日に至って初めて損害賠償請求に関する主張をすることは、故意又は重大な過失により時機に後れた攻撃防禦方法であるとして控訴棄却した事例（東京高判平9・9・17判時1648・74）

○交通事故事案で損害賠償債務の全部不存在確認を求めたのに対して一部を超えて存在しないことが確認された事例（神戸地判昭63・8・18判タ702・207）

○車両衝突事故につき、故意免責及び不実申告免責がいずれも否定された事例（岡山地判平23・2・22判時2114・119）

事例16 交通事故による休業損害は発生していないとして損害賠償債務の不存在確認を求めたケースで被告には原告主張以上の損害が生じたとして請求が棄却された事例

(東京地判平4・1・31判時1418・109)

事案の概要

【当事者】
原告 X_1：タクシー車両の所有者
原告 X_2：タクシー運転者
被告 Y：被害者

【事実経過】

平元.7.6	交通事故発生。X_1の所有し、X_2の運転するタクシーがYと衝突し負傷させた。
平元.7.6～平2.7.6	被告は頸椎捻挫・腰部右股部挫傷・右手挫傷の傷病名にて通院。
平2	調停手続（詳細は不明）。休業損害を認める内容の調停委員会案が提示されたが調停不成立。
平2	原告らが被告に対して交通事故に基づく損害賠償債務は既払金を除き存在しないことの確認を求めて提訴。

訴訟の経緯

① 平成4年1月31日第1審（本件）判決は、被告には原告主張以上の損害が発生したことを理由に、原告らの請求をいずれも棄却した。
② 原告らが控訴した。

コメント

1 反訴提起がない場合の債務不存在確認訴訟の判決

本件では原告（加害者）が損害賠償債務の全部不存在確認を求めた事案において反訴提起がされないまま終局判決に至ったケースです。裁判所が損害賠償債務が一部存在するとの心証を形成している場合に如何なる判決をすべきかが問題となり、本判決は、以下の判断を示しました。

「不法行為に基づく損害賠償債務の一部不存在確認訴訟においては、貸金債務の一部不存在確認訴訟におけるとは異なった考慮が必要である。…<u>損害賠償債務の一部不存在確認訴訟においては、損害額の算定に関しては裁判所にかなりの裁量が認められており、しかも、相当な治療期間や症状固定時期のような医学的判断を要する事項についても医師により見解が異なることもままありうることからするならば、加害者側である原告は勿論被害者側である被告においても、その損害額を正確に把握することは困難である</u>（それゆえに、当裁判所は、本件の訴額の算定が不能であると扱ったものである。）<u>との特質があるのであって、このような特質を考慮するならば、損害賠償債務の一部不存在確認訴訟においては、貸金債務の一部不存在確認訴訟とは異なり、被告の対応に応じて原告の主張する不存在額を超える損害が生じているかどうかだけを判断し、損害が原告の主張する損害を下回っているときはその請求を認容し、超えているときは請求を棄却することで足りるものと解すべきである。</u>そして、このように解しても、請求棄却判決は、原告が主張する以上の損害が生じているということに関して既判力を生ずるのみで損害額そのものを確定するものではないから、被告は改めて損害賠償の請求をなしうるし、原告はその際に応訴すればその権利を譲りうるのであるから、格別当事者に不利益を与えることもないのである。」（下線は筆者）

このような判決に対しては学説上も賛否いずれもあるところですが、訴訟代理人としてはこのような可能性があることを踏まえて訴訟追行する必要があります。

2 交通事故における債務不存在確認訴訟を提起する際の留意点

　本判決のポイントは、上記引用した判決理由中にあります。すなわち、債務不存在確認訴訟を提起する際に、反訴がなされない可能性があることがあり得るところ、債務不存在確認請求は必ずしも損害賠償額の確定に結び付くものではありません。換言すれば損害額が確定されないため本訴訟で終局的な解決を図ることが難しい場合があり得ることを念頭に置いておかなければならず、このような可能性を排除すべき場合には、訴状の請求の原因欄において、提訴の趣旨が金額の確定にあることを明確に指摘しておくことと思われます。

　本件の最大の争点は休業損害の発生の有無であり、本判決によりその発生が確認されていることから、その後訴外示談交渉で解決がなされた可能性が高く、その意味で本件訴訟による一定の紛争解決機能は果たされたといえるでしょう。

＜参考判例＞
○交通事故により頭部腰部右手左下肢左膝打撲等の傷害を負った被害者（42歳・男・団体組員）につき、同人の傷病名についてはレントゲン所見によっても何らの異常はなく、一般に他覚的所見のない打撲は受傷後長くとも1か月程度で治癒するものであるから、同人の傷害も遅くとも事故後1か月半を経過した時点で治癒したはずであるとして、それまでの治療費のみの賠償を超える債務の不存在確認を求め、それが認められた事例
（東京地判平6・2・22交民27・1・209）
○追突事故により外傷性頸性頭痛症候群等の傷害を負った被害者の治療費につき、事故による衝突の程度がさほど強いものでなかったにもかかわ

らず診療期間が長びいた（1年余り）ことについては、被害者自身の心因的要素、体質的素因、療養態度の問題、診療上の問題等諸要素が相当大きな割合をもって競合しているとして、そのうちの2割についてのみ事故との相当因果関係が認められた事例（佐賀地判昭61・8・21判時1211・112）
○交通事故の加害者である本訴原告が、同事故に基づく原告の損害賠償債務の一部不存在の確認を求め、反訴として反訴原告が反訴被告に対し、同交通事故によって本訴原告が自認する金額を超える損害を被ったと主張して、不法行為に基づき、同損害の賠償を求めた事例（金沢地判平23・3・4自保1872・122）
○交通事故による損害賠償債務不存在確認訴訟において、第1審で同債務の存在についての主張を提出することができたにもかかわらず、その主張をしないまま敗訴の判決を受けた控訴人（被害者）が、控訴審の第2回口頭弁論期日に至って初めて損害賠償請求に関する主張をすることは、故意又は重大な過失により時機に後れた攻撃防禦方法であるとした事例（東京高判平9・9・17判時1648・74）
○交通事故による損害賠償債務の不存在確認の訴えは、責任の有無及び損害額の多寡につき争いがあるときは、特段の事情のない限り許されるが、事故による損害の全容が把握できない時期に提起された場合、加害者側の著しく不誠実な交渉態度のために訴訟外の解決が図られなかった場合、あるいは専ら被害者を困惑させる動機により提起された場合などで、訴えの提起が権利の濫用にわたるときは、確認の利益がないものとして不適法であるとした事例（東京地中間判平9・7・24判時1621・117）
○交差点における出会い頭の衝突事故につき、被害者が債務不存在確認訴訟の口頭弁論期日に出頭せず自白したものとみなし、加害車（普通乗用車）が優先道路を進行中、被害車（自転車）が突然交差道路から進入したために発生したとして、7割の過失相殺が認められた事例（東京地判平8・5・7交民29・3・693）
○交通事故損害賠償債務の不存在確認訴訟の被告が、適式の呼出しを受けたが本件口頭弁論期日に出頭せず、答弁書その他の準備書面を提出せず、本件事故による損害賠償請求権の発生原因事実について主張立証しなかったことから、原告の請求を全部認容した事例（東京地判平27・11・17（平27（ワ）27352））

第4節　保険金関係

> 事例17

転落事故により死亡した夫の生命保険金の請求を妻が行ったのに対して生命保険会社が死亡保険金支払債務不存在確認を求めた事例

(最判平16・3・25判タ1149・294)

事案の概要

【当事者】

保険金請求事件の原告・上告人X_1：Yと生命保険契約を締結した株式会社

保険金請求事件の原告・上告人X_2：Aの妻でありA死亡後のX_1代表取締役

債務不存在確認請求事件の原告・被上告人Y：保険会社

A：本件生命保険契約等の被保険者であり、X_2の夫

【関係図】

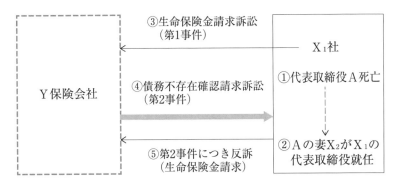

【事実経過】

平2〜平6	X₁（防水建築請負を目的とする株式会社）は、平成2年度以降毎年の売上高が4億円前後であったが、未処理の損失が次第に増加し、平成6年度末に借入金総額が約2億7000万円となり経営状態は相当厳しい状態にあった。
平6.6.1〜平7.5.1	YはX₁との間で、Aを被保険者、X₁を受取人とする定期保険契約を締結。
平7.10.31	Aが、集合住宅用建物の屋上防水工事現場から転落して死亡。
平8	①X₁からYに対する生命保険金請求訴訟提起（第1事件）、②YのXらに対する死亡保険金支払債務の不存在確認訴訟提起（第2事件）

訴訟の経緯

① 第2事件につきXらが反訴請求（生命保険金支払請求）。

　保険会社であるYは、Aは自殺により死亡したものであり、1年内自殺免責特約により保険金支払義務は免責される旨主張し、その他契約解除などの抗弁を主張して争った。

② 平成11年3月26日東京地裁第1審判決は、第1事件についてX₁の保険金請求を一部認容したほか、第2事件につき債務不存在確認請求についてYの請求を全部認容した。

③ 当事者双方が控訴した。

④ 平成13年1月31日東京高裁第2審判決は、第1審のY敗訴部分を取消してXらの請求を棄却し、Xらの控訴を棄却した。

⑤ Xらが上告及び上告受理申立てをした。

⑥ 本判決は、第1事件の請求のうち主契約死亡保険金請求を棄却した部分については原判決を破棄し、原審に差し戻し、第2事件の債務不存在確認請求については、職権判断により確認の利益がないとし

て訴えを却下し、その余の請求については上告を棄却した。

> コメント

　本件は、生命保険契約締結直後に被保険者が自殺したことから、生命保険の自殺免責条項の解釈が問題となった事案です。

1　保険金請求事案での債務不存在確認訴訟

　契約者からの保険金請求に対する保険会社側からの債務不存在確認訴訟については、債権者側に立証責任があるという証明責任の原則が事実上転換されている（故意・重過失免責の立証責任は保険者たる保険会社が負うとの裁判例が多数存在する）ことが、一つの大きなポイントです。

2　債務不存在確認訴訟における訴訟費用の負担

　もっとも、本件では、上記以外にも、訴訟費用についての判断に注目すべきです。
　本件は、第2事件の債務不存在確認の訴えについては、同請求に対して保険金支払を求める反訴請求がなされたことにより、確認の利益を欠くことになったとして訴え却下の訴訟判決を下しました。
　このように確認の利益を欠くとして訴えが却下された場合に、債権者の反訴請求に理由がないと判断されるときは、事案全体としては実質的には債権者が敗訴したとみるべきですが（反訴請求の棄却判決）、形式的にみれば、債権者は本訴請求（債務不存在確認請求）について訴え却下判決を得ており勝訴しており、一種の「ねじれ」が生じています。
　このようなケースでは、債務不存在の確認を求める必要があったの

であれば、訴訟費用については本訴事件（債務不存在確認請求事件）についても債権者に負担させるのが相当です。

本判決は、第2事件の訴訟費用としては民事訴訟法62条の規定を適用して債権者であるXらの負担としており、特に訴額が高額となる本件のような事案では、この点についても参考とされるべきです。

そして、このような考え方は既に過去の最高裁判例でも示されています。それが、最高裁昭和27年2月15日判決（民集6・2・88）であり、村議会議員の任期が満了したため議員除名議決の取消しを求める訴えにつき訴えの利益が失われたため被上告人（原告）が敗訴判決を受ける場合でも除名議決を取り消すべきものとした原判決の判旨は正当であるから、旧民事訴訟法90条を適用して訴訟費用を全て上告人（被告）に負担させるのを相当と判示しています（判タ1149号296頁）。このように、債務不存在確認訴訟においては、実質的に勝訴した当事者はいずれなのかという視点を持つことも大事といえます。

なお、**第1章第1節第5**で訴訟費用額確定処分申立書（〔資料14〕）の書式を紹介しました。

＜参考判例＞
○火災保険金の請求は故意又は重過失による事故招致及び損害の不実申告に基づき免責されると主張して保険金支払債務の不存在確認を求めたが認められなかった事例（大阪地判平15・10・3判タ1153・254）
○製造物責任保険契約の対象となった集塵機から発火して火災事故が発生したことを理由とする保険金請求に対して当該火災は集塵機内部からの発火によって発生したものではないと主張して保険金支払債務が存在しないことの確認を求め、それが認められた事例（さいたま地判平13・9・28判タ1088・230）
○船舶の火災沈没事故につき、保険契約者及び被保険者のいずれもの代表者である者の故意による事故招致と認めて、保険金請求が否定された保

険金支払債務不存在確認訴訟の事例（東京高判平11・10・29判時1709・100）
○保険契約者及びその夫の過去の保険金請求歴、保険契約成立時の事情、事故の状況、保険金請求過程での不審な行動等から、長期総合保険契約等を右の者が保険金の不正取得を目的として締結したものと推認され、それらの保険契約が公序良俗に反して無効であるとされた債務不存在確認訴訟の事例（京都地判平6・1・31判タ847・274）
○火災保険金の支払請求については諸般の事情から契約者の故意又は重過失によるものであり保険約款上の免責特約の適用があるとして保険金支払債務が存在しないことの確認を求め、それが認められた事例（鳥取地米子支判平11・11・29判タ1040・275）

| 事例18 | 自動車追突事故が被害者の故意による事故招致であるとして、加害者・運行供用者・保険会社の免責を主張して債務不存在確認等を求めた事例 |

(東京地判昭63・10・28判タ687・199)

事案の概要

【当事者】
原告Xら：損害保険会社
被告Yら：交通事故の当事者（と称する者）

【関係図】

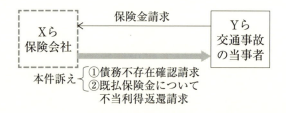

【事実経過】

昭58.8.6	環状八号線でYらが普通乗用車を運転走行中、本件事故発生。
昭58.8.6〜12.8	Yらが本件事故による受傷の治療のためと訴えて医療機関に入通院。
昭59	Yらの保険金支払請求に基づきXらが保険金支払。
昭59	XらがYらに対して本件交通事故に基づく損害賠償責任は発生せず同責任に基づく保険金支払債務は存在しないことの確認を求めて提訴。

訴訟の経緯

① Y らが X らに対して保険金支払を求めて反訴を提起した。
② 昭和63年10月28日第1審（本件）判決は、本件加入の事情、受傷入院の経緯、事故の発生の経緯・態様等から偶然性を装って事故を作出し、長期の入通院を行って保険金ないし賠償金を騙取、又は騙取しようとしたものと断定するしかないとして、X らの債務不存在確認請求を全部認容し、Y らの反訴請求を棄却した。
③ 判決が確定した。

コメント

　本件は、交通事故被害者が保険金詐取目的の計画的な事故により保険会社から保険金の支払を受けた事案につき、被害者らは保険会社に金員を支払うべき義務がないにもかかわらず、これがあるかのごとく装って金員を騙取し、金員相当額の損害を与えていることが明らかであるから、悪意の不当利得者として受領金員に利息を付して返還すべき義務を負うとされた事例です。

いわゆるモラルリスク事案における債務不存在確認訴訟
　交通事故事案に限らず、保険金の不当請求事件の事案では、事柄の性質上、直接証拠に乏しいため、間接事実を積み重ねて故意による事故作出を推認しなければならず、債務不存在確認訴訟の準備は簡単なものではないといえます。
　保険金不正事件に関する裁判例は多数集積されつつあり、また同訴訟における証明責任の所在や具体的な間接事実の種類・評価についても研究が進んでいるところですので（志田原信三ほか「保険金請求をめぐる

諸問題（上）」判タ1397号5頁、佐々木茂美ほか「保険金請求訴訟の研究」判タ1161号等参照）、本書では詳細に触れませんが、保険金の不当請求事案において債務不存在確認訴訟が積極的に活用されていることを示す一例として本事例を紹介する次第です。

＜参考判例＞
○交通事故に基づく損害賠償債務不存在確認、入院給付金の支払債務が存在しないこと等の確認を求め、それが認められた事例（大阪地判平3・3・26交民24・2・374）
○交通事故に基づく保険金の支払債務は存在しないことの確認を求め、それが認められた事例（大阪地判昭63・5・10交民21・3・467）
○毛皮盗難事故の動産保険金請求手続の違法に関する損害賠償請求権を確認するための審決の不作為の違法確認を求め、それが認められた事例（東京地判平8・5・20判タ942・235）
○生命保険会社である控訴人らが生命保険契約が公序良俗違反及び詐欺無効約款により無効であるとして契約者に対して生命保険契約に基づく債務不存在確認と既払の入院給付金相当額の返還を求め、それが認められた事例（福岡高判平11・10・20判タ1063・226）
○当該交通事故に関して自家用自動車保険契約に基づく何らの債務を有しないことの確認を求め、それが認められた事例（神戸地判平2・5・25判時1379・123）

第5節 売買・賃貸借関係

事例19 健康寝具の売買契約がモニター契約と不可分一体の契約であり公序良俗に反し無効であるとして立替払契約に基づく立替払金支払債務の不存在確認を求めた事例

（広島高岡山支判平18・1・31判タ1216・162）

事案の概要

【当事者】

被控訴人兼控訴人Xら（1審本訴原告ら）：消費者

控訴人兼被控訴人Yら（1審本訴被告ら）：割賦購入あっせん等を業とする信販会社

Z：Yらと割賦購入あっせんの加盟店契約を締結した加盟店

【関係図】

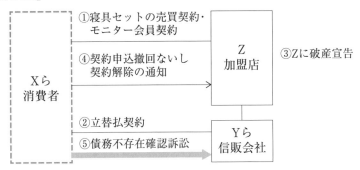

【事実経過】

| 平9.3.28〜平10.10.10 | Yらは、Zとの間で割賦購入あっせんの加盟店契約を締結して業務提携。 |

平10～平11頃	Xらは、加盟店Zとの間で、健康寝具セット（布団、枕、シーツ等寝具一式）の売買契約を締結。 同時に、モニター会員契約を締結。モニター会員契約は、①寝具を実際に使用した感想等を月1回Zに送付し、ZはXらにモニター料を支払う、②契約期間は24か月間だが業務委託限度額84万円が支給された時点で契約終了、③契約日より90日以内に10名をあっせんするとモニター料残額84万円残額の一括払いを受けられ新規購入者1名を紹介する都度紹介手数料1万800円の支払を受けることができる等の内容になっている。
平10～平11頃	Xらは、Yらとの間で本件寝具代金のZへの立替払いを内容とする立替払契約を締結。
平11.5.31	Zが自己破産を申し立て、同年6月30日に破産宣告を受けた。
平12	XらはZの破産管財人及びYらに対し、旧訪問販売法（現特定商取引に関する法律）に基づき本件契約の申込みを撤回し、又は同契約を解除し（クーリングオフ）、Zのモニター料支払義務の履行不能を理由に予備的に本件契約を解除する（債務不履行解除）旨の通知書を送付。
平12	XらがYらに対し、割賦購入代金債務が存在しないことの確認を求めて提訴。

訴訟の経緯

① Yらが立替金請求の反訴を提起した。
② 平成16年12月21日第1審判決は、Xらの本訴請求に係る各訴えを不適法として却下したが、本件売買契約と本件モニター契約は不可分一体の契約であり、公序良俗に違反する無効な契約であるとし、旧割賦販売法30条の4の抗弁対抗を一部認め、Yらの反訴請求を一部認容した。

③　双方が控訴した。
④　平成18年1月31日控訴審（本件）判決は、売買契約にモニター契約を組み合わせた商法は詐欺的商法であり自由取引の枠組みを超える反社会的なものであるから公序良俗に反し全部無効であるとしてXらの債務不存在確認請求を全部認容した。
⑤　Yらが上告・上告受理申立てした。

コメント

　本件は、加盟店との間で健康寝具に係る売買契約及びモニター会員契約を締結し、割賦購入あっせん等を業とする信販会社らとの間で、寝具購入代金について立替払契約を締結していた原告らが、本件売買契約及び本件モニター会員契約は不可分一体の契約であり、公序良俗違反等により無効であるとして債務不存在確認等を求めたのに対して（本訴請求）、被告らが立替払契約に基づく立替払金等の支払を求めた（反訴請求）事案です。本件以外にも全国各地で多数の同様の訴訟が提起された集団訴訟です。

1　立替払契約の事案における債務不存在確認訴訟

　まず、当然のことながら、本件のような三者間の契約の場合、誰に対するいかなる債務を負担する可能性があるか、契約書及び約款等を十分に確認する必要があります。
　そのうえで、売買契約とモニター契約の結び付きの度合い、内容等を検討したうえで類似の裁判例等に当たって無効を主張し得るかを検討することになりますが、本件のように集団訴訟となっている場合には中心となる弁護団が必要な情報を提供してくれることが期待できるでしょう。もっとも、最初に訴えを提起する場合には慎重な（特に本

件の如く全国に被害が広がっており他の事案への影響力が大きいような場合）検討が求められることは言うまでもありません。

2 反訴請求がなされた場合の本訴請求の確認の利益

　第1審判決は、反訴請求がなされた場合に本訴請求の確認の利益が喪失するかどうかについて、次の判断を示しました。

　すなわち、「本訴請求はいずれも、反訴給付請求に係る本件立替払契約に基づく請求権の不存在あるいはその請求を拒絶し得る地位にあることの確認を求め、若しくはこれに基づく取立の禁止を求めるものであり、反訴請求の裏返し（反対形相）の関係にあって訴訟物の実体を共通にするものである。その結果、反訴請求についての判断がなされる以上は、これと裏腹の関係で、本訴請求についての判断もなされることとなり、また、反訴給付請求は、執行力を有する点において、訴訟物の実体を共通にする本訴請求を包摂する関係にあるところ、反訴給付請求についての判断に加えて、本訴請求の判断を得ておく必要性を認めるべき事情は想定し難い。そうすると、反訴が提起され、その終局判決がなされる以上（民訴法262条2項参照）は、本訴に係る各訴えについては、確定的に確認の利益あるいは訴えの利益を欠くに至り、いずれも不適法であるとして、却下するほかない。」との判断を示して訴え却下の訴訟判決をなし、本判決もその判断を是認しています。現在は裁判例の多数の傾向は上記判決の取扱いのとおりとなっています。

　裁判官の中には、債務不存在確認訴訟の審理中に反訴が提起されるや直ちに原告訴訟代理人に対して本訴の取下げを勧告するという訴訟指揮をとるケースが見受けられます。しかし、本訴取下げ後の反訴の取下げには相手方の同意を要しないことから（民訴261②ただし書）、反訴が提起されたことにより直ちに債務不存在確認の本訴請求を取り下げるのは適当ではない場合もあると筆者は考えます。

第2章　活用事例

＜参考判例＞

○モニター会員契約がマルチ類似の詐欺的商法であり、公序良俗に反して無効である場合には、これと密接不可分の関係にある寝具の売買契約も無効であるとして債務不存在確認を求め、それが認められた事例（静岡地判平17・7・11判時1915・88）

○個別割賦購入あっせんにおいて、購入者と販売業者との間の売買契約が公序良俗に反し無効であっても、特段の事情のない限り、購入者とあっせん業者との間の立替払契約は無効とはならないとした事例（最判平23・10・25判タ1360・88）

○モニター商法に伴う寝具の購入契約について、購入者らが、販売業者に購入代金の立替払をした信販会社（あっせん業者）からの請求に対して、割賦販売法（平成12年法律120号改正前）30条の4による抗弁権の接続を主張して債務不存在確認を求めた事案において、その一部が認められた事例（名古屋地判平17・10・27判時1950・128）

| 事例20 | 面積を指示した土地の売買において代金支払及び登記完了後に実測した面積が契約書記載の面積よりも大きいことが判明したとして売買代金不足額を請求されたのに対して同代金支払債務は不存在であることの確認を求めた事例 （最判平13・11・27判タ1079・190）|

事案の概要

【当事者】

上告人（債務不存在確認訴訟の原告）　X：本件土地の買主
被上告人（債務不存在確認訴訟の被告）　Y：測量士賠償責任保険契約を締結した保険会社
A：本件土地の売主
B：本件土地の測量をAから依頼された測量士
C：本件土地の測量をBから依頼された測量会社

【関係図】

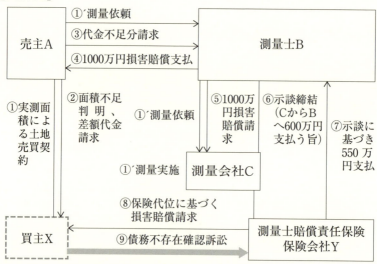

【事実経過】

平4.3頃	AとXとの間で、A所有の本件土地について、一坪当たりの単価を52万円とし、これに実測面積を乗じた額を代金額として売買契約を締結する話が進み、A側で測量を行うこととなった。
平4	Aは、本件土地の測量をB測量士に依頼。 次いでB測量士は同測量をC測量会社に依頼。
平4.7.30	A・X外1名間で本件土地売買契約を締結。 同契約書には取引は実測によるものと記載され求積図が添付されて実測面積が明記されている。
平5.4頃	測量結果の誤りを知ったAは、Xらに対して売買代金が不足しているとして差額の請求をしたが交渉は不成立。
平9.3～平9.5	B測量士は、測量結果に誤りがあることによる損害賠償として、Aに対して売買代金不足額に迷惑料を加算した1000万円を支払った。
平9.12.4	B測量士とC測量会社の間で、測量結果に誤りがあったことによる損害賠償としてCがBに対して600万円を支払う示談契約締結。
平9.12.18	Y保険会社は、C測量会社との間で測量士賠償責任保険契約を締結していたところ、上記B・C間の示談に係るCの債務のうち550万円を、Cに代わりBに支払った。
平10	Y保険会社が、AはXらに対して面積超過分につき代金請求権を有しており、Yは賠償者の代位（民422）及び保険者の代位（商662）によって、A→B→C→Yの順で同代金請求権のうち550万円を代位取得したとして、本件土地の持ち分2分の1を購入したXに対して550万円の半額である275万円の支払を求めた。 これに対して、Xが同代金債務の不存在確認を求めて提訴。

訴訟の経緯

① Y保険会社が、代金請求権の代位取得分275万円について反訴を提起した。
② 平成11年6月4日第1審判決（東京地裁）は、Yの反訴請求を棄却し、Xの債務不存在確認請求を全部認容した。
③ 平成11年12月20日控訴審判決（東京高裁）は、Yの反訴請求を認容し、Xの債務不存在確認請求を棄却した。
④ 平成13年11月27日本件最高裁判決は、「いわゆる数量指示売買において数量が超過する場合、売主は民法565条の類推適用を根拠として代金の増額を請求することはできない」こと等を根拠として原判決を破棄し、当事者間の合意の有無等について更に審理させるため原審に差し戻した。

コメント

本件は、土地の数量指示売買のケースで、数量不足が発覚したためにその不足代金を、測量士賠償責任保険により支払った保険会社が、代金請求権を代位取得したことを根拠として土地の買主に対して不足額の支払を求めたのに対して、買主が同債務は存在しないことの確認を求めて提訴した事案です。

見通しが困難な事案
本件におけるポイントは、民法565条の類推適用の可否ではなく、見通しが不透明な事案において債務不存在確認訴訟の提起を選択するという点です。
すなわち、本件では、多数当事者が登場し、保険代位の経緯や売買

の担保責任規制の解釈も争点となっている事案であり、また実際に東京高裁と最高裁とで民法565条の類推適用の可否について判断が分かれていること等からも、依頼者から相談を受けた時点では確たる見込みを説明することが困難なケースといえるでしょう。

　この場合、保険会社Yから請求を受けているXの代理人としては、示談契約が締結されていること等を根拠として軽々に支払に応じる方向の選択肢を支持することは控えるべきでしょう。

　もっとも、支払義務を負担する可能性もある以上、放置すれば遅延損害金が積み重なってしまうという可能性も大きい状況です。そこで、代理人としては、本件のように債務不存在確認訴訟の提起も検討したいところです。

　本件に限らず、事件の見通しがはっきりしない事案においては債務不存在確認訴訟を提起することを検討してみることは十分意味のあることでしょう。

＜参考判例＞
○数量指示売買における代金債務不存在確認を求めた事例においてその一部が認められた事例（札幌地岩見沢支判昭42・4・28判時484・63）
○売主側の一方的な理由により売買が中止された場合に売主に違約金支払義務があるとの合意の有効性につき紛争が生じたケースで不動産仲介業者が売主に対して受領した違約金の返還債務不存在の確認を求めたが、それが認められなかった事例（仙台高秋田支判平10・3・2判時1669・81）
○競売によりビルを買い取り賃貸人の地位を承継した原告がテナントであるレストラン経営者に対して被告が賃貸借契約の当初に保証金名目で支払った金員の返還債務のないことの確認等を求めた事案において、その一部が認められた事例（東京地判平13・10・31判タ1118・260）
○建物が焼失した火災事故に基づく賃借人の賃貸人に対する土地の使用権喪失による損害金等合計金550万円の損害賠償債務の存在しないことの確認を認めた原審を破棄差し戻した事例（最判平6・10・11判タ875・89）

第2章　活用事例

事例21　住宅地区改良法に基づく改良住宅に使用許可を受けて居住する賃借人らが、市が導入した「応能応益家賃制度」は無効であると主張して同制度による増額分の家賃の支払債務が存在しないことの確認を求めた事例

（神戸地判平16・3・31判時1876・120）

事案の概要

【当事者】
　原告X：本件住宅の住人ら
　被告Y：本件住宅を建設・所有する市

【関係図】

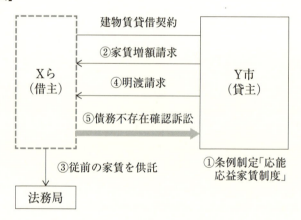

【事実経過】

| 平11.7 | Y市は本件各建物（住宅地区改良法に基づく改良住宅）を建設・所有し、Xらとの間で建物賃貸借契約を締結しXらが使用収益を継続していたところ、Y市は平成11年7月以降、市条例等を改正して「応能応益家賃制度」を導 |

第2章 活用事例

	入した。 ＊「応能応益家賃制度」とは、限度額家賃を上限として、入居者からの収入申告に基づき、当該入居者の収入や住宅の立地条件等に応じ、近傍同種の住宅の家賃以下で家賃を定めるものであり、かつ請求にもかかわらず入居者が収入申告しない場合には、限度額家賃あるいは近傍同種の住宅の家賃が未申告者の家賃とされるものである。
平11.7～ 平14.4	Y市は上記制度に基づき本件各建物賃貸借契約の家賃を増額して家賃納入通知をXらに送付。
平11.7	Xらの一部が家賃増額改定に応じず、増額前家賃を提供してY市に対してその受領を求めたがY市は受領拒絶。
平11.8以降	Xらの一部が増額家賃を賃料支払のために、被供託者をY市として神戸地方法務局に供託。その後X以外の者も同様に供託。
平11.8以降	Y市がXらに対して賃料未払を理由とする賃貸借契約の解除通知を送付。
平12	Xらが住宅地区改良法に基づく改良住宅の家賃を応能応益家賃制度により定めるとの市営住宅条例に基づく家賃増額は無効であるとしてY市に対して増額家賃の支払債務不存在確認を求めて提訴。

訴訟の経緯

① Y市が、本件各賃貸借契約を解除したとして本件各建物の明渡しを求めて反訴を提起。

② 平成16年3月31日第1審（本件）判決は、「応能応益家賃制度」が住宅地区改良法に反するもので違法無効であるとし、Xらの本訴請求（債務不存在確認請求）を全部認容し、Y市の反訴請求を棄却した。

③ Y市が控訴した。

コメント

　私人間の建物賃貸借契約において、賃料の増額請求が認められるか否かという紛争は珍しくありませんが、本件は、Y市が所有する住宅地区改良法に基づく改良住宅の使用許可を受けて居住するXらとY市との間で起こった、家賃の増額に関する紛争です。改良住宅とは公営住宅の一種ですが、この裁判例では、Y市が導入した「応能応益家賃制度」（入居している家族全員の収入（応能）と住宅の広さ、建築年数及び設備等（応益）によって家賃を決定する制度）について、Xらがこれを無効であると主張し、同制度による増額分の家賃の支払義務が存在しないことの確認を求めました。これに対し、Y市側は同制度は有効であり、Xらの賃料不払により、賃貸借契約を解除したと主張し、賃貸建物の明渡し及び未払い賃料等の支払を求めました。
　条例の違法無効を主張して地方公共団体を被告として債務不存在確認訴訟が提起されたケースですので、活用事例として参考になるものと思われます。

1　異議申立て前置の要否

　本件では、Y市の増額賃料の納入通知は抗告訴訟の対象となる行政処分であり異議申立てが前置されなければならない以上不適法なものではないかが問題となりましたが、裁判所は、「一旦成立した改良住宅の使用関係は、基本的には私法上の賃貸借関係と異ならないものであり、原告らは、そのことを前提に、被告Y市との間で本件家賃増額改定後の賃料額に争いがあるために、本件債務不存在確認の訴えにより増額分に相当する賃料支払債務の不存在確認を求めたものであり、本件家賃増額改定あるいはこれに基づく納入通知等を行政処分であるとしてその取消しを求めているものではない。」などと判断して異議申立てを前置する必要がないとの判断を示しました。

2 確認の利益の有無

　本件債務不存在確認訴訟について、Y市は、Y市が提起した給付請求である明渡しの訴えにより本件家賃増額改定に関する紛争の解決は可能であるから、確認判決によって即時に確定すべき現実の法律上の利益はなく、またその必要性もないとして確認の利益の有無が争点となりました。

　この点に関し、本判決は、以下のとおり判示して確認の利益を肯定しました。他の事案においても参照されるべき内容を多く含むものですので、やや長文ですが引用します。

「ア　本件債務不存在確認の訴えにおける訴訟物は、…原告らの被告Y市に対する本件各賃貸借契約に基づく賃料債務のうち、増額前家賃を超える部分…であるところ、被告Y市は、…原告らが本件増額分賃料債務を負っていることを前提として、増額分も含めた増額後家賃の支払義務の不履行に基づいて発生した解除権の行使によって本件各賃貸借契約が終了したと主張し、本件明渡しの訴えを提起しているものである。したがって、本件債務不存在確認の訴えにおける訴訟物たる権利関係について現に争いがあるといえる。

イ　また、給付請求である本件明渡しの訴えにかかる請求を棄却する判決が確定したとしても、事実審の口頭弁論終結時において、本件各賃貸借契約の終了に基づく本件各建物の明渡請求権が存在しないこと及び本件各賃貸借契約の解除時までの本件増額分賃料債務がないこと等について既判力が生じるにすぎないから、被告Y市としては、後訴を提起し、本件訴訟の基準時以降の増額後家賃の支払義務の不履行によって発生した解除権の行使をもって本件各賃貸借契約が終了した旨主張し、本件各建物の明渡請求権が存在すると主張することもできるから、給付請求である本件明渡しの訴えの提起によっては、本件家賃増額改定に関する紛争を抜

本的に解決することが可能であるといえず、むしろ、直截的に本件増額分賃料債務の存否を確認する方が、紛争の解決にとってより適切であるといえる。

　ウ　よって、…原告らには、本件債務不存在確認の訴えを提起することについて、確認の利益があると認められる。」（下線は筆者）

このように、債務不存在確認訴訟における確認の利益の有無の判断の際には、同訴訟の判決に生じる既判力の具体的な範囲に関する検討も必須であり、この点については、原被告双方において留意すべきでしょう。

＜参考判例＞
〇原告らが、被告との間で締結した本件土地の賃貸借契約における被告の承諾を得ずに本件土地上の建物に物権を設定してはならない旨の特約は借地法11条の趣旨や公序良俗に反し無効であるとして、物権設定時に被告の承諾を得る義務の不存在確認を求めた事案において、確認の利益を肯定したうえで、借地法11条違反や公序良俗違反はないとして請求を棄却した事例（東京地判平25・8・8（平25（ワ）1339））
〇原告らが、非営利のリゾート共同体を維持することを目的とする権利能力なき社団である被告に対し、本件土地の地代支払債務の不存在確認を求めるとともに、被告の原告ら各自に対する不当利得金6000円の返還を求めた事案において、債務不存在の確認を認めた事例（東京地判平28・8・30（平27（ワ）9554））
〇被告宗教法人が平成14年のＡ墓地使用規則改正前、檀信徒から、維持費、管理料、護持費、付届等の名目で、年2万円を目安として寺院の維持費、墓地管理・使用料、宗費（曹洞宗へ納める宗派課金）等に充当すべき経費を受領していたところ、原告らが被告宗教法人に対して上記経費の支払義務を負わないことの確認を求めたが、確認の利益がないと却下された事例（東京地判平27・10・28（平26（ワ）15115））
〇宗教法人の代表役員の地位の不存在確認を求める訴につき、右地位の不存在を確認しても原告の主張する代表役員の選任権又は代表役員に就任する権利に関する紛争が解決されるものではなく、確認の利益がないとした事例（最判平2・10・29判時1366・46）

第6節　報酬金関係

事例22　テレビ番組制作の契約を合意解除した後に既払報酬金の返済方法について紛争が生じたため返済を求められた制作会社が報酬金返還債務の不存在確認を求めた事例

(東京地判平7・2・28判タ905・204)

事案の概要

【当事者】
　原告X：テレビ番組の制作会社
　被告Y：Xに番組制作を依頼した法人

【関係図】

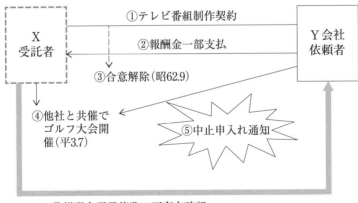

【事実経過】

昭62.6.18	XとY会社との間で、Xがテレビ番組を制作し、Y社がこれに対する報酬を支払う旨の契約を締結。
昭62.6.25	Y会社が本件番組制作契約の報酬金の一部を支払ったが、残金を支払わない。
昭62.9.10	X・Y会社の間で、本件番組制作契約を合意解除。
昭62.10.1	X・Y会社の間で、上記合意解除に関し、既払報酬金についてはテレビ番組の放映の際に得られるコマーシャルタイム販売権の譲渡で返済に代えると合意。
平3.7	Xが他の会社と協力して開催したゴルフ選手権大会中に、Y会社らが同大会の中止を申し入れるとともに、応じない場合には何らかのトラブルが発生する可能性があることを通知。Y会社らは、前記合意解除に基づく報酬金返還請求の問題があることを他の業者にも知らしめてXから何らかのアクションを引き出すことを目的としていた。
平3	XがY会社らに対して、報酬金返還債務の不存在確認とともに、Y会社らが本件提訴前の紛争段階でXに対して圧力をかける趣旨でXが企画した国際少年ゴルフ大会を妨害しようとしたとして同妨害行為による損害の賠償をも併せて求めて本件訴訟を提起。

訴訟の経緯

① 本判決は、Xの主張を認めて、XがY会社に対して既払報酬金の返済に代えてコマーシャルタイム販売権を譲渡する旨の合意をしたとの事実を認定して、Xの債務不存在確認請求を認容して、Y会社の反訴請求を棄却した。
② Y会社が控訴した。
③ 控訴審において和解が成立した。

コメント

　本件は、テレビ番組制作会社（X）と広告代理業を営む会社（Y）間で締結されたゴルフ大会に関するテレビ番組制作契約につき、Y会社が契約に基づき報酬金を一部支払ったものの、Y会社において放映時間確保についてXとの交渉が難航したため、本契約を合意解除するに至り、XのY会社への既払報酬金の返還については、本件番組のコマーシャルタイム販売権の売却益を以て充てるとされたものの、同売却益は既払報酬金に不足するものでした。

　このような事情を背景として、Y会社側が既払報酬金の回収を図るべく、Xにおいて開催を計画していたゴルフ大会の関係者に対し、同ゴルフ大会の開催中止を求め、更に中止されない場合に何らかのトラブルが生じる可能性がある旨通知したため、Xにおいて、既払報酬金返還債務が不存在である等としてY会社を提訴した事案です。

　本判決は、Xの主張を認め、Xの債務不存在確認請求を認容し、Y会社の反訴請求を棄却しました。

　なお、本判決は、Y会社がゴルフ大会関係者に対してした通知はXの信用等を失墜させたものであり不法行為に当たるとして、XのY会社に対する損害賠償請求を一部認容しました。

　債務不存在確認訴訟を提起する場合には、被告（債権者）から何らかの請求がなされていることが前提となっており、原告（債務者）としては債務が存在しないものと認識している以上、被告（債権者）の請求が不当であると認識していることが通常です。原告（債務者）から被告（債権者）に対して、その請求行為（債権回収行為）が権利濫用的なものとして違法性を帯びるケースは限られているところ、本件はテレビをはじめとするマスコミ関係者が放映番組等に関して法的紛争ないし訴訟が存在することを忌避する傾向があることを認定したう

えで、同傾向を利用した債権者の行為が違法性を帯びるとした事例です。

　債務不存在確認に加えて不法行為に基づく損害賠償請求をも加えるか否かを判断する際に参考とされる事例として紹介する次第です。

＜参考判例＞
○Yとの間で新店舗の内装工事（リフォーム工事）に係る請負契約を締結したXが、Yの主張する代金額を争っていたところ、その支払をめぐり、Yの被用者が営業中の上記店舗に違法に立ち入る等したことから、Xが、仕事への支障のほか心身の不調を来し上記店舗も閉鎖のやむなきに至ったなどとして、Yに対し、不法行為に基づく損害賠償として慰謝料50万円の支払とともに、請負契約に基づく代金支払債務が存在しないことの確認を併せ求めた事案において反訴提起後に本訴中債務不存在確認の訴えが取り下げられ、XのYに対する工事代金の支払を求める反訴請求が認められた事例（東京地判平28・5・13（平26（ワ）29955））
○被告Y₁がA株式会社に対し、電線や給湯器等の商品を売却したが、代金回収前にAに対し破産手続が開始されたことにつき、被告らが、A及び原告が、共謀して、被告Y₁に対し、取り込み詐欺を行った、又は原告が上記商品を法律上の原因なく取得しているとして、被告Y₁が、原告に対し、不法行為による損害賠償請求権又は不当利得返還請求権に基づき、上記商品の代金相当額である345万5904円の請求権があり、被告Y₂が被告Y₁の原告に対する請求権のうち226万円につき被告Y₁から債権譲渡を受けたとそれぞれ主張しているため、原告が、被告らが主張する各債権の不存在の確認を求めそれが認められた事例（東京地判平27・11・19（平26（ワ）29584））
○原告補助参加人の株主である被告が、原告補助参加人の代表取締役である原告の任務懈怠行為により、原告補助参加人に合計9716万4427円の損害が生じたとして、会社法847条3項に基づき、原告に対して、原告補助参加人に同額の損害賠償及びこれに対する遅延損害金の支払を求め、原告が、被告による誹謗中傷により原告の名誉が毀損され、精神的苦痛を受けたとして、被告に対して、不法行為に基づく慰謝料300万円、弁護士費

用357万8716円及びこれらに対する遅延損害金の支払を求めるとともに、原告が、被告を相手方として、原告が原告補助参加人に対して被告の主張する損害賠償債務のないことの確認を求めた事案において、被告の請求を一部認容し、原告の請求も一部認めた事例（名古屋地判平23・9・20（平20（ワ）3864））

事例23　法律事務所に勤務する外国法事務弁護士の経営弁護士に対する受任事件に関する報酬支払の合意に基づく報酬請求に対して経営弁護士が既払額を超えて報酬支払債務が存在しないことの確認等を求めた事例

（東京地判平20・12・16判時2034・46）

事案の概要

【当事者】

原告X：国際法律・特許事務所の経営弁護士

被告Y：勤務弁護士（外国人弁護士：外国法事務弁護士）

【事実経過】

平7.8.31	豪州国籍を有するニューサウスウェールズ州弁護士であったYは、Xに雇われ、X事務所において外国法事務弁護士として活動を開始。
平8	Xは、ある法人から仲裁事件の代理事務を受任した。
平14.7.2	XとYは、本件仲裁事件についてXが受領する報酬額の20％をYに支払う旨、契約違反があった場合には報酬合意を解除することができる旨の合意をした。
平18.11.6	Yは、X事務所の会議室でXに対してYの報酬をXが受領した報酬総額の50％に変更するよう求めたのに対し、Xは明確に変更を否定する言動をしなかった。
平18.12.7	Xは依頼者法人から2億円の報酬の一部の5000万円の支払を受けた。
平18.12.19	Xは、本件仲裁事件に関するYの報酬として合計1000万円を被告の銀行口座に振り込んで支払った。
平19.8.14	Xが参議院議員に当選して間もなく、YがXに対して電子メールを送信し、Xが独断でYの報酬をカットしたこ

平19	とを指摘するとともにマスコミに公表することを示唆。 Xが、Yに対して、弁護士報酬支払債務が1000万円を超えて存在しないことの確認を求めて提訴。

訴訟の経緯

① Yが、主位的に本件仲裁事件の委任者から受け取る報酬総額の50％に相当する額を支払う旨の合意の成立等を主張し、同合意に基づき4000万円の支払等を求めて、予備的に20％の報酬合意を基礎として残額1000万円の支払を求めて反訴を提起した。

② Xは、平成20年2月25日、本件口頭弁論期日において、Yに対し、本件報酬支払についての合意を解除する意思表示をした。また、XはYが報酬支払合意時に更なる報酬変更の要請をしないと合意していたにもかかわらず平成18年11月以降これに違反して再三にわたりXに報酬の増額を求めたことを理由に雇用契約のうち加算報酬合意に関する部分を解除したとして、Yに対し、約定解除権による解除又は契約の基礎が破壊されたことによる債務不履行解除に基づき既払の1000万円の返還の支払を求めて更に提訴した。

③ 平成20年12月16日第1審（本件）判決は、Xの債務不存在確認の訴えについてはYの反訴が提起されており、確認の利益がないとして訴え却下の訴訟判決を下した。Yの反訴についてはYの主張に係る報酬合意の成立は認められないとして主位的請求を棄却したが、予備的請求を認容した。

④ Xが控訴した。

コメント

　近年、司法改革の一環として実施された法曹人口の増加などに伴い、弁護士の勤務の確保、勤務弁護士の報酬等が話題になることが見受けられますが、本件は、法律事務所における勤務弁護士と経営弁護士との間の弁護士報酬の分配の合意を巡る紛争です。

1　弁護士報酬を巡る弁護士間の紛争

　一般に弁護士が共同して事件を処理する場合、その報酬の分配については特段合意をしなかったり、また合意をしたとしても書面を作成しないことが多いのではないかと思われます（弁護士は顧問会社や依頼者には契約書面の重要性を強調していることに鑑みると非常に興味深い現象ですが、「医者の不養生」という諺がこのことを端的に示しています。）。

　通常、弁護士が当事者となる紛争は、裁判外で示談により解決されていると思われ（場合によっては弁護士会の調停手続の利用等により）、裁判所にまで持ち込まれるケースはまれといっても差し支えないと思われます。

　しかし、構造的に上下関係があるケースでの示談交渉の場合には、その力関係により勤務弁護士は経営弁護士の提案や考え方に疑問を持ったとしても事実上それを伝えることは極めて困難といえるでしょう。

　その意味で、本件はかかる紛争が債務不存在確認訴訟という形態をとって顕在化した事例として参考にされるべきものといえるでしょう。特に、本件のように報酬金額が極めて高額になっている場合には尚更と言えるのではないかと思われます。

2　本訴請求を取り下げないという判断

　本訴は確認の利益なしとして却下されていますが、本訴請求取下げ

後の反訴請求の取下げには原告の同意を要しない以上（民訴261②ただし書）、本訴請求を取り下げなかった判断は妥当といえるでしょう。事案によっては反訴請求がなされたことを重視して、裁判所が本訴の債務不存在確認請求の取下げを強く勧告するケースも考えられるところです。

　裁判所の勧告に従うことが訴訟追行上は穏当な判断といえますが、万が一のリスク（取下げにより何ら紛争解決基準が示されないこと）については依頼者に説明しておく必要があるでしょう。

　もっとも、仮にその後被告が給付請求訴訟を提起した場合であっても、反訴請求を取り下げた事情にやむにやまれぬ事情がなかったのであれば訴権の濫用と評価される場合もあり得るものと思われます。

＜参考判例＞
○弁護士報酬の支払合意につき、依頼者による錯誤無効、公序良俗違反による無効等を主張して弁護士報酬支払債務不存在確認を求めたが認められなかった事例（東京地判平25・8・27判タ1417・232）
○農事調停の弁護士報酬1300万円を支払う旨の合意につき要素の錯誤があり無効であるとして弁護士報酬支払債務の不存在確認を求めた事案において、相当報酬額を超える部分を無効としてその算定を行った事例（東京地判昭62・1・26判時1264・81）
○多重債務者である債権者らが、弁護士である債務者は、整理屋と呼ばれる非弁業者と提携し、同業者に弁護士名義を使用させて債務整理を処理していたから、債務整理についての弁護士委任契約は要素の錯誤により無効であると主張したうえ、債務者には同契約に基づいて受領した金員の原状回復義務があるから、債務者は支払不能の状態にあると主張して、債務者に対する破産宣告をするよう申し立てた事案において、債務者が整理屋と提携して負債整理をしていたとは認められないが、債権額を利息制限法に引き直さず、消費者金融業者からの届出額に基づいて返済計画をまとめただけの債務者は、弁護士の誠実義務に反するといえるため、本件委任契約は錯誤により無効であるとして債務者に不当利得返還義務

を認めたうえ、別訴を提起され、弁護士会に懲戒請求等されている債務者は支払不能状態にあるとして、本件申立てを全部認容した事例（東京地決平11・3・10判タ1054・226）

○弁護士と委任者との報酬合意が暴利行為に当たり、全部無効とされ、また、委任者からの受取金の返還拒否が不法行為に該当するとして損害賠償請求が認められた事例（大阪地判平10・2・27判時1660・86）

> 事例24

犬のフィラリア虫除去手術の最中に、その犬が心拍減少、不整脈を来して死亡した事案において、飼主と獣医との間に手術委任の有無・手術の成否及び手術料の支払について紛争が生じたため獣医側から損害賠償債務の不存在確認とともに手術関係費の支払を求めた事例

(東京地判平3・11・28判タ787・211)

事案の概要

【当事者】

　原告Ｘ：動物病院の経営会社
　被告Ｙ：シェパードの飼主

【事実経過】

平2.8.27	被告は飼犬のシェパードを連れて原告動物病院を訪れ、原告代表者に対して飼犬が他の動物病院で犬フィラリアに罹患していると診断された旨告げ、フィラリアの検査及びフィラリアの成虫がいる場合にはそれを除去する手術を委任した。
時期不明	原告代表者は検査のうえフィラリアを発見し除去手術が必要と判断したが、血液中のフィラリアの数を可能な限り減少させてから手術をする方が危険が少ないため、被告に対し、経口薬を交付して飼犬に投与するよう指示した。
平2.9.12頃	手術になじむ時期が到来した。
平2.9.25	原告代表者は犬の心臓にフィラリアが寄生していることを検査確認のうえ同成虫を除去するため開胸手術を開始したが、心臓から成虫を取り除いている過程で、心臓の鼓動が弱まり、急きょ閉胸することにしたが、その措置

	中に飼犬は犬フィラリア症と先天的心室拡張に伴う心停止により死亡した。
平2.9.26	被告は、黒のスーツを着た男数名を引き連れて原告動物病院に押しかけ、原告代表者とその妻に対し、「あの犬は○○会の会長から預かっていたものだ。どうしてくれる？」「誠意を見せろ」「いつかお前が誰かに危害を加えられることだってあるかもしれないぞ」などと大声で威嚇し、暗に損害賠償金の支払を求め、終始動物病院に何ら責任がない旨説明をする原告代表者の話を聞こうとしなかった。
平2.10.1	原告は開胸手術の手術料等合計5万1000円の請求書を被告に対して送付したが、代金は支払われなかった。
平2.10.25	被告が原告に対して80万円の損害賠償請求を求めた。
平2	原告が被告に対して損害賠償債務の不存在確認を求めて提訴。

訴訟の経緯

① 平成3年11月28日第1審（本件）判決は債務不存在確認請求を全部認容した。

主文：被告の飼犬シェパード（…）が平成2年9月25日原告が営む動物病院において手術中に死亡したことにつき、原告が被告に対し何らの損害賠償債務も負わないことを確認する。

② 判決が確定した。

コメント

本件は、ペットが死亡したことについての損害賠償をめぐる訴訟です。愛犬家が飼犬を家族同様の存在として生活しているケースは多

く、そのため飼犬が死亡した場合の喪失感や悲しみには計り知れないものがあり、そのような強い感情の矛先が手術を行った病院に向けられることも多いと思われます。

そのため、示談交渉が決裂した場合には飼主側から損害賠償を求める給付訴訟を提起するケースが多いと思われますが、本件では飼犬の死亡による被告の原告に対する損害賠償請求から1、2か月程度の比較的短期間のうちに、病院側から提訴しているところが一つの特徴といえます。

この背景事情については必ずしも明らかとはいえませんが、原告の請求原因において、「被告は、平成2年9月26日（注：手術の翌日）、黒のスーツを着た男数名をひき連れて原告動物病院に押し掛け、原告代表者とその妻とに対し、『あの犬は○○会の会長から預かっていたものだ。どうしてくれる？』、『誠意を見せろ。』、『いつかお前がだれかに危害を加えられることだってあるかもしれないぞ。』などと大声で威嚇し、暗に損害賠償金の支払を求め、被告に対し終始動物病院に何ら責任がない旨の説明をする原告代表者の話を聞こうとはせず、その後も、被告は、原告に対して損害賠償金を請求する姿勢をくずしていない。」と記載され、これに対する被告の認否は、「被告が原告動物病院を訪れ、原告の誠意のない対応から若干強圧的な態度を示したこと及び平成2年10月25日に被告が原告に対し損害賠償の請求をし、その損害として本件飼犬自体の時価金60万円と慰謝料金20万円との合計金80万円を請求する意思であることは認め、その余は否認する。」と記載されています。

これらの記載から、原告代表者は被告と面談した際に相当程度の恐怖を感じたことが推察されます。

この場合に、動物病院側から積極的な手段を講じない限り、いつまでも恐怖感を抱き続け、場合によっては病院の業務に何らかの影響が

出る可能性も懸念されるところであったことから、速やかに債務不存在確認訴訟を提起して解決に至ったことは適切な手段選択であったと評価することができるのではないでしょうか。

特に、本件のような医療ミス（医師としての過失）の有無が争点となる事案では、病院側＝加害者側にカルテ等資料が偏在している状況でもあり、この意味でも病院側から積極的に債務不存在確認訴訟という紛争解決ツールを活用することは有意義であると思われます。

＜参考判例＞

〇原告らが、飼育していたマルチーズ犬を被告Y_1社が経営する動物病院に入院させ、診察及び手術を受けさせたところ、同犬が腹膜炎で死亡したことについて、被告Y_1社の代表取締役であり、本件病院の院長で獣医師である被告Y_2に、検査義務違反及び説明義務違反があったとして、被告Y_1社に対しては債務不履行又は不法行為に基づき、被告Y_2に対しては不法行為に基づき損害賠償を求めるとともに、被告Y_1社に対して、治療費を支払う義務がないことの確認を求めた事案において、原告の指摘する時点では腹膜炎の発症を疑うべき所見が認められないとして、原告ら主張に係る検査義務違反を否定し、また、被告らに説明義務違反は認められない等と判断して、原告らの請求をいずれも棄却した事例（東京地判平24・6・14（平22（ワ）19398））

| 事例25 | 配偶者の素行調査を依頼された興信所の調査が不十分であったとして調査委任契約上の債務不履行責任を問われ調査費用の返還を求められたのに対して同返還債務の不存在確認を求めた事例　（東京地判平16・2・16判時1870・67） |

事案の概要

【当事者】
　原告Ｘ：調査会社（興信所）
　被告Ｙ：Ｘに対して夫の素行調査を依頼した者

【事実経過】

平13.11.1	Ｘ社とＹとの間で調査手数料を合計309万7500円（消費税込）とする調査委任契約が締結された。
平13.11.2～11.11	Ｘ社はＹの夫の素行調査を実施。しかしながら特に浮気などを捕捉できなかった。
平13.11.27	Ｘ社がＹに対して上記期間の調査結果を報告したところ、Ｙの強い不満のため追加的にサービス調査を実施することになった。
平13.12.1～平14.6.8	Ｘ社が複数回にわたりＹの夫の素行調査を実施。平成14年4月27日にＹの夫が浮気相手の女性と小田急線代々木上原駅で待ち合わせて密会したことが判明したが、これはＸ社の調査によるものではなく、Ｙの夫の浮気相手である女性の夫が依頼した調査会社による調査により明らかとなったもの。
平14.9.26	ＹがＸ社に対して本件調査委任契約を解除するとの意思表示。
平14	Ｘ社がＹに対して、本件調査委任契約に基づき支払われた調査委任費用の返還債務が存在しないことの確認を求めて提訴。

訴訟の経緯

① X社の本訴請求に対して、Yは、X社が調査対象者である夫の追尾に失敗するなど浮気の証拠をつかめなかったことはX社の債務不履行であるとして調査委任契約の解除による調査委任費用返還請求権又は債務不履行による損害賠償請求権に基づき、YがX社に支払った調査費用の返還と遅延損害金の支払を求めて反訴を提起した。
② 平成16年2月16日第1審（本件）判決は、X社の債務不履行は明らかであり本件調査委任契約によってなすべき債務の履行として認められるのはせいぜい全体の6割程度に過ぎないとして、Yの支払った調査費用の4割に相当する123万9000円の請求を認容した（したがってX社の本訴請求は同額を超えて存在しないという限りにおいて一部認容）。
③ 控訴が提起された（詳細は不明）。

コメント

　本件は、夫の浮気調査を依頼した女性と調査会社との間に締結された調査委任契約に関して調査不足等委任契約上の債務の履行に疑問を持った依頼者女性から調査費用の返還を求められたのに対して、調査会社が調査は十分尽くしたとして同返還債務の不存在確認を求めた事例です。
　依頼者女性は多額の費用を支払って調査を依頼したにもかかわらず、調査会社の調査によっては浮気の証拠が明らかになりませんでした。通常であれば、調査会社が本件で主張するように「本件のような素行調査においては、調査期間中に調査対象者が必ず不貞行為に至る保障はないのであって、何ら遺漏のない調査をしても、不貞の証拠が出るとは限らないのである」から、実際に調査会社の調査不足が明ら

かになるケースは稀といえるでしょう。

ところが本件では、夫の浮気相手の配偶者男性が依頼した別の調査会社による調査で浮気の証拠がきちんと押さえられていたため、本件調査会社の調査不足が浮き彫りになったものです。

類似の裁判例が見当たらない事案での債務不存在確認訴訟の活用

本件は調査会社と依頼者との間のトラブルについて調査会社から債務不存在確認訴訟が提起された事例ですが、ポイントとしては、判決内容の見通しが不透明な事案(類似の裁判例が存在しないような事例)においてこそ、債務不存在確認訴訟が積極的に活用されるべきであるという点にあるといえます。

結論として、調査会社による債務不存在確認請求は一部しか認容されませんでしたが、上訴審で何らかの形で終局的な解決に至ったものと思われ、債務不存在確認訴訟が有効に機能した一例と評価できます。

本件はそのような例の参考となるものとして紹介する次第です。

＜参考判例＞

〇北米市場における製品販売に関する海外コンサルタント契約の月次活動報告書が2年間に8通しか提出されておらず、その内容も販売に関する問題解決の援助やコンサルタントの情報、サービスの提供などの実質的内容をもつものではなく同提出義務不履行を理由に当該契約の解除をしたことを根拠として海外コンサルタント契約に基づくコミッション支払債務が存在しないことの確認を求め、それが認められた事例（東京地判平3・7・16判タ778・223）

第7節　消費者関係

事例26　英会話レッスン受講料支払のためにされた金銭消費貸借契約に基づく貸金返還請求につき、貸主と英会話学校とが資金的にも人的構成の面でも密接不可分で相互依存関係にありかつ英会話学校の閉鎖により受講不能となったような場合には、貸金返還債務が存在しないと主張して債務不存在確認訴訟を提起した事例　（大阪地判平6・9・13判時1530・82）

事案の概要

【当事者】
- 原告X：娘に英会話学校を受講させるためYとの間で金銭消費貸借契約を締結した者
- 被告Y：Xとの間で金銭消費貸借契約を締結した法人
- Z：原告Xの娘であり、A英会話学校の受講者
- A：英会話学校を経営する法人

【関係図】

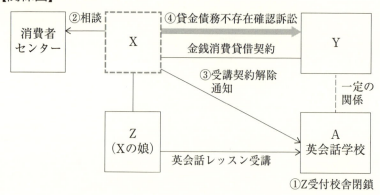

【事実経過】

平3.3.24	Xの娘であるZをA英会話学校に入学させることにしたXは、Aとの間で受講契約を締結。 同時に、XはAの勧めにより受講料の支払のためにYと金銭消費貸借契約を締結。
平5.4.13	Zは、A英会話学校で300レッスンのうち212レッスンを消化し、88レッスンを残していたところ、Aから、Zが通っていた校舎が営業不振のため閉鎖することになったとして、隣接校でレッスンを受講するよう指示された。しかし当時Zは既に就職していたこともあり上記校舎以外での受講は極めて困難であったため同校舎が再開されることを待つことにした。
平5.6	Zは、新聞でAに中途解約制度が設けられたことを知り、また閉鎖校舎が再開される様子もないため受講契約を解除しようと考えその旨をAに申し出たが、Aは解約申出を拒否した。
平5.8.5	Xは、消費者センターに相談のうえ、上記校舎の閉鎖に伴い、Aに対し、受講契約を解除する旨意思表示をした。
平5.8.10頃	AはZに対し、隣接校で受講継続するよう勧めるとともに、解約手数料等を清算して残額24万8000円余りを支払わない限り受講契約を解約することはできない旨の通知をした。
平5	XがYとの間で締結された金銭消費貸借契約に基づく貸金返還請求は権利濫用ないし信義則違反であること等を根拠に許されないとして債務不存在確認を求めて提訴。

訴訟の経緯

① 被告は、被告の代表取締役が被告設立後3回変更されており、被告はAと別個の会社であることを根拠として原告の主張を全て否認な

いし争った。
② 平成6年9月13日第1審（本件）判決は、被告とＡが資金的にも人的構成の面でも密接不可分の関係があることや本件金銭消費貸借契約締結の経緯等に鑑み、Ａでの受講ができなくなった後においてもなお未受講分についての貸金債務のみは返済を続けるべきであるとするのは信義則上許されないとして、原告の債務不存在確認請求を全部認容した（主文：原被告間の別紙消費貸借契約目録記載の原告の債務が存在しないことを確認する。）。
③ 判決が確定した。

コメント

　本件は、英会話学校の受講者の親が受講費用に充てるために英会話学校から勧められた金融ローン会社と交わした金銭消費貸借契約に基づく貸金債務が存在しない（若しくは請求が許されない）と主張して債務不存在確認訴訟を提起した事案です。

1　消費者センターと弁護士
　本件で注目すべき点の一つは、紛争解決に至る契機となったのが「消費者センター（商品やサービスなど消費生活全般に関する苦情や問合せなど、消費者からの相談を専門の相談員が受け付け処理に当たる独立行政法人国民生活センターが運営する機関）」への相談であったという点です。
　同センターへの相談により速やかに解除通知を送付できたものであり、本件を含めて民事事件の解決において同センター等と弁護士との連携はますます重要性を高めていくものと思われます。

2 反訴請求がなされないケース

本件で注目すべき点の一つとしては、被告が、本訴請求について棄却判決を求め請求原因を否認しているにもかかわらず、反訴を提起していないという点です。一般的に債務不存在確認請求訴訟が提起される事案では、そもそも被告（債権者）が原告に対して債権の存在を主張し一定の金銭支払要求があることから、多くの事案では被告（債権者）から反訴請求がなされています。

本事案について反訴請求がなされなかった理由については明らかではありませんが、一般に、債務不存在確認請求事案において反訴請求をしない理由としては、①債務不存在確認訴訟において棄却判決を得た後に債権者から改めて給付訴訟を提起することが可能であること、②紛争の性質上同様の債務不存在確認訴訟ないしトラブルが生起する可能性があり債務の存否及びその前提となる法律関係につき裁判所の判断を確認する必要性が高いこと等が考えられ、本事案においても、特に英会話学校を運営する被告側において②の点を重視した可能性もあるのではないかと想像されるところです。

もっとも、本訴とその目的を同じくする反訴については本訴分の印紙額を控除した額の収入印紙を納める必要がありますが、債務不存在確認訴訟の場合の反訴請求の反訴状でも、反訴請求額が本訴（債務不存在確認）の訴額の範囲内であれば別途収入印紙を納付する必要がなく、特に訴額が大きい場合には被告側としては経済的な観点からも反訴提起を検討する必要があるでしょう。

英会話学校の授業料以外においても、本件のようなトラブルは珍しくないと思われますので、同種の法律相談があった場合には、積極的に債務不存在確認訴訟の提起を検討するべきでしょう。

＜参考判例＞
○変額保険の保険料支払のための借入れに係る銀行との金銭消費貸借が要素の錯誤により無効と主張して貸金返還債務の不存在確認を求め、それが認められた事例（大阪高判平15・3・26金判1183・42）
○変額保険が相続対策として商品適格を欠くのに加入の適切な判断を誤らせたことに関し銀行等の不法行為責任を指摘されたのに対して銀行側が債務不存在確認を求めたが、それが認められなかった事例（東京高判平14・4・23金判1142・7）
○変額保険の保険料払込資金及びその利息支払資金のための金銭消費貸借が錯誤等により無効であるとして債務不存在確認を求めたが、それが認められなかった事例（東京地判平6・3・15判タ854・74）
○被控訴人が、その代理人である弁護士を通じて、多重債務の整理のために貸金業の規制等に関する法律（貸金業法）所定の貸金業者である控訴人に債権調査を求めたところ、控訴人がこれに応ずることなく、①平成10年3月4日付けの200万円の貸付金及び②同年12月24日付けの50万円の貸付金の残元本、利息、損害金を被担保債権として、被控訴人所有不動産に設定された根抵当権の実行としての競売申立てをしたのに対して、被控訴人が、控訴人からの借入れは平成4年9月10日からであり、その返済は利息制限法で計算すれば過払いとなっており、上記①、②債務も既に消滅しているとして、同債務の不存在確認を求め、それが認められた事例（東京高判平15・7・31判タ1138・264）
○XがYに宛てて作成・交付した「XがYを通じてZから金銭を借用してその一部を返済したが残額についてはYと協力して毎月一定の金額を返済する」旨の念書の解釈として当該念書に基づくYのZに対する貸金債務をXが重畳的に債務引受けをしたことによるXのZに対する貸金債務が存在しないことの確認を求め、それが認められた事例（東京地判平10・10・20金判1074・48）

第2章　活用事例　　231

| 事例27 | 加入電話契約者の承諾なしにその被用者が利用したいわゆるダイヤルＱ2事業における有料情報サービスに係る通話料につき加入電話契約者が債務不存在確認を求めた事例 |

（最判平13・3・27判タ1072・111）

事案の概要

【当事者】

被上告人（債務不存在確認訴訟の原告）Ｘ：ＮＴＴ加入電話契約者
上告人（債務不存在確認訴訟の被告）Ｙ：ＮＴＴ
Ａ：Ｘの従業員

【関係図】

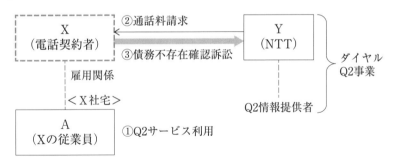

【事実経過】

| 平2.10 | Ｙは、ダイヤルＱ2事業を平成元年7月から開始し、同事業の実施対象地域は順次拡大して平成2年10月にはほぼ全国的に実施されるに至った。
（ダイヤルＱ2事業とは、固有の電話通信設備を有しない事業者が同設備を有する事業者（ＮＴＴ）の電話網を介して有料情報サービスを行おうとする情報提供者に代 |

	わって、同サービスの利用者が情報提供者に対して支払うべき情報料の算定及びその回収を代行する事業を指す。)
平3.7～8	Xの社宅に住み込んでいた従業員Aが、X名義の加入電話から、Xの承諾なしにQ2情報サービスを利用。同利用に係る通話料は合計約6万円。
平3	XがYに対して、上記通話料の支払債務が存在しないことの確認を求めて提訴。

訴訟の経緯

① 平成6年5月19日第1審判決（岡山地裁）は、Xの債務不存在確認請求を認容した。
② 平成8年1月30日控訴審判決（広島高裁）は、Xの債務不存在確認請求を認容した。
③ 平成13年3月27日最高裁（本件）判決は、原判決を破棄し、業務外での加入電話の許容限度を超えた通話料相当額についてはXが従業員Aに対して求償し得べきものであること等を根拠としてYの通話料請求が信義則に反するとは言えないとの判断を示した。

コメント

本件は、加入電話契約者であるXが、ＮＴＴ（Y）に対して、Xに雇用され社宅に住み込んでいた従業員がXの承諾なしに利用したダイヤルQ2事業における有料情報サービス（Q2情報サービス）に係る通話料債務の不存在確認を求めた事例です。

本件では、Q2情報サービスの利用者が加入電話契約者に雇用され社宅に住み込んでいた従業員である点に特色があり、結論として信義

則を用いて判断がなされていることから、Xから弁護士が相談を受けた当時（ないし第1審提訴当時）は、裁判所でいかなる判決がなされるのか、その結論がいずれになるか、見立てが困難な事案であったと想像されます。

　請求された通話料が比較的低額であったものの、同種の事例が今後も生じる可能性があり、従業員が会社の承諾を得ずにＱ2情報サービスを利用した場合にも通話料支払義務を負担するか否かにつき、裁判所の判断を得ておく必要がある事例であったものと思われ、参考として紹介する次第です。

　本件のように、自己が利用していないサービスの対価を請求されるケース（架空請求の一種）においては、何らかの理由により（場合によっては予測していなかったような法的構成により）債務が不存在であると認定される可能性が多かれ少なかれあるといえ、そのような場合には積極的に債務不存在確認訴訟を提起するべきことを本件は示唆しているといえるでしょう。

　また、最近では未成年者のスマホゲームでの高額な「課金」が社会問題となっていることからしても、この種のトラブルの解決事例として、この裁判例は参考にされるべきものです。

＜参考判例＞
〇加入電話契約者の承諾なしにその未成年の子が利用したＱ2情報サービスに係る通話料のうちその金額の5割を超える部分につきＮＴＴが加入電話契約者に対してその支払を請求することが信義則ないし衡平の観念に照らして許されないとした事例（最判平13・3・27判タ1072・101）
〇加入電話契約者以外の者が、契約者に無断でダイヤルＱ2サービスを利用した場合に、契約者は通話料の支払義務を負わないとして債務不存在確認を求めたが、それが認められなかった事例（大阪高判平9・10・29判タ982・270。同旨の肯定事例としては、札幌地判平7・12・21判タ909・95、札幌高判平10・9・

10判時1666・67、大阪高判平6・8・10判タ860・88、大阪地判平5・3・22判タ820・108、神戸地判平7・3・28判タ887・232等がある。）

〇被告から平成15年12月から平成26年5月までの放送受信料合計17万1040円の請求を受けた原告が、主位的に、被告との間で放送受信契約を締結したことはないから放送受信料債務を負担していないとして、予備的に、民法168条1項後段（時効期間10年）あるいは同法169条（時効期間5年）の消滅時効の援用を主張して、放送受信料債務の不存在確認を求めた（本訴）に対し、放送法に基づき設立された法人である被告が、原告との間で放送受信契約が成立しているとして、同契約に基づき平成21年4月1日から平成26年5月31日までの放送受信料合計8万2060円及びこれに対する反訴状送達の日である平成26年7月3日が属する期の翌期の初日である同年8月1日から完済の日が属する期の前期の末日まで、約定による2か月あたり2パーセントの割合による延滞利息の支払いを求めた（反訴）事案において、反訴請求が認められた事例（東京地判平27・1・19（平26（ワ）23531））

第8節　フランチャイズ関係

事例28　フランチャイズ契約において加盟店側から解約する場合には本部に500万円の解約一時金を支払わなければならないとの定めが公序良俗に違反するとして同一時金支払債務が存在しないことの確認を求めた事例

(東京高判平7・2・27判時1591・22)

事案の概要

【当事者】

　被控訴人Ｘ：クリーニング業を営む者
　控訴人Ｙ：クリーニング店を全国的に展開しているフランチャイズ組織の本部

【関係図】

【事実経過】

昭61.11.14	Ｘは、Ｙが主催するフランチャイズ組織Ａグループに入会を申込み。
昭61.11.17	ＹにおいてＸの入会許可。

昭62.4.5	Xは、Yが株式会社になるのに際して、新しい会員契約を締結。本件会員契約書には、任意契約解除に伴い、経営ノウハウ使用実施期間を勘案し、会員はYに対し金500万円を下限として解約一時金を支払わなくてはならないと規定されている。
平3.1.23	Xは、営業所の開設がままならず、また設備投資の回収が困難を極めたため赤字から脱却することができず、1月23日付でYに発送した文書により、期間満了による解約を予告。
平3.4.1	YはXに対し、同日付文書を以て本件会員契約に基づき解約一時金500万円支払を請求。
平3.1～平3.12	Xは契約終了後も2、3の取次店で本件会員契約に基づいて使用を許諾されたサービスマーク等を表示した看板を撤去しなかった。
平3	Xが、Yに対して、解約一時金500万円の支払債務は存在しないことの確認等を求めて提訴。

訴訟の経緯

① Yは、解約一時金500万円のほか、契約終了後もXがサービスマーク等を表示した看板を撤去しなかったことは契約違反であるとして違約金800万円、合計1300万円の支払を求めて反訴を提起した。
② 平成6年4月28日第1審判決（浦和地裁）は、一時金支払の約定は公序良俗に反し全部又は一部が無効であるとしたうえで、Yの損害を最大限考慮したとしても違約金の定めは30万円の限度で有効とし、Xの債務不存在確認請求、Yの反訴請求ともに一部認容した。
③ Yが控訴した。
④ 本判決は、原審が違約金の支払をXに命じた部分を取り消して控訴棄却、債務不存在確認請求につきXの全面勝訴判決をした（その

他XはYに対して取次店開業手数料120万円の返還を求めていたが、返済済みであるとして同請求は原審・本判決ともに棄却されている。）。
⑤　Yが上告した。

> コメント

1　フランチャイズ契約における解約一時金

　フランチャイズ契約において、本件のように加盟店側の解約の自由とそれに伴う解約一時金の支払債務が問題となった事例は比較的珍しいようですが（判時1591号23頁参照）、同契約については独占禁止法上の問題も指摘されているところであり（川越憲治「優越的地位の濫用禁止規定」ＮＢＬ327号44頁以下参照）、本件同様に契約条項の有効性が問題となるケースは今後も生じうるものと予想されます。

　フランチャイズ契約に留まらず、およそ契約関係は一般的には契約自由の原則の下「当事者対等」とは言えても、当事者間の力関係により多かれ少なかれ一方当事者の有利な条件で内容が規定される傾向を排除し切れるものではありません。

　一度締結した契約が無効であると後になって主張し勝訴判決を得ることは容易ではありませんが（この点は消費者契約法等によって保護されない法人であれば尚更というべきでしょう。）、無効や取消しの可能性が皆無とは断定できない状況下も十分あり得るところです。

　本件のように契約条項の解釈に疑義が生じた場合に、違約金等を求められる立場から、積極的に紛争解決する手段として債務不存在確認訴訟を選択する参考として本事例を紹介する次第です。

2 波及効果の大きな事案について

　フランチャイズ契約においては、基本的に同一の契約書が定型書式として使用されているケースが多いため、ある条項が本件のように公序良俗違反で全部又は一部無効と判断された場合には、他の事例（他店舗との契約）への波及効果は計り知れないものがあると思われます。

　そのため、フランチャイズ契約において契約条項の有効性が問題となる場合には、それが法律の解釈問題を含むという性質をも勘案すれば、上告審まで審理がもつれ込むケースが多いものと予想され、また上記波及効果の問題もあるため裁判上の和解にフランチャイジーが消極的になる傾向も否定できない等、解決に至るまで長時間を要するケースが多いものと思われます。

　本件でも、Yが解約一時金を求めてから（平成3年4月1日）、本判決（平成7年2月27日）まで、約4年を要しており、上告審での審理を含めると更に時間を要したのではないかと推察されるところです。

　債務不存在確認訴訟の提起を検討する原告代理人としては、依頼者に対して、解決までの見通しを可能な限り正確に（どの程度の可能性かをも含めて）説明して理解を共有しておくことが肝要と思われます。

　この点に関連して、弁護士職務基本規程29条1項は「弁護士は、事件を受任するに当たり、依頼者から得た情報に基づき、<u>事件の見通し</u>、処理の方法並びに弁護士報酬及び費用について、適切な説明をしなければならない。」（下線は筆者）と定めています。

＜参考判例＞

〇被告会社との間でフランチャイズ契約を締結してショッピングモール内で時計店を営んでいた原告が、被告会社の解約申入れにより契約が終了した後、同モールにおいて直営の時計の販売及び修理業を営むにつき、被告会社から契約上の競業禁止条項に基づく営業禁止の通知を受けたた

め、被告会社に対し、原告には営業停止義務が存しないことの確認を求めた件につき、原告の請求が認容された事例（東京地判平27・10・14判時2301・96）

〇フランチャイザーが、コンビニエンスストアのフランチャイズ契約の中途解約に基づく違約金等の支払請求をし、これに対してフランチャイジーが営業指導義務違反があったと主張したが、これが否定され、違約金等の支払請求が認められた事例（東京地判平15・11・26（平13（ワ）20643・平14（ワ）4463））

〇サンルートホテルチェーンにおけるフランチャイジーたる資格を得るフランチャイズ契約を締結していたホテル経営会社がフランチャイズ契約終了後も「株式会社ホテルサンルート鈴鹿」の商号を使用してホテルの看板、備品等にホテルサンルートの営業表示をしている場合において、商標法又は不正競争防止法に基づく標章（営業表示）の使用差止及びこれを付した看板、備品、取引書類の廃棄請求、不正競争防止法に基づく商号の使用差止・設立登記の商号抹消登記請求、商標権等の侵害による損害賠償請求及び損害賠償債務の不存在が認められた事例（東京地判平15・8・25（平14（ワ）15585））

第9節　会社関係

事例29　株主総会の特別決議を経ないで第三者に対し特に有利な価額でなされた新株発行が無効であるとして株式の返還を求められたため株式返還債務(不当利得返還債務)の不存在確認を求めた事例　（東京地判平4・9・22判時1464・148）

事案の概要

【当事者】
　原告X：Aの経営を支援する自然人
　被告Y₁：Aの代表取締役
　被告Y₂：Y₁の妻
　A：集積回路のプリント配線基盤の製造を営む株式会社

【関係図】

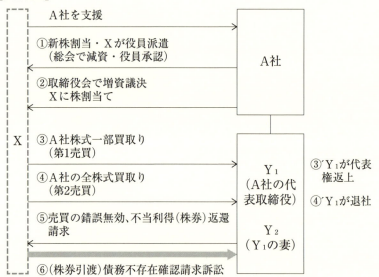

【事実経過】

昭61.11	A社の営業状態を回復させるため、Xが、Y₁に対して、A社の資本金11億円余を4分の1に減少したうえ、増資をして新株をXに割り当てること、役員派遣を条件にXがA社を支援すること等を提案し、Y₁はこれを承諾。
昭62.8	A社株主総会において、減資とX側派遣者を役員に選任する等の総会決議が成立。
昭62.9.8	A社取締役会を経て発行価額1株500円とする増資を実施し、これを全部Xに割り当てた。
昭63.4.14	Y₁Y₂の保有するA社の一部について、Xが買い取るとともに、Y₁は代表権を返上する旨のX・Y₁Y₂間の合意が成立。同日、Xは所定の代金を支払ってA社株式を買い取った（第1売買）。
平元.3.24	Y₁Y₂の保有するA社の残り全ての株式について、Xが買い取るとともに、Y₁は同日を以て退社する旨のX・Y₁Y₂間の合意が成立。同日、Xは所定の代金を支払ってA社株式を買い取った（第2売買）。
平元	ところがY₁Y₂は、Xに対して株式売買は錯誤無効であるため、株券を返すように請求（不当利得返還請求）。
平2	Xは、本件新株発行は有効であり、株式売買は有効であるから株券引渡債務（不当利得返還債務）は不存在であることの確認を求めて提訴。

訴訟の経緯

① Y₁Y₂が、株式売買契約は錯誤により無効であるとして、Xに対し不当利得請求（株券の返還及び名義書換変更手続請求）の反訴を提起した。

② 平成4年9月22日（本件）判決は、A会社の増資が第三者に対する新株の有利発行であり、株主総会の特別決議を経ていないとしても、

新株発行は無効とはいえず、錯誤はないとして、Xの本訴請求を認容し、Y₁Y₂の反訴を棄却した。
③　Y₁Y₂が控訴した。

コメント

　本件は、株式会社の代表取締役が新株を発行した場合に、同株式が株主総会の特別決議を経ることなく第三者に対して特に有利な発行価額をもって発行されたことが新株発行の無効原因となるか否かが争点となった事例ですが、そもそもの発端は株式売買の錯誤無効に基づく株式の返還請求に対して、同株式返還債務がないことを主張して買主側が提訴した債務不存在確認訴訟の一例です。

　債務不存在確認訴訟を実際に活用するとしても、その多くは貸金返還請求事案や交通事故事案等の典型的な事例がほとんどであって、非典型的な事案においては、そもそも債務不存在確認訴訟の提起が紛争解決手段の選択肢に入ってこないことも多いのではないかと思われます。

　しかしながら、本件のように会社法上の争点がピックアップされる事案においても活用されていることから明らかなとおり、債務不存在確認訴訟の提起により解決され得る紛争類型は相当広範囲に及ぶものといえます。

　本件は、そのうち会社法務上の債務不存在確認訴訟の一例として紹介する次第です。

＜参考判例＞
○取締役会の決定に基づき代表権限を有する取締役が新株を発行した場合、右新株に関し、第三者に新株引受権を付与することについて株主総

会の特別決議がなされなかったとしても、その瑕疵は新株発行無効の原因とならないとした新株発行無効確認訴訟の事例（最判昭40・10・8判時425・41）

○株主総会の決議無効確認訴訟の係属中、同決議の内容を確認した次の株主総会決議について、更に無効確認訴訟を提起しても、確認の対象となる権利関係は別個であるから二重起訴に当たらないとした事例（東京地判昭37・9・13判タ135・120）

第10節　破産関係

事例30 動産を目的とする所有権留保特約付割賦販売において、買主が破産した場合に売主が引上げ売却した動産売買代金が破産財団に所属すると主張したため売主が破産管財人に対して売買代金に係る支払請求権を有していないことの確認を求めた事例　（東京地判平27・3・4判時2268・61）

事案の概要

【当事者】

原告Ｘ：動産（ブルドーザー及び自走式破砕機）に関する所有権留保特約付割賦販売の売主

被告Ｙ：Ａの破産管財人

Ａ：上記所有権留保特約付割賦販売の買主

【関係図】

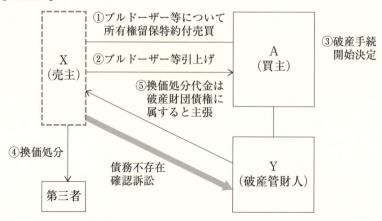

第2章　活用事例

【事実経過】

平24.9.20	XとAは、Xが所有するブルドーザー1台につき割賦販売並びに使用貸借契約を締結し、XはAに対し同月29日、本件ブルドーザーを引き渡した。
平25.5.30	XとAは、Xが所有する自走式破砕機1台につき割賦販売及び使用貸借契約を締結し、XはAに対し同月31日、本件破砕機を引き渡した。
平25.9.4	Xは、Aが不渡りを出したとの情報を受け、Aの承諾を得て、本件各機械を引き上げた。
平25.9.18	Aは、釧路地方裁判所に対して破産手続開始申立てを行った。
平25.9.20	Aは、破産開始手続決定を受けた。
平25.12.27	Xは、第三者に対して本件ブルドーザー及び本件破砕機を売却して換価処分を行い、処分代金（以下、「本件処分代金」）を受領した。
平26	破産管財人Yは、Xに対し、本件処分代金は財団債権に組み入れられるべきである旨主張したため、Xが本件訴訟提起。

訴訟の経緯

① Xは、Aの破産手続開始前である平成25年9月4日の本件引上げによって担保権実行が完了したと主張し、また、仮に本件引上げにより担保権実行が完了していないとしても、本件換価処分は、別除権の行使であると主張した。

② 本件の争点：㋐Xは、本件引上げによって担保権実行を完了したといえるか、㋑Xが留保所有権を別除権として行使する場合、破産手続開始の時点で対抗要件を具備していることを要するか、要するとして、Xは同時点で対抗要件を具備していたといえるか。

③ 本件判決

主文：被告が、平成25年12月27日の別紙物件目録記載の各建設機械処分に係る、○○円の支払請求権を有しないことを確認する。

理由：所有権留保特約は代金債権の担保に目的があり、担保権の設定という物権変動を観念し得るところであり、また、その目的から破産手続との関係においても別除権（破産法65条）として扱われるべきところ、別除権を行使するためには、個別の権利行使が禁止される一般債権者との衡平を図る趣旨から、破産手続開始の時点で、当該担保権につき、対抗要件を具備していることを要するというべきである。

本件各機械は登録制度のない動産であるから、その対抗要件は引渡しとなり（民法178条）、引渡しには、占有改定も含まれるところ、占有改定は「代理人が自己の占有物を以後本人のために占有する意思を示した」ときに認められる（民法183条）、本件各契約の規定、建設機械の割賦販売における取扱いの実情、破産者の占有下における本件各機械の管理態様等からすれば、破産者は、本件各機械を、使用貸借に基づき直接占有するに至り、その際、以後代金完済までの間は、原告のために本件各機械を占有する意思を表示したものといえ、原告は、本件各契約に基づく破産者への引渡時に、本件各機械について占有改定による引渡しを受けて、対抗要件を具備したものといえる。

④ 判決が確定した。

コメント

本件は、やや複雑な事案ですが、XがAに対してブルドーザー等の動産を所有権留保特約付で売買したものの、Aが不渡りを出したとの

情報を受けてXがブルドーザー等を引き上げて換価処分した後、Aの破産管財人YがXに対して、この換価処分代金は破産財団に帰属する旨主張したため、XがYに対してYが処分代金に係る支払請求権を有していないことの確認を求めて提訴した事例です。

破産事件に関連した債務不存在確認請求訴訟

　本件は、破産債権者と破産管財人との間で債務不存在確認訴訟が係属した事案です。

　担保権に基づく優先弁済権を法律上の地位として認める以上、このような期待を破産手続上でも保護すべきです。

　他方、担保目的物といえども破産財団所属の財産であることに変わりはなく、破産債権者及びその利益を代表する破産管財人としては、担保権者の優先便債権の成立及びその範囲、並びにその実行について利害関係をもちます。

　ある財産について担保権の成立が否定されれば、その価値は破産債権者の満足に充てられるし、また、担保権の成立が認められるときでも、目的物の価額が被担保債権額を超えていれば、その剰余価値は破産債権者への配当財源となり、さらに、被担保債権額が目的物の価額を超えているときでも、目的物がいくらで換価されるかは、不足額責任主義との関係で担保権者の破産債権額に影響し、他の破産債権者への配当額に差を生じさせるからです。

　これらを前提に、破産手続上の担保権の取扱いについては以下の留意点があります。

　まず第1に、担保権者がその権利を第三者に対して主張するために実体法上対抗要件の具備が求められている場合には、破産債権者又は破産管財人に対する対抗要件を備えなければなりません（伊藤眞『民事訴訟法〔第3版再訂版〕』322頁（有斐閣、2006））。担保権には、破産法上で別

除権の地位が与えられていますが、その地位も、対抗力ある担保権に限って認められます。

　第2に、たとえ対抗力のある担保権であっても、危機時期に設定されたものは破産管財人による否認権行使の対象となります（破産162）。担保権の設定又は対抗要件の具備が否認されれば、やはり別除権者としての地位は否定されます。

　本件では、X・A間の所有権留保特約は代金債権を担保とする担保権であり、別除権行使の対象となるものです。

　仮にXの担保権が破産管財人Yに対する対抗要件を備えていない場合には、破産財団に帰属しないこととなります。

　仮にXが本件動産を処分する前であれば、破産管財人AからXに対して本件動産の引渡しを求める可能性もあったと思われますが、実際には既にXが本件動産を第三者に売却処分してしまっていたことから、その対価たる処分代金が破産財団に帰属すると主張する前提として、そもそもXの担保権が対抗要件を具備していないと主張する必要があった事案です。

　破産管財人は破産手続時に破産管財人の管理下に入った破産財団を本来あるべき財団の範囲と一致させ、配当の基礎となる財団を作り出さなければならず、その職務遂行には、善良な管理者としての注意義務、すなわち善管注意義務が課されています（破産85①）。

　本件のような事案の場合には、破産管財人は債務不存在確認訴訟に対して応訴して、同訴訟の被告として主張・立証責任を負うこととなりますので、事前に十分な準備をすることが困難な状況下で破産管財人において善管注意義務を尽くした訴訟追行遂行と評価されるかどうかも問われ得るケースといえます。

第2章 活用事例

<参考判例>

○債務不存在確認訴訟の原告が第一審判決後に破産した場合において、被告が控訴審で受継申立てをすることの可否及び方法について判断した事例（広島高判平9・12・2判タ1008・258）

○原告ら一般債権者の申立てに基づき訴外債務者に対する強制執行手続が開始され、被告らが配当金を受領する旨の配当表が作成されたが、原告において被告らは訴外債務者に対する債権を有していないとして配当異議を求めた事案において、被告らの主張する債権は、債務名義の存在にかかわらず、実体がないものであり配当を受けることはできないとして一部の配当異議の訴えが認容された事例（東京地判平23・3・25（平21（ワ）36067））

事例31　会社更生手続中の会社につき更生計画認可後に根抵当権に基づき不動産の競売申立てがなされ競売開始決定がなされたのに対して不動産所有者が被担保債権の履行期が到来していないことの確認等を求めた事例

（東京地判平6・5・26金判982・33）

事案の概要

【当事者】

原告X：AからA所有名義不動産を購入した買主
被告Y：信用保証協会
A：Yとの間で根抵当権設定契約を締結した株式会社

【関係図】

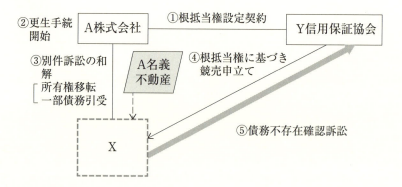

【事実経過】

| 昭58.8.13 | Y（信用保証協会）は、A株式会社との間で、A名義の不動産につき極度額5000万円、被担保債権をAのYに対する保証委託取引による一切の債権とする根抵当権設定契約を締結し、根抵当権設定登記を完了した。 |

第2章　活用事例

昭59.9.1	Aについて更生手続開始決定がされた。
昭63.9.9	XがAに対して売買契約の無効ないし不存在を主張して所有権移転登記抹消を求め、Yに対してその承諾を求める訴えを提起（別件訴訟）。
昭63.9.12	更生計画が認可された。その際、4224万4000円が本件根抵当権によって担保されることが確定。
平2.9.26	別件訴訟につきXとA会社が裁判上の和解。①AはXに対して本件不動産の所有権を移転し登記手続をする。②XはAのYに対する更生債権中、本件不動産分の金4224万4000円について債務引受をし、更生計画に従って弁済する。③和解は更生裁判所の許可を停止条件とする。
平2.9	上記和解につき裁判所の許可を得て条件成就したため、Xは債務引受額の第1回支払として234万6888円を支払い、Aはこれを含めてYに401万365円を弁済。
平3.3.15	Yは本件根抵当権に基づき本件不動産の競売の申立てをし、競売開始決定がなされた。
平4	Xは、本件根抵当権の被担保債権が3989万7112円を超えて存在しないこと及び被担保債権の履行期が到来していないことの確認を求めて、本件訴訟を提起した。

訴訟の経緯

① 平成6年5月26日第1審（本件）判決は、Xの請求を全部認容した。
② 被告Yが控訴した。

コメント

　本件は、根抵当権の被担保債権が更生担保権として確定した後に、本件根抵当権の対象不動産を譲り受けた場合に旧会社更生法240条2項

（現行会社更生法203条2項「更生計画は、更生債権者等が更生会社の保証人その他更生会社と共に債務を負担する者に対して有する権利及び更生会社以外の者が更生債権者等のために提供した担保に影響を及ぼさない。」）が適用されるかが争点となった事案において裁判所が同条項の適用はないとしてXの債務不存在確認請求を認容した事例です。

1　確認の利益

本件ではYが確認の利益が存在しないとして本案前の主張をしており、これに対して裁判所は以下の判断を示しました。重要な点を含むためやや長文ですが、そのまま引用します。

「原告は、本件不動産の所有者ではあるが、本件債権の債務者ではないから…、一応、本件債権の内容、額等について直接債務不存在（ないし存在）確認請求を提起することはできないと考えられる。しかしながら、原告は、本件根抵当権が存在すること自体は争わないものの、本件債権の履行期が到来していないので、これに基づく競売開始決定は許されないものである旨の主張をしているところ…、本件債権の履行期が到来していないとすれば、当然これに基づく競売開始決定は許されないものとなるのであるから、競売手続の終了までに、手続上、その主張の当否が判断される機会が与えられなければならないはずである（競売手続が終了した場合、民事執行法184条により、原告は本件不動産の所有権を喪失する。）。<u>この場合、第一に考えられるのは競売手続の中で不服申立てをすることであるが（競売開始決定に対する異議）、この異議が却下もしくは棄却された場合には更に不服申立てはできないし（成立について争いのない甲第二号証によれば、原告は既に競売開始決定に対して執行異議の申立てをし、却下されていることが認められる。）、右却下もしくは棄却の決定にはもとより既判力はない。したがって、判決手続をも</u>

って原告の主張の当否が判断されるべきであり、その意味で本件訴えは原告の不利益除去のために必要であるとともに、他に原告にとり採り得る手段もない。被告は、本件に原告が勝訴しても競売開始決定の取消しを得ることはできない旨主張するが、民事執行法183条1項1号ないしその類推適用により、原告は本件の勝訴判決によって競売開始決定の停止・取消を得ることができるものと解すべきであるから、被告の主張は失当である。」（下線は筆者）

2　請求の趣旨の記載の参考例

本判決主文は、「1．被告が別紙物件目録記載の不動産に設定した東京法務局八王子支局昭和58年3月14日受付第12354号根抵当権設定登記にかかる根抵当権の被担保債権は金3989万7112円を超えて存在しないことを確認する。2．前項の根抵当権の被担保債権の履行期は未だ到来していないことを確認する。」とされています。

本件のように被担保債権の不存在確認及び被担保債権が存在する場合の履行期の未到来確認を求める場合の参考となるものと思われます。

＜参考判例＞

○破産管財人が京都市を相手方として租税債権が財団債権に該当しないとして債務不存在の確認を求め、それが認められた事例（大阪高判昭63・4・28判タ675・143）

○破産法人に対する予納事業税の債権は破産法47条2号但書にいう「破産財団ニ関シテ生シタル」請求権に当らないなどとして財団債務不存在確認を求め、それが認められた事例（最判昭62・4・21民集41・3・329）

○破産宣告を受けて清算中の法人の所有土地の譲渡益に対する土地重課税に相当する法人税は財団債権に該当しないなどとして財団債務不存在確認を求めたのに対し、財団債権にあたると判断された事例（京都地判昭58・7・15判時1092・48）

第11節　離婚関係

事例32　子が大学に進学していないため成年に達した日の前日をもって養育料等の支払義務が消滅したとして養育料等支払債務の不存在確認を求めた事例

（東京地判平17・2・25判タ1232・299）

事案の概要

【当事者】

本訴原告（反訴〈債務不存在確認訴訟〉被告）X：元妻
本訴被告（反訴〈債務不存在確認訴訟〉原告）Y：元夫

【関係図】

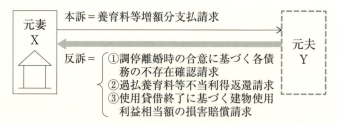

【事実経過】

昭52.2	XとYが婚姻し、長女出生。
昭57	長男出生。
昭62.3.30	X・Yが家庭裁判所にて調停離婚。その際の合意内容は、①YはXに対して、昭和62年4月から長女、長男がそれぞれ大学を卒業する月まで、養育費及び扶養料として月額各10万円、教育費として月額各5

	万円、養育・監護等の費用として月額各5万円（合計月額40万円、以下「養育料等」）を支払う、②Yは、Xに対し、長女、長男が大学を卒業する月までX、長女及び長男が現住している住居を無償で提供する、③①の金員は原則として年ごとに総務庁統計局編集の消費者物価指数編東京都区部の総合指数に基づいて増額する旨の合意をした。
昭62.4～平14.8.22	Yは、離婚後、Xに対して、昭和62年4月分から平成14年8月分まで合計7374万円余の養育料等を支払い、平成14年8月22日をもってXに対する本件養育料等の支払を中止。
平14.8.23	長男が成人。
平15	Xは、Yに対して、上記調停離婚時の③の合意に基づいて毎年1月分から養育料等が増額されていたとして、昭和63年1月分から平成14年8月分までの合計856万円余の養育料等増額分の支払を求めて提訴。

訴訟の経緯

① Yは、㋐調停離婚時の養育料等増額の合意は具体性を欠き、同合意をもって本訴請求債権が発生するとはいえない、㋑本訴請求は過去の養育料等の遡及的一括請求となるから許されない、㋒本訴請求債権は定期給付債権であるから民法169条により既に時効消滅しているなどとして本訴請求を争う一方、長女、長男は既に成年に達しており、大学にも進学していないので、成年に達した日の前日をもって調停離婚時の合意①に係る養育料等の支払義務は消滅し、同②の建物の使用貸借契約も返還期限が到来したとして、養育料等の支払義務の不存在確認、過払となった養育料等（合計2617万円余）の返還及び使用貸借に付していた建物の返還並びに同建物の賃料相当

額及び賃料相当損害金の支払を求めて反訴を提起した。
② 平成17年2月25日第1審（本件）判決は、Xの本訴請求を棄却し、Yの反訴請求のうち過払いとなった養育料等返還等については一部認容し、債務不存在確認を含むその余の反訴請求を全部認容した。

債務不存在確認についての判決主文は以下のとおり。

「反訴被告（本訴原告）は、反訴原告（本訴被告）に対し、反訴原告（本訴被告）と反訴被告（本訴原告）との間の東京家庭裁判所昭和62年（家イ）第○○号について昭和62年3月30日に成立した調停に係る別紙調停条項記載の被告の下記債務がいずれも存在しないことを確認する。

(1) 第4項月額金10万円の養育費及び扶養料、月額金5万円の教育費、第5項月額金5万円の養育・監護等の費用につき、反訴原告、反訴被告との間の長女○○分については平成14年8月1日から、同長男○○分については同年8月23日から、各平成17年1月26日まで、弁済期毎月26日、支払額上記の割合による金員の支払義務

(2) 第7項の第4項、第5項の金員に対する平成14年8月23日から平成17年1月26日まで、弁済期毎月26日、支払額同項の計算額の割合による増額分の支払義務

(3) 第4項ないし第7項記載の各義務」

③ Xが控訴した。

　　　　　　　　　コメント

本件は、調停離婚時に合意した養育料等の増額等の合意内容が争われ、子が成人に達した後に訴訟提起がなされた事例です。

1 反訴としての債務不存在確認請求

　債務不存在確認訴訟が提起された場合には給付を求める反訴請求がなされることが多いです。反対に、給付訴訟が提起されている場合に、同訴訟の反訴請求として債務不存在確認請求を求めることは、本訴本案判決により債務の存否について既判力が生じる以上訴えの利益がなく許されないのが通常です。

　もっとも、本件のように、同一の当事者間で複数の法律関係が生じている場合には、必ずしも本訴請求に包含されない権利関係が残ることがあり得るところであり、まさに本件はそのようなケースといえるでしょう。

本訴請求：①調停離婚時の合意に基づく養育料等増額分の一括請求
反訴請求：①調停離婚時の合意に基づく各債務の不存在確認請求
　　　　　②過払養育料等につき不当利得返還請求
　　　　　③使用貸借終了に基づく建物使用利益相当額の損害賠償請求

　上記本訴請求は、反訴請求①と重複する部分もあるものの、反訴請求①はそもそも増額がなされないこと、養育料等の支払義務が消滅する期限等を問題としており、本訴請求に完全に包含されるものではなかったため、判決において反訴請求①の訴えの利益が特段問題とされることなく認定されているものと思われます。

　本件は、反訴請求として債務不存在確認請求がなされた活用事例として紹介する次第です。

　同一の当事者間において複数の法律関係が問題となっているケースにおいては債務不存在確認請求を反訴請求として検討する必要がある場合もあり得るところですので、被告となったからといって、債務不存在確認請求を行う必要があるか否かの検討を看過すべきではなく、その意味で参考となる裁判例です。

2　清算条項類似の機能

　一般に民事裁判においては、裁判上の和解により事件が終了することも多く、その場合には和解条項中に「原告及び被告は、原告と被告との間には、この和解条項に定めるもののほかに何らの債権債務がないことを相互に確認する。」旨の清算条項を設けるのが通例であり、かつ、それが和解による解決のメリットと言われているところです。

　本件は、反訴請求として、本訴請求の裏返しの債務とは異なる債務の不存在確認を求めた事例ですが、債務不存在確認訴訟は、このように通常であれば訴訟の最終段階である和解の清算条項で登場する事項を、訴訟の冒頭から、自ら積極的に訴訟の俎上に載せることを可能ならしめる点でも独自の機能を営むものといえます。

＜参考判例＞
- 協議離婚に際し子の親権者の協議がないのに一方が勝手に自己を親権者として届け出たことは離婚無効事由にあたるとして離婚無効確認を求めたがそれが認められなかった事例（名古屋高判昭46・11・29判時656・64）
- 離婚慰謝料の支払債務が存在しないことの確認を求めた事案において、離婚慰謝料を認めない韓国民法を韓国人夫婦の協議上の離婚について適用することは公序良俗に支するとして、日本民法により離婚慰謝料を認めた事例（神戸地判平2・6・19判時1383・154）

第12節　未成年者関係

事例33　16歳の少年が飲酒遊興したキャバクラ利用契約は公序良俗違反ないし未成年者取消しにより無効であるとして少年の養父がクレジットカード会社及びキャバクラ店に対して債務不存在確認を求めた事例

（京都地判平25・5・23判時2199・52）

事案の概要

【当事者】
原告X₁：16歳の少年
原告X₂：X₁（少年）の父親（養父）
被告Y₁・Y₂：風俗営業店（いわゆる「キャバクラ店」）
被告Y₃：クレジットカード会社

【関係図】

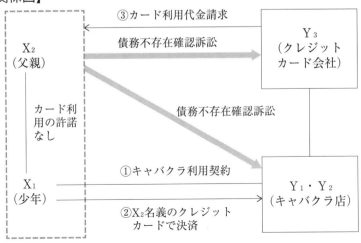

【事実経過】

平22.11.19～ 平23.12.29頃	X_1（少年）は、各キャバクラ店で飲酒遊興し、その際キャバクラ利用契約を締結し、本件クレジットカードを用いてその代金を決済した。
平22.12.22	クレジットカード会社からX_2の自宅にX_1（少年）の不正使用料金の明細書が送付されたが年末で多忙であったため確認せず、この時点でX_1の不正使用は発覚しなかった。
平22.12.29	X_2はクレジットカードが自身の財布にないことに気付き、警察に紛失届を提出した。
平23.1初め	X_1（少年）はA子（母親）に真相を告白し、X_2はA子からその旨を伝えられ、初めてX_1（少年）による不正使用を知った。
平23.1.13～ 平23.1.25	X_1（少年）は、訴訟代理人を通じて、各キャバクラ店に対して、それぞれ、親権者の同意を得ずにキャバクラ利用契約を締結し決済したことを理由に本件各契約を取り消す旨の意思表示をした。

訴訟の経緯

① X_2は、未成年者を見咎めずに酒を提供したキャバクラ店については店側が悪質であると考え、キャバクラ店のカード利用代金まで支払う義務があるとは考えなかった。

そこで、訴訟代理人を通じて、キャバクラ店経営者に対し、X_1による本件カードの利用は親権者の同意を得ずに行った不正使用であるから取り消すこと、代金をY_3（クレジットカード会社）に返金することを求めた。

② X_1が利用したキャバクラ店のうち、一部の店舗経営者らは返金処理に応じたが、その余の経営者らは返金に応じなかった。

③ そのため、X_2とYらとの間で、X_2にカード利用代金債務が存在

するのかどうかが争われることとなり、X₂がカード名義人本人及びX₁法定代理人親権者として本件債務不存在確認訴訟（キャバクラ利用契約が無効であることの確認、クレジットカード会社との間において本件利用代金につきクレジットカード会社からの支払請求を拒絶することができる地位にあることの確認）を提起した。

これに対してY₃は利用代金の支払を求める反訴を提起した。

④　判決では、未成年者取消しを許容すればYらに取引上の不利益が発生するかもしれないが、それはYらにおいて甘受すべきものというほかないとして未成年者取消しにより本件各契約はその効力を失ったとし、また一部の利用代金についてはクラブの従業員やホステスが客の思慮不足に乗じて巧みに働きかけることにより発生させたものであり暴利行為として民法90条に反し無効であるとしてXらの請求を全面的に認容した。

⑤　なお、請求の趣旨のうち、「クレジットカード会社からの支払請求を拒絶することができる地位にあることの確認」については、本件各キャバクラ利用契約に関するカード利用代金債務の存否が訴訟物であること、給付の訴え（本件でいえば反訴請求）と確認の訴えの訴訟物が重複する場合、確認の訴えを判決主文で判断する必要がないと解されていること（最判平16・3・25民集58・3・753）等に鑑み、訴えの利益を欠き却下する訴訟判決がなされた。

コメント

1　債務不存在確認訴訟を選択する必要性

本件は、未成年者が風俗営業店を利用した際に親の財布から盗み出したクレジットカードで決済した代金の支払義務の存否が争われた事案です。

事案の詳細をみると、未成年者は自らが未成年者であることを積極的に秘匿する言動を繰り返しており、民法21条（制限行為能力者の詐術）の適用の可能性も考えられる事案でした。
　また、本件は類似のケースが多数見受けられるタイプの事案ではなく、キャバクラ店との関係だけではなく、クレジットカード会社（信販会社）も当事者となっており、単純な二当事者対立構造ともいえないケースです。
　さらに、訴訟経過前の交渉過程において、一部のキャバクラ店は任意にクレジットカード会社（信販会社）への返金に応じたものの、他の店舗については返金に応じなかった経緯があり、調停手続の利用により和解が成立する見込みも小さかったことがうかがわれます。
　すなわち、本件は、民事訴訟手続での判決を経ないことには解決が難しい事案であったと言えるでしょう。

2　「緊急性の有無」という視点

　視点を変えると、カード名義人においてクレジットカード会社の支払を拒絶したいときであっても、本件のように利用代金の一部に不正使用が含まれているケースでは、先に指定先の預金口座から引き落としがされてしまった場合には、本件訴訟のような訴求内容とは異なった対応が必要となってくることが予想されます。
　すなわち、キャバクラ店に対する債務不存在確認のほかに、クレジットカード会社に対して、同債務不存在を前提とした不当利得返還請求を求める必要性が生じる可能性があったところであり、この場合に引き落としがなされた件と引き落としがなされなかった件の双方がある場合には法律関係が複雑になり勢い提訴準備にもある程度の影響が生じることが予想されます。
　本件では、原告からクレジットカード会社に対して金銭の支払を求

めているものではないため、引き落としは保留の扱いにされたものと推察されます。

　本件同様の法律相談を受けた場合に、速やかに債務不存在確認訴訟を提起することができるかどうかによって法律相談後に依頼者に不利益が生じるか否かにも影響し得る重要なポイントであったといえます。

　その意味で、当該事案における緊急性の有無・程度を検討する視点は不可欠です。

　この点に関連して、弁護士職務基本規程35条が「弁護士は、事件を受任したときは、速やかに着手し、遅滞なく処理しなければならない。」と定めていることにも留意すべきでしょう。

3　本件事案におけるポイント

　仮に債務不存在確認訴訟を提起しなかった場合には、クレジットカード会社からの引き落としがなされてしまい、カード名義人の損害ないし損失が拡大し続けることになり、引き落としがなされている以上、キャバクラ店にもクレジットカード会社にも積極的に提訴する動機付けは弱いのではないかと思われ、したがって、いつまでも解決しないことにもなりかねません。

　本件事案でのポイントとしては、①多数当事者が存在すること、②クレジットの引き落としを積極的に止める緊急の必要があること、③素朴な法感覚から支払義務が生じるのか疑念が残ること等です。

　本件と類似のケースでない事案においても、これらの要素が認められる場合には、怯まず、直ちに債務不存在確認訴訟の提起を検討できるかどうかが、依頼者の利益保護のために望ましいといえます。

＜参考判例＞

○クレジット会社から貸与されていたクレジットカードを紛失したという顧客がクレジット会社に対してその紛失届後のカードの利用代金に係る債務の不存在確認を求めたが、それが認められなかった事例（大阪高判平12・8・22判タ1072・254）

○クレジットカード会社である被告が会員の原告に対し、カードの使用に基づく代金の支払を求めた（反訴請求）のに対し、原告は、長男が無断でカードを使用したのであるから支払義務はないと主張して当該債務の不存在確認を求める（本訴請求1）とともに、被告の原告に対する代金取立行為が違法であると主張して慰謝料等（慰謝料100万円、弁護士費用20万円）を請求した（本訴請求2）場合において、本訴請求1に関して、カード会員（父親）の支払義務はカード利用限度額の範囲に制限されるとした事例（大阪地判平5・10・18判時1488・122）

○原告クレジットカード会社が、立替払契約を締結した被告に対し、同契約に伴い被告の長女に交付した家族カードを同人がホストクラブの支払に使用したことから、その立替払金を請求した事案において、ホストクラブの饗応契約は長女とホストクラブとの間の契約で、原告に対して未成年者取消しを主張することはできず、長女が未成年者であることは規約所定の支払停止事由に当たらず、客の委託に基づき第三者が民法174条4号所定の営業者に立替払した場合には立替金債権に短期消滅時効の適用はなく、饗応契約に係る抗弁を立替払契約に接続させる理由もないなどとして、被告の抗弁が全て排斥され、原告の請求が認められた事例（東京地判平19・11・27（平19（ワ）14065））

第2章 活用事例

事例34　化粧品のキャッチセールスに応じた未成年者が締結した化粧品購入契約が法定代理人の同意がなく取消しにより無効であるとして債務不存在確認を求めた事例

（茨木簡判昭60・12・20判時1198・143）

事案の概要

【当事者】
原告X：化粧品のキャッチセールスに応じた当時未成年だった者
被告Y₁：化粧品等販売会社
被告Y₂：信販会社
A：Y₁の従業員

【関係図】

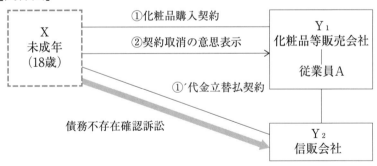

【事実経過】

昭58.8.25	Xは当時満18歳で未成年であった。 XはY₁との間で、化粧品を買い受け、かつエステティック美容を受ける契約を締結した。
昭58.8.26	XはY₁に対し、化粧品購入契約の代金の一部を支払った。 当日、XはY₂との間で本件化粧品購入契約の代金についての立替払契約を締結した。

	この際、Xは正確な生年月日を告知したにもかかわらず、Y_1の従業員AがXに対して虚偽の年齢を記載させた。
昭59.1.30	XはY₁に対して、内容証明郵便をもってY₁との間の化粧品購入契約を取り消す旨の意思表示をなし、同書面はこの頃Y₁に到達した。
昭59.6.4	XがY₂に対して、本件訴状をもってY₂との間の立替払契約を取り消す旨意思表示をなし、立替払契約に基づく立替払金支払債務が存在しないことを求める本件訴状がY₂に到達。

訴訟の経緯

① 昭和60年12月20日第1審判決（本件判決）は、本件はX自身は真実の年齢を告知したのにY₁従業員が指示して虚偽の年齢を記載させたものであるとして、Xが詐術を用いた場合（民法21条）には当たらないとして、Xの請求を全部認容した。
② Yらが控訴した。

コメント

本件事案は、いわゆるキャッチセールスに応じた未成年者が、成人後に、未成年時に法定代理人の同意を得ることなく行った売買契約・立替払契約の取消しをし、これにより債務が存在しないと主張して立替払契約に基づく代金支払債務が存在しないことの確認を求めた事例です。

未成年者保護と債務不存在確認訴訟

本件では、Xは大阪市の道頓堀を通行中に化粧品会社の販売員から勧誘されて付近の会社事務所に赴いて契約を締結し、更に立替払契約

を締結するときに、X本人が年齢を聞かれ、満18歳（昭和40年生）であると答えたのに対して、同販売員が、クレジット申込用紙に昭和38年生と記入するよう指示したと認定されています。

　今日では、消費者契約法等消費者保護のための法制が本判決当時と比較して格段に整備されてきている状況ですので、同様の相談があった場合には、その取消し・無効の根拠については必ずしも本件と同じ回答になるものではないかもしれません。

　しかしながら、キャッチセールスには該当しなくとも、消費者が意に沿わない契約を締結してしまう事例は後を絶たない状況です。無効・取消しの根拠法規につき法改正があったとしても、債務が存在しないとの確認判決を得るためには、やはり債務不存在確認訴訟を提起する必要があります。

　その意味では本判決当時と現在とで質的な変化があるものではなく、債務者（消費者）側から積極的な解決を志向するための債務不存在確認訴訟が果たす役割はいささかも変化していないといえるでしょう。

＜参考判例＞
○XはYクレジット会社との間で立替払契約をし、Yの加盟店であるAから家具を買受けたが、家具の引渡を受けないうちにAが倒産し、Aの引渡債務の履行不能により右売買契約を解除したという場合に同解除による代金債務の消滅により立替金債務も消滅すると主張して同債務の不存在確認とともに、保証契約締結時作成の公正証書に関する請求異議訴訟を提起し、それが認められた事例（松江簡判昭58・9・21判夕520・219）
○原告が、未成年者であることを理由に、原告と被告間の被告が営業するホストクラブにおける饗応契約を取り消す旨の意思表示をしたとして、被告に対し、本件契約に基づく債務が存在しないことの確認を求めるとともに、予備的に不当利得の返還として、代金相当額の支払を求めた事案において、確認の利益がないとされた事例（東京地判平19・4・11（平18（ワ）3065））

第13節　相続関係

事例35　遺留分減殺請求を受けた受遺者が、民法1041条所定の価額弁償の意思表示をしたものの現物返還請求も価額弁償請求も受けていない場合において受遺者が弁償すべき価額の確定を求めるべく債務不存在確認を求めて提訴した事例

（最判平21・12・18判タ1317・124）

事案の概要

【当事者】

上告人（債務不存在確認訴訟の原告）Ｘ：Ａの子（法定相続人）
被上告人（債務不存在確認訴訟の被告）Y₁・Y₂：Ａの子（法定相続人）
Ａ：被相続人（Ｘ・Ｙらの母親）

【関係図】

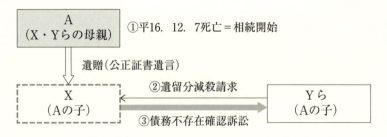

【事実経過】

平10.12.7	Ａは、Ａの遺産につき、遺産分割の方法を指定する公正証書遺言を作成した。
平16.12.7	Ａが死亡した。
平17.2.2頃	Ｙらは、Ｘに対し、遺留分減殺請求の意思表示をした。

平18	Xが、Yらに対し、本件訴えを提起し、本件遺言による遺産分割の方法の指定がYらの遺留分を侵害するものである場合は民法1041条所定の価額を弁償する旨の意思表示をした。 請求の趣旨として、①Y₁はAの相続についてXに対する遺留分減殺請求権を有しないことの確認を求める旨、②Y₂がAの相続についてXに対して有する遺留分減殺請求権は2770万3582円を超えて存在しないことの確認を求める旨記載されている。

訴訟の経緯

① 平成20年1月10日第1審判決（東京地裁）は、確認の訴えが適法であることを前提として実体判断を下した。

② Xは、控訴審の第1回口頭弁論期日において、価額弁償をすべき額を確定したいため、本件各確認の訴えを提起したものである旨を述べた。

③ 平成20年9月18日控訴審判決（東京高裁）は、第1審判決中、本件各確認の訴えが適法であることを前提とする本件各確認請求に係る部分を取り消して、本件各確認の訴えを却下した。

④ 平成21年12月18日上告審判決（本判決）は、原判決中主文第1項及び第2項を破棄し、第1項の部分につき本件を東京高等裁判所に差し戻した。

コメント

本件は、XとYらは兄弟であり、母親（A）の遺言がYらの遺留分を侵害しているとして、YらがXに対して遺留分減殺請求をしたとこ

ろ、Xが、①Y₁がXに対して遺留分減殺請求権を有しないことと、②Y₂がXに対して有する遺留分減殺請求権は2770万3582円を超えて存在しないことの確認を求める旨を訴状に記載して提起した訴えの、確認の利益が問題となった事例です。

1 遺留分減殺請求に対する受遺者側の対応

　遺留分減殺請求を受けたXがYらに対して価額弁償する旨の意思表示をしたものの、Xは価額弁償の履行の提供はしておらず、YらもXに対して現物返還請求も価額弁償請求もしていない段階で提起されたものであり、この段階では、遺留分権利者は、受遺者に対し、減殺請求に係る現物返還請求権を行使することも、それに代わる価額弁償請求権を行使することもでき、反面、受遺者等は、遺留分権利者に対し、目的物の現物返還をすることも、それに代わる価額弁償することもできることになります（最判昭54・7・10判タ399・137、最判平20・1・24判タ1264・120）。

2 確認の利益

　本判決は、価額弁償すべき額の確定を求める訴えの確認の利益について、①確認の対象については、遺留分減殺請求を受けた受遺者が、価額弁償又はその履行の提供を解除条件とする目的物の現物返還義務を負っていると解したうえで、このような解除条件付きの義務の内容は、条件の内容を含めて現在の法律関係ということができ、確認の対象としての適格に欠けるものではなく、②即時確定の利益も、一定の限定（受遺者等において価額弁償をする能力を有しないなどの特段の事情がないこと）を付したうえで肯定すべき旨判示しました。

　重要な部分だけ抜粋すると、以下のとおり判断しました。

　「…以上によれば、遺留分権利者から遺留分減殺請求を受けた受遺

者等が、民法1041条所定の価額を弁償する旨の意思表示をしたが、遺留分権利者から目的物の現物返還請求も価額弁償請求もされていない場合において、弁償すべき額につき当事者間に争いがあり、受遺者等が判決によってこれが確定されたときは速やかに支払う意思がある旨を表明して、弁償すべき額の確定を求める訴えを提起したときは、受遺者等においておよそ価額を弁償する能力を有しないなどの特段の事情がない限り、上記訴えには確認の利益があるというべきである。」

　本判決により、受遺者側から、積極的に遺留分の処理を進める筋道が確認されたといえるでしょう。

　遺留分及びその価額弁償の算定は、そもそも遺産の内容について、その評価の仕方を含めて争いになったり、特別受益に関する争いとも絡むことから複雑な問題に発展することも少なくありません。そのような場合に、本件のように債務不存在確認訴訟による解決も一つの手段となり得る場合があるはずです。

3　請求の趣旨の記載について

　本件については、上記確認の利益の有無に関する判断のほかにも、請求の趣旨についても参考とすべき内容を含んでいます。すなわち、価額弁償の具体的金額の確定を求める訴えの請求の趣旨としては、受遺者の争い方に伴い二つのケースを考える必要があります。まず、受遺者側が遺留分の侵害が一切ないと主張するケースでは、遺留分権利者が遺留分減殺請求により取得したと主張している不動産等について、遺留分権利者がその持分権等を有していないことの確認を求めることとなります。これに対して、受遺者において遺留分の侵害が一定程度あることを認めているケースでは、「被告（遺留分権利者）が被相続人○○○○の相続について原告（受遺者）に対してした遺留分減殺請求に係る目的物につき、原告が民法1041条の規定によりその返還義

務を免れるために支払うべき額が○○円（原告＝受遺者主張の額）であることの確認」を求めることが考えられるとされています（判タ1317号125頁参照）。

＜参考判例＞

○被告らが亡Ｃの死亡直後から相続の開始及び減殺すべき遺贈等があったことを知りながら、1年間以上にわたって遺留分減殺請求権を行使しなかったとして、原告が被告らに対して「被告らは、原告に対し、被相続人Ｃの相続について遺留分減殺請求権を有しないことを確認する。」との確認判決を求めた事例（東京地判平28・1・14（平27（ワ）30985））

○原告Ｘ及び原告X_2が、原告ら及び被告の母である亡Ａが本件遺言書により、原告らに現金及び本件各不動産を相続させたことについて、被告に対し、亡Ａの遺産に関する遺留分減殺請求権に基づく債務が存在しないことの確認を求めたところ（本訴）、被告が、原告らに対し、主位的に、本件遺言書が無効であることの確認を求め、予備的に、遺留分減殺請求権を行使したとして、遺留分の割合による、本件各不動産の持ち分一部移転登記手続及び預金相当額の支払を求めた（反訴）事案において、本件遺言書は亡Ａが自署したものであると認められ、また、本件遺言書作成当時の亡Ａの遺言能力も認められるとして、反訴の主位的請求を棄却するとともに、被告から原告らに対する遺留分減殺の意思表示があったとは認められず、被告の遺留分減殺請求権は時効により消滅したとして、反訴の予備的請求も棄却し、これにより確認の利益を失ったとして本訴を却下した事例（東京地判平27・2・12（平24（ワ）20064・平24（ワ）33908））

第14節　安全配慮関係

事例36　ホテルの大浴場の階段部分について滑りによる転倒防止の安全対策が不十分であると指摘されたホテルが債務不履行による損害賠償債務が存在しないことの確認を求めた事例

（盛岡地判平23・3・4判タ1353・158）

事案の概要

【当事者】
原告X：ホテル業等を目的とする会社
被告Y：ホテル利用客
Z：観光協会

【関係図】

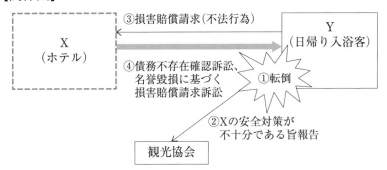

【事実経過】

平21.7.29	被告は、日帰り入浴のために原告ホテルを訪れた。
平21.10頃～平22初めにか	被告は、財団法人観光協会Zの役員らに対して、原告ホテルの大浴場において転倒したとか、安全対策が一切さ

けて	れていなかったなどということを記載した書面を送付した。
平22	原告は、被告が原告の営むホテル浴場内で、平成21年7月29日に転倒したことに基づく原告の被告に対する損害賠償債務の存在しないことの確認とともに、上記被告による文書の流布によって原告の名誉が毀損されたことを根拠として慰謝料200万円の支払を求めて提訴した。

訴訟の経緯

① 平成23年3月4日第1審（本件）判決
　主文：1　原告と被告との間において、被告が原告の営むホテル内で、平成21年7月29日に転倒したことに基づく原告の被告に対する損害賠償債務は54万1000円を超えて存在しないことを確認する。
　　　　2　原告のその余の請求を棄却する。
② 判決が確定した。

コメント

　本件は、ホテルが原告となって提起した債務不存在確認の訴えであり、被告は、そのホテルの大浴場（温泉）へ日帰り入浴に訪れ、その階段部分で滑って転倒し、肋骨骨折等の傷害を負ったと主張している者です。

損害賠償額の確定を求める趣旨の債務不存在確認訴訟
　債務不存在確認の訴えで損害賠償責任の有無が争われている場合において、同責任が存在する（責任はゼロではない）との心証が形成さ

れた場合に、原告の債務不存在確認請求について、単に請求棄却の判決をすべきか、一部認容判決をすべきかについては争いがあります（浅生重機「債務不存在確認訴訟」木川統一郎ほか編『新・実務民事訴訟講座1（判決手続通論1）』366頁（日本評論社、1981））。

　この点について、通常は被告から損害賠償請求の反訴が提起され、債務不存在確認の本訴について実体判断はされません（最判平16・3・25判タ1149・294）。

　ところが本件では、具体的な理由は明らかではありませんが、被告が損害賠償を求めて反訴を提起しなかったことから、上記の点がクローズアップされ問題となっています。

　この点について、本判決では、原告において責任がある場合には賠償すべき損害額を確定することを求めているという原告の意思を踏まえ、損害額や過失相殺について判断され、一部認容判決がなされました。

　このような判断は、紛争の一回的解決に資するうえ、当事者の意思にも合致するものと考えられています（吉田秀文＝塩崎勤編『裁判実務大系(8)民事交通・労働災害訴訟法』391頁（青森書院、1985））。

　なお、本件では明らかではありませんが、（債務不存在確認請求訴訟の）原告が賠償責任保険に加入しているような場合には、債務不存在確認訴訟において責任の所在や損害賠償額が明らかになる可能性がある以上、必ずしも債権者側において反訴の提起まで必要がないこともあるものと思われます。

　本件は、損害賠償責任があることを前提として損害賠償額の確定を求める趣旨で債務不存在確認訴訟が提起され、有効に機能した事例として紹介する次第です。

　ただし、本件のように原告が債務の不存在を求めているのに対し、裁判所がその一部でも債務の存在を認めるとの心証を得た場合には、

請求自体を棄却すれば足りるという本判決と異なる結論もあり得るところです。
　したがって、被告側において紛争の早期解決を確実にするためには、やはり反訴を提起しておくべきです。

＜参考判例＞
〇医療法人が、被害者との間において体内に埋め込まれた上肢用プレートの破損について損害賠償債務がないことの確認を求めるとともに、医療関連商品の製造及び販売等を目的とする株式会社との間においても、同プレートの破損について損害賠償債務がないことの確認を求め、それが認められた事例（神戸地判平15・11・27（平13（ワ）1220・平13（ワ）1998・平14（ワ）1252））
〇損害賠償債務不存在確認請求訴訟において反訴が提起された場合の本訴に実体判断なされなかった事例（最判平16・3・25判タ1149・294）

第15節　労使関係

事例37　ホストクラブの顧客に対する売掛金を指名を受けたホストに対する貸付金とする特約が公序良俗に反し無効であるとして貸付金債務不存在の確認を求めた事例

(東京地判平9・10・28判タ994・184)

事案の概要

【当事者】

原告X₁～X₃：被告Y所属のホスト
被告Y：ホストクラブ

【関係図】

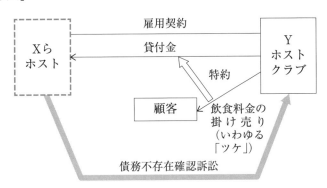

【事実経過】

| 本件特約の内容 | Xら・Y間の契約には次の特約があった。
①　飲食料金を掛け売り（いわゆる「ツケ」）とした場合には、客より接客指名を受けた者の責任において締切 |

	日の月末までにYに上記代金を入金する。 ② 売掛金が月末までに入金されない場合には、Yがホスト（Xら）に支払うべき給料と相殺する。 ③ 売掛金が未回収のために給料が赤字になったホスト（Xら）は、売掛金を入金するまでは、飲食代金を掛け売りとすることを禁止する。
昭62.2以降	X₁は掛け売り分が未回収となったため給料がマイナスとなった。
平2.11以降	同様にX₂は給料がマイナスとなった。
平4.6以降	同様にX₃は給料がマイナスとなった。
平6.5頃	X₂はYに対して、給料をもらえない期間が続いたため退店したい旨申し出たが、Yに対する借金が800万円以上になっていることを告げられ、Y代表者に説得されて勤務を続けることになった。
平6.12.31	X₂はその後も給料をもらうことができなかったため退店した。
平7	X₁～X₃がYに対して本件訴訟を提起。

訴訟の経緯

① 被告（ホストクラブ）Yが貸付金の支払を求めて反訴を提起した。
② 平成9年10月28日第1審（本件）判決は、原告Xらの本訴請求を認容し、被告Yの反訴請求を棄却した。
③ 判決が確定した。

コメント

本件は、ホストクラブに勤務するホストが、顧客に対する売掛金を指名を受けたホストにおいて負担するとのホストクラブ・ホスト間の特約は、ホストクラブがその優越的な地位を利用して一方的に貸付金

とし、ホストらが同金員を支払わなければ給与債権と相殺することにしているのであり、ホストらに過酷な負担を強いることになるから、公序良俗に反して無効である等と主張して、貸付金債務不存在の確認を求めて提訴した事案です。

上下関係があるケースでの債務不存在確認請求訴訟

　本件特約が有効であれば、顧客から取り立てるべき飲食代金の回収不能の危険を全てホストが負担することになり、またホストは売上げが上がらなければ給料が上がらないため、顧客からの掛け売りの申出を断りがたいシステムになっており、仮に支払ができない場合には勤務を続けるか、退職する場合には高額な遅延損害金の支払をも負担せざるを得なくなる状況にありました。

　このように、ある団体内部で上下関係がある場合、従属的な立場に立っている者は往々にして、団体や上司の指示を不合理と感じながらも「泣き寝入り」せざるを得ない事案が多いものと思われます。

　このような場合に、解決の突破口を開くための手段の一つとして、本件事案のように債務不存在確認訴訟の活用が考えられるべきです。

　もっとも、本件は労使関係の紛争という側面があるため、仮に訴訟提起に踏み切る際にはこれまで同様に勤務を継続できなくなる可能性が高く、債務不存在確認訴訟を準備する際には依頼者の意思確認や提訴時期の選択にも留意すべきです。

　本件に限らず、労働者の賃金をカットするためにペナルティ制度を設定したり、一定の売上目標を達成できない場合には罰金を課したりすることなどがあり得るところですので、そのような場合には本裁判例のように、債務不存在確認訴訟の提起を検討するのが望ましいでしょう。

＜参考判例＞
○スナックのホステスが顧客の飲食代金債務を経営者に立替払をするとの合意が公序良俗に違反して無効であるとして未収金債務の不存在確認等を求め、それが認められた事例（大阪地判平9・8・29判タ962・169）
○クラブ等のホステスが店の顧客に対する掛け売り代金の連帯保証債務を負うとの特約が公序良俗に反せず有効とした事例（最判昭61・11・20判タ627・75）

第16節　団体決議関係

事例38　水産業加工業者を組合員とする組合が1億円以上の損失を生ずる見込みとなったため組合員から特別賦課金を徴収する旨の総会決議がなされたのに対して決議に反対した組合員が特別賦課金の支払債務は存在しないことの確認を求めた事例

（最判平4・3・3判タ813・208）

事案の概要

【当事者】

　被上告人（1審原告）X：水産業協同組合の組合員たる水産加工工場
　上告人　（1審被告）Y：水産業協同組合

【関係図】

【事実経過】

昭52.5.25	Yの通常総会において組合に欠損金1億円が発生したため太陽神戸銀行等からの借入れにより補てんした。
昭53.2.10	組合の臨時総会で上記欠損金の補てんを組合員全員の連帯責任で補てんすることを出席者全員賛成で決議した。
昭53.5.27	通常総会で欠損金補てんのため毎月8万円を特別賦課金として徴収する議案が付議され、X代表者の妻が反対意見を述べて退席した後出席者全員の賛成で決議された。

昭54.5.26	通常総会で欠損金補てん及び金融機関からの借入金利息を償却するため、毎月8万円の特別賦課金徴収の件が付議されX代表者が反対の意見を述べて退席した後出席者全員の賛成で決議しXを除く組合員らが同決議に基づく賦課金を組合に完済した。しかしXは賦課金の支払をしない。
昭59	Xは特別賦課金の徴収に反対してYに対して債務の不存在確認を求めて提訴。

訴訟の経緯

① 昭和62年9月11日神戸地裁明石支部第1審判決は、総会決議は組合員有限責任の原則に違反するとして債務不存在確認請求を全部認容した。

② 平成元年5月30日大阪高裁第2審判決も決議は組合員有限責任の原則に違反するとして第1審判決を支持し控訴を棄却した。

③ 平成4年3月3日最高裁判決は、水産加工業協同組合は、その負担に同意した組合員以外の組合員から出資額を超えて経費以外の金員を徴収することはできないとして上告を棄却した。

コメント

本件は、水産業加工業者をその構成員とする組合における組合内部の決議の効力が問題となった事案です。組合が組合員の便宜のために購入した冷凍サンマ等の価格が暴落してしまい、事前に購入を希望していた組合員が採算がとれないなどと組合から買い取らないと申し出たため、価格を引き下げてなんとか組合員に買い取ってもらったものの、結局組合に1億円以上の損失を生ずる見込みとなり、やむを得ず組

合員から特別賦課金を徴収してこの損失を補填することとし、組合の総会決議で承認されました。この総会決議の有効性に疑義があるとして、総会決議に基づく賦課金納付義務は存在しないことの確認を求めた事例です。

団体の決議の効力が問題となる事案における債務不存在確認訴訟

　本件では、上記特別賦課金の徴収決議に、Xのみが反対を表明したものであり、反対した者に対しても徴収決議の効力が及ぶのかが問題となった事案であり、裁判実務上の取扱いが必ずしも定まっていない時点で問題提起されたものです。

　団体の目的や賦課金の具体的内容等に応じて結論が異なるところであり、本件のようにXのみが一人反対している状況下で裁判手続に踏み切ることには想像以上に高いハードルがあるものと想像されますが、結論として本判決（上告審）において、Xの債務不存在確認請求を認容しているとおり、問題提起がなされたからこそ得られた貴重な結論であると評価されるものと思われます。

　本判決は、団体の決議の効力が問題となっている事案における解決手段として債務不存在確認訴訟が選択され有効に機能した事例として紹介する次第です。

　強制加入団体である弁護士会においても、今後類似の事件が起こる可能性がないとも言えませんので、その意味でも参考になる裁判例と言えるでしょう。

＜参考判例＞
〇司法書士会の「他の司法書士会に対して震災復興支援拠出金を送金するため会員から登記申請事件1件当たり50円の復興支援特別負担金の徴収を行う」旨の決議は、司法書士会の目的の範囲外の行為とはいえないと

して同特別負担金の支払債務が存在しないことの確認を求めたが認められなかった事例（最判平14・4・25判タ1091・215）

○行政書士である原告が、被告県行政書士会の会費は実質的には政治資金規正法上の団体である被告日本行政書士政治連盟県支部の寄付として使用されており、違法な会費徴収がなされているとして、また、これにより被告県政治連盟は不当に利得し、被告県書士会は原告に損害を与えたとして、被告県書士会の会費支払義務の一部不存在確認、被告県政治連盟の不当利得返還及び被告県書士会の行為に対する損害賠償を求めた事案において、原告の各請求を棄却した事例（和歌山地田辺支判平20・3・14判時2085・102）

○大阪市の地下商店街振興組合による地下街改装事業のために組合員に事前積立賦課金等を賦課するとともに、組合員に右地下街の所有者であり店舗部分の賃貸人である会社に対し追加保証金等を支払わせる旨の組合総会決議は無効であることの確認を求めたが認められなかった事例（大阪地判平9・4・28判時1619・131）

○司法書士会が事件数割会費を徴収しても、会員の実質的平等に反し、公序良俗に反し無効であるとは認められないとされた債務不存在確認訴訟の事例（名古屋高判平12・2・29判タ1056・170）

○税理士会支部である被告の会員である原告が、入会に際して被告に対して会館建設預り金を交付したものの、同金員交付の必要性はなかったとして、建設預り金交付義務が存在しないことの確認等を求め、その一部が認められた事例（東京地判平24・11・5（平23（ワ）28832））

第17節　街宣活動関係

事例39　都市銀行が国体護持等を標ぼうし街宣活動を行う政治団体から不法行為責任を追及されたのに対し同責任に基づく債務は存在しないことの確認を求めた事例

（東京地判平7・10・25判タ909・205）

事案の概要

【当事者】

原告Ｘ：銀行業を営む株式会社

被告Ｙ₁：政治資金規正法に基づき政治団体の届出をした政治団体
　　　　（権利能力なき社団）

被告Ｙ₂：Ｙ₁の代表者

【関係図】

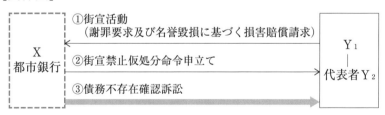

【事実経過】

| 平4.5.20 | ○○テレビは、ニュース番組で、「不祥事件等報告について」と題する文書に関連した放送を行った。上記文書の末尾には「マル暴関連リスト」と標題されたリストが添付され、ある企業について、その「系列・地位」として「丙山会三代目会長丙山春夫親交者被告」、「コ |

	メント」として「（Y₁-右翼政治結社・会長は丙山会旧○○一家元総長）」との記載がある。
平4.5.27	衆議院大蔵委員会において、上記報告書の写しが大蔵委員や政府委員に配布され衆議院議員が本件報告書に関連した質問を行い、大蔵省銀行局長らとの間で本件報告書に関する質疑応答が行われた。
平5.2.8	Y₁は、X会長宛書面をもって、Xに対し、本件リストにY₁の名を記載した理由、本件リストをマスコミや衆議院議員に配布した理由、Y₁の名誉回復をどのように行うつもりか、Yらに対し公に謝罪するか等につき同月22日までに回答するよう要求をした。
平5.2.22	これに対してXは、Y₁に、Xが本件リストを作成したかどうかは事件発生から長期間経過し関係資料処分済みのため現時点では確認できないこと、したがって本件リストがXの責任の下に作成されたことを前提とした質問には答えられない旨の回答を行った。
平5.2〜平5.11	Yらは、ほぼ連日、Xの本店、支店の周囲で街宣活動を実施。
平5.10.8	Xは、債権者をX、債務者をYらとする街宣禁止等の仮処分命令を申し立て、同月26日仮処分決定を得た。
平5	Xが、Yらに対し、YらのXに対する不法行為に基づく損害賠償請求権等が存在しないことの確認と、YらがXの名誉を毀損し、誹謗中傷する内容の街宣活動を行うなど業務を妨害する行為等の差止めを求めて本件訴えを提訴。

訴訟の経緯

① Y₁は、Xに対し、Xが本件リストを作成してマスコミ等の外部に流出させ、Y₁が暴力団であるかのような印象を与え、その社会的評価を低下させたとして、不法行為（名誉毀損）に基づき主位的に謝

罪広告の掲載、予備的に損害賠償を求めて反訴を提起した。
② 第1審（本件）判決
　主文：1　原告Ｘと被告Ｙらとの間において、原告Ｘが被告Ｙらに対し別紙「事実」記載の事実に関して何らの債務を負担していないことを確認する。
　　　　2　被告Ｙらは、原告Ｘに対し、左の行為をしてはならず、又は第三者をして左の行為をさせてはならない。
　　　　　(1)　別紙…記載の原告Ｘの本店及び支店所在の建物の外壁から300メートルの範囲内において、拡声器又は街宣車を用いて、原告Ｘの名誉信用を毀損し、誹謗中傷するなどの内容にわたる演説を行うなど原告Ｘの業務を妨害する一切の行為
　　　　　(2)　別紙…記載の内容を記載した文書を頒布する行為
　　　　3　被告Ｙ₁の請求をいずれも棄却する。
③　被告が控訴した。

コメント

　本件は、「マル暴関連リスト」と題された銀行の内部資料がマスコミ等に流出し同リストに名前が挙がったため名誉を毀損されたとして銀行に対して謝罪等を求めて約9か月間、約150回にわたり80dB以上の音量で街宣活動等を行った団体に対して、上記リストの流出について不法行為に基づく損害賠償債務は存在しないこと等を求めて提訴した事例です。

1　街宣活動等に対する対抗手段としての債務不存在確認訴訟

　原告の主張によれば、本件街宣活動の発言内容及び頒布されたビラの内容が事実無根であるうえ、街宣活動が9か月間の長期にわたり多

数回行われたこと、多いときには30支店もの店舗において行う広範囲なものであること、その音量が極めて大きく、東京都の「拡声器による暴騒音の規制に関する条例」で禁止されている程度を頻繁に超過し、時には100dBを超える大音響を出していたこと、ビラが本店正面玄関で配布されたり、支店の窓ガラスに貼付したりされる等、原告の業務の妨害を目的として行われたものであるという事案でした。

　このような事案では、警察署への相談や告訴等刑事手続も視野に入れる必要がありますが、このような街宣活動に関して警察関係者の積極的な協力を得られないことも十分考えられますので、民事事件として、被害者たる原告側から打って出る手段として債務不存在確認訴訟の活用を検討する必要があります。

　本件は同訴訟が有効に機能したといえる事例として紹介する次第です。

　街宣活動に対する対処法としては、他にも街宣活動禁止の仮処分の申立て（及びそれに引き続く間接強制の申立て）がありますが、特に、債権者側が文書において自己の請求権の根拠を明示している本件のような事案においては、その解決手段として債務不存在確認訴訟が馴染むものといえるでしょう。

　なお、被告が行った街宣活動により原告の事業活動が妨害され損害が生じる可能性もありますので、債務不存在確認請求のみならず、それに付加して損害賠償も併せて求めることも検討すべきです。

2　刑事法規への抵触が問題となる事案での債務不存在確認訴訟の活用

　一般に民事事件と刑事事件の両側面を有する事案は少なくなく、本件のような事例に限らず、刑事事件の被害者としての対応が必要となる場合があるところです。

　刑事事件でも民事事件も、その解決に至るプロセスを大きな視点か

ら捉えると、(捜査機関、裁判所、ＡＤＲ等の)「第三者」がいる場に強制的に引きずり込むことがその解決機能が作用するうえで一つの決定的なポイントとなっています。

　その意味で、刑事事件として告訴が可能な場合であっても、告訴ないし告発には、それが警察や検察に「受理」されるか否かという不確定要素があるうえ、仮に受理された後の捜査の進捗状況についても確実に把握することは難しく、また解決に至るまでどの程度時間を要するか、起訴・不起訴が決まるまでどのくらい時間がかかるかも不透明です。

　そこで、積極的かつ確実に裁判所の判断を求める手段の有無を模索することとなり、刑事法規への抵触が問題となっている事案の解決手段の一つとして、債務不存在確認訴訟の提起を検討することは、(諸般の事情に鑑み実際に提起するかは兎も角) 必須と言っても過言ではありません。

＜参考判例＞
〇町議会議員であった控訴人が、町議会から除名処分を受けたところ、同処分は違法であるとしてその取消しを求めるとともに、同処分により控訴人の名誉を毀損されたとして、被控訴人に対し、国家賠償法1条1項に基づき、慰謝料の支払並びに謝罪広告の掲載を求め、さらに、未払議員報酬の支払並びに受領済み議員報酬の返還債務の不存在確認を求め、それが認められた事例（名古屋高判平25・7・4判時2210・36）
〇原告が原告が創作した歌詞の実演をコンピュータのハードディスクに蔵置する方法により原告歌詞の実演の原盤を完成させた行為について、複製権、翻案権及び同一性保持権に基づく被告の原告に対する損害賠償請求権を有していないことの確認、名誉毀損の不法行為に基づく損害金の支払並びに謝罪広告を求めた事案において、確認の利益がないとされた事例（東京地判平20・12・26（平19（ワ）4156））

第18節　医療事故関係

事例40　前額部のシミの治療で形成外科等を専門とする医院でレーザー治療を受けた女性が治療前と説明が異なり炎症性色素沈着の状態等になったため診療契約は要素の錯誤により無効であるとして治療費の支払債務の不存在確認を求めた事例
（横浜地判平15・9・19判時1858・94）

事案の概要

【当事者】

原告X：被告Y医療機関でレーザー治療を受けた女性

被告Y：医療機関

Z：信販会社

【関係図】

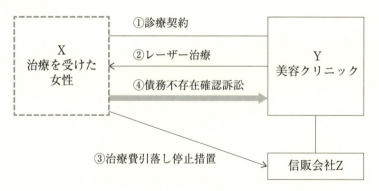

【事実経過】

平12春頃	原告は、40歳になったころに額や両頬にシミのようなものが現れ気にしていたところ、皮膚科で内服療法を受ける等したが症状の改善はみられなかった。
平13.6.9	① 原告は、広告で被告クリニックが土日も診療していることやレーザー治療を行っていることに興味を惹かれ、受診した。このとき、被告クリニック形成外科の担当医師は、「あなたのシミはレーザー1回できれいになる。」などと述べてレーザー治療を勧めたため、同日の午後にレーザー治療を行うことになった。 ② 原告の額にレーザー照射を行ったところ、原告が熱さ・痛さを強く訴えたことから、担当医師は途中で麻酔を施し、額の右側と左側とで種類の違うレーザー照射を実施。 ③ レーザー治療の内容が事前の説明と異なるとして不満を持った原告と担当医師が話をした際、原告が本日の額の代金だけ支払うと述べたのに対し、同医師は本日の額の分だけで80万円であると応答して若干の言い争いになり、頬のレーザー治療は別の機会にすることとした。 ④ 原告は、会計担当者から指示されるまま診療代84万円を分割して支払う旨約束する内容の「お支払約束書」に署名押印した。
平13.6.16	原告は、不満と不安を抱きながら通院を継続し、治療費の一部約6万円を現金で、残り78万円をクレジットカードで支払った（平成13年7月28日引落し）。
平13.6.28	原告は被告クリニックの他の医師の診察を受けた際、額の一部の熱傷瘢痕があると指摘され、レーザー治療をやめた方がよいと診断された。これにより原告の被告に対する不信感は決定的となり、以後通院をやめた。
平13.7.24	原告は、被告クリニックに対しクレジットカードで支払った前記78万円について、訴外Z信販会社に対して支払

	停止の措置をとった。
平14	原告が被告に対して診療費の支払債務がないことの確認及び説明義務違反等を根拠とする損害賠償を求めて提訴。

訴訟の経緯

① 平成15年9月19日第1審（本件）判決は、債務不存在確認請求については全部認容し、損害賠償請求については一部認容した。
② 判決が確定した。

コメント

　本件は、美容医療の実施に当たり医師の負担する説明義務の内容等が争点となった事例です。
　原告の女性は、医療機関の対応に不信感を持ったことから診療費の支払のために使用したクレジットカードの引落し日の直前に、引落し停止の措置をとっていたため、約80万円の診療費が支払われていない状態でした。
　結論として裁判所は、本件診療契約に関する原告の意思表示は要素の錯誤により無効であるとして、診療契約に基づく診療代金の支払義務を負わないとして、原告の債務不存在確認請求を全部認容しました。

美容医療事案における債務不存在確認請求訴訟

　広告媒体を通じたセールストークに興味を感じた患者が、施術後に事前の説明と相違する傷痕や副作用等の現実に直面して、その発生し

た結果に不満を持ち、医療機関に対して損害賠償の訴えを提起するケースは決して少なくありません（例えば、福岡地判平5・10・7判時1509・123、広島地判平6・3・30判時1530・89、東京地判平7・7・28判時1551・100、東京地判平9・11・11判タ986・271等）。

　紛争となった場合には医療過誤の成否、損害賠償責任の有無がクローズアップされその主張・立証に焦点が絞られると思われ、実際に本件においても裁判所は詳細に検討しているところです。

　もっとも、医療機関が損害賠償責任を負うか否かという問題と、患者が医療機関に対して診療費用の支払義務を負うか否かという問題は、強く関連するものの、前者が肯定された場合に自動的に後者が否定されるという関係にはありません。

　そのため、本件のように、診療費用が支払われていない場合には、通常は医療機関から患者に対して診療費用請求の反訴が提起されることが多いと思われますが、必ずしも医療機関の反訴請求がなされるとは限りません。したがって、債務不存在確認訴訟の原告たる患者サイドとしては、医療機関に対して、医療過誤に基づく損害賠償請求と共に診療費用について債務不存在確認請求も併せて求めておくことを失念しないようにすべきでしょう。

　提訴後に裁判所から釈明を求められたり、先方からの反訴請求がなされたり、又は裁判上の和解内容を協議する中で未払診療費の問題が顕在化することもあり得ますが、確実に解決をするためにはやはり積極的に債務不存在確認を求めていくことが必要と考えられます。

＜参考判例＞
○原告病院を開設、運営する原告が、原告病院に5年間以上にわたり入院したまま退去しない被告に対し、①原告病院の医師が、被告に対して行っ

た急性心筋梗塞の治療に係る医療事故に基づく原告の被告に対する損害賠償債務が存在しないことの確認、②原告と被告との間の入院契約が終了したことに基づく原告病院からの退去、③未払診療費及び食事負担金の合計175万4540円及びこれに対する平成18年4月22日（訴状送達の日の翌日）から支払済みまで民法所定の年5分の割合による遅延損害金の支払を求め、それが認められた事例（岐阜地判平20・4・10医療判例解説20・68）

第2章　活用事例

事例41　献血に先立つ試験採血の際に献血者に神経損傷の傷害を与えた看護婦に過失はないとして献血業務を実施した法人が献血者に対して損害賠償債務不存在確認を求めた事例

（大阪地判平8・6・28判タ942・214）

事案の概要

【当事者】

原告 X_1：日本赤十字社

原告 X_2：採血担当者の看護婦

被告Y：献血者（日雇労働に従事しながら画家を目指して勉強中）

【関係図】

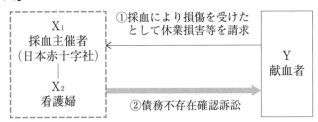

【事実経過】

平6.3.6	原告日赤は、○○市中央区路上において、献血の募集を行っていたところ、被告が募集に応じて400mlの献血を申し出て原告看護婦が採血に先立つ試験採血の担当として注射針を被告の左前腕部に穿刺した。その際、被告は、「痛い。痛い。」と言い、左腕の疼痛を訴えた。
平6.3.22	被告が原告日赤に電話をかけ、試験採血をした左腕の痛みを訴えたところ、原告所属の職員の紹介により被告は別の医療機関を受診した。

| 平6 | 原告日赤及び原告看護婦が被告に対して本件債務不存在確認訴訟を提訴。 |

訴訟の経緯

① 平成8年6月28日第1審（本件）判決は、原告らの請求を全部認容した（主文：原告らは、被告に対し、別紙事故目録記載の事故について、いずれも損害賠償債務を負担していないことを確認する。）。
② 判決が確定した。

コメント

　本件は、原告日本赤十字社及び献血時の試験採血を担当した看護婦が、試験採血により皮神経損傷を受けたとして休業損害、慰謝料等を請求していた被告に対し、同試験採血による損害賠償債務を負担していないことの確認を請求した事案です。

1　医療事故における債務不存在確認訴訟の活用

　医療事故に基づく損害賠償責任の有無等が争点となる事案では、医療記録の分析や医療水準の立証等がポイントになり得るため、紛争解決まで他の訴訟類型よりも相当程度時間を要する場合が多いものと思われます。

　そこで、医療機関において、患者から損害賠償責任を求められた場合のうち、例えば患者の主張する症状や治療経過が医学的にみて不自然ないし不合理な点が見受けられる場合には、積極的に債務不存在確認訴訟の提起も紛争解決の選択肢として検討するべきでしょう。

　特に、本件においては、医療機関の認識では「皮神経損傷は、…損傷を受けた瞬間にすべての症状が発生し、時間の経過とともに、その

症状が強くなることはないのが通常である。また、皮神経は知覚神経であるので、その損傷によって運動障害を起こすことはない。仮に皮神経損傷を生じたとしても、4、5日、長くて2週間で完治するものである。この点、被告の主張によれば、本件事故後、症状が強くなっており、また、左右の握力差が顕著に出ているにもかかわらず、…手指や手関節に拘縮が認められず、前腕の筋群の筋力低下も僅かであって、その経過は極めて不自然である」とのことであり（判決においても概ね医療機関の主張が認定されています。）、この点が本件提訴に踏み切る契機の一つになっているのではないかと推測されます。

類似のケースで参考にされるべきポイントが多く示唆に富むことから紹介する次第です。

2　第1審で判決が確定するケース

本書で紹介する裁判例に限らず、債務不存在確認訴訟が提起されるケースでは、提訴前の債権者側の要求が過大であったり、また執拗であったりする場合が多く、本件でも結果的にはそのような類型にあてはまる事例と評価して差し支えないでしょう。

ところが、債務不存在確認訴訟が提起され、第1審の判決で債権者側の主張が排斥された場合（債務不存在確認請求の全部認容、反訴請求の棄却）に、提訴前の「勢い」が減殺されて控訴すらしないというケースが多数見受けられます（正確な統計はとっていませんが控訴せずに確定しているケースは少なくないというのが筆者の所見です。）。

その理由としては、多くの方にとって裁判所という第三者たる公的機関の下す判断に対する信頼が厚いこと、第1審であっても審理を尽くしたうえで判決がなされるまでの間に相当程度感情の沈静化、いわゆる「ガス抜き」がなされること等諸々考えられるところですが、債務不存在確認訴訟が果たす機能が小さくないことを物語っていると言えます。

第19節　名誉毀損関係

事例42　地方新聞に掲載された町長選挙に関する談話記事が名誉毀損であるとして損害賠償等を求められた取材対象者が、訴訟告知を受けて独立当事者参加した新聞社と共に債務不存在確認を求めた事例

（東京高判平14・7・17判時1812・96）

事案の概要

【当事者】
　被控訴人（債務不存在確認訴訟の被告）　X：町長選立候補者
　控訴人（債務不存在確認訴訟の原告）　Y：元町会議長
　参加人Z：新聞社

【関係図】

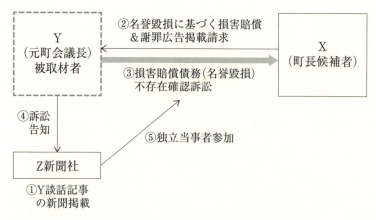

第2章 活用事例

【事実経過】

平12.4.20	○○新聞の記事において、Yの談話の形式を採って、「議長時代、新幹線建設反対者に手続ミスで渡った町の金2000万円を持ち逃げされたり、大変だった。」という内容の記事が掲載された。
平12.4.23	町長選挙実施。
平12	Xは、上記記事は持ち逃げ行為者の名前は記載されていないが読者にはXが持ち逃げ行為者であることが認識されるとしたうえ、同記事の内容は虚偽であり、これにより名誉を毀損され、営業妨害の被害も受けたと主張し、Yに対して1000万円の損害賠償の支払と謝罪広告の掲載を求めた。
平12	Yは、新聞記者の取材時に、記者に「持ち逃げされた」などの発言をした記憶はないが、仮にそのような発言をしたとしても、これを本件記事のような形でまとめ、編集して公表したのはZであるから、Yに名誉毀損行為があるとはいえないなどと主張して、Xに対して損害賠償債務不存在確認を求めて提訴。

訴訟の経緯

① 平成13年10月26日第1審（本件）判決（さいたま地裁）は、Xに対する名誉毀損を認めて、Yに対する本訴請求を一部認容した。

② Yが控訴し、第1審判決の取消しと本訴請求の棄却を求めた。

③ 平成14年7月17日控訴審判決（本件判決）は、Xに対する名誉毀損の成立を否定し、第1審判決を取り消したうえ、Xの本訴請求を棄却した。

④ Xが上告した。

コメント

　本件は、町長選挙に関する新聞記事を巡る名誉毀損が争われた事例です。

　本件の経緯は必ずしも明らかではありませんが、Y（取材対象者）が別訴としてX（名誉毀損を訴えた者）に対して債務不存在確認訴訟を提起したうえ、弁論が併合されたか、又はYのXに対する債務不存在確認訴訟が提起され、反訴請求としてXのYに対する損害賠償請求がなされたものと思われます。

1　訴訟判決か本案判決か

　本件では、第1審判決を取り消して被控訴人の請求を棄却するとともに、損害賠償債務が存在しないことを確認する本案判決をしています。

　一般に、請求棄却判決の既判力によって債務の不存在について事後争うことができなくなるため、さらに重ねて債務不存在確認判決を下す確認の利益がないとして、訴え却下の訴訟判決をする判決もあるところですが、本件のように、本案判決をなす事例もあるところです。

　この点に関して、保険金支払債務の不存在確認請求に係る訴えについては契約者から保険金等の支払を求める反訴が提起されている以上、もはや確認の利益を認めることはできないことを理由として保険会社の債務不存在確認請求訴訟は、不適法として却下を免れないとの判断を示しており（最判平16・3・25判時1856・150）、このような考え方が現在では主流といえます。

2　独立当事者参加と確認の利益

　本件では新聞社Zが、債務不存在確認訴訟の原告Yから訴訟告知を受けて訴訟参加し、独立当事者参加の申出をしたのに対して、第1審判

決は、参加の利益がないとして参加申出を却下しました。

　これに対して本判決では結論として適法な申出であると判断しました。具体的には、独立当事者参加者の債務不存在確認請求の確認の利益について、「<u>控訴人（Y）は仮に被控訴人（X）の控訴人（Y）に対する損害賠償請求が認容されたときは、本件記事を掲載した附帯控訴人（Z）に対して損害賠償を請求する旨主張しているのであるから、確認の利益がある。</u>」（下線は筆者）として、取材対象者Yが敗訴した場合に新聞社Zに対して責任追及する姿勢を示していることを重視して確認の利益を肯定しました。

　本件は、債務不存在確認訴訟における参加者の確認の利益について参考になるものとして紹介する次第です。

＜参考判例＞

○路線バスの運転手である原告が、駆け込み乗車した被告との口論後、上司とともに被告宅に謝罪に訪れた際、被告から土下座させられ受傷したとして損害賠償を求めたほか、本件口論時における債務の不存在確認を求めた（本訴）のに対し、被告が、本件口論時に暴行及び名誉毀損を受けたとして損害賠償を求めた（反訴）事案において、本訴の賠償請求を一部認容する一方、反訴請求を一部認容し、本訴の確認の訴えは確認の利益がないとして却下した事例（東京地判平25・12・20（平24（ワ）22355・平25（ワ）8132））

○交通事故について、原告が、不法行為（民法709条）に基づく損害賠償請求権により、相手方の相続人に対し、物的損害（車両時価）の各相続分の支払を請求するとともに、相手方が対物賠償保険を締結していた参加人（保険会社）に対し、同保険金の被害者請求権により、本件判決確定を条件として保険金の支払を請求した本訴提起後、相手方と自動車人身傷害保険契約を締結していた参加人（保険会社）が、被告（相手方相続人）に対し、本件事故に起因する保険金支払債務の不存在の確認を求めて独立当事者参加した事案において、参加人の請求を認容した事例（名古屋地判平27・3・20自保1946・146）

第20節　知的財産関係

事例43　ラップフィルム製品は登録意匠に係る物品としての同一性又は類似性がないとして、意匠権侵害に基づく損害賠償請求権等が存在しないことの確認を求めた事例

（東京地判平16・10・29判タ1196・229）

事案の概要

【当事者】
　原告Ｘ：従来からラップ製品を製造販売する株式会社
　被告Ｙ：ラップフィルム摘み具について登録意匠を有する株式会社

【事実経過】

平14.8.9	Ｙがラップフィルム摘み具について意匠登録（本件意匠権）。
平16.3.22	Ｘは、従来から「ＮＥＷクレラップ」との商品名でラップフィルム製品を製造販売していたが、平成16年3月からその改良製品の製造販売を開始した。
平16.5.26	Ｙは、Ｘに対し、同日付通知書により、ＸによるＸ製品の製造販売が本件意匠権の侵害になるとして、Ｘ製品の製造販売の中止等を求めた。
平16.6.11	Ｘは、同日付回答書により、Ｘ包装用箱の意匠は本件意匠に類似しないなどとして、Ｘ包装用箱を使用したＸ製品の販売等は本件意匠権の侵害とならず、Ｙの要求には応じられない旨回答。
平16	Ｙは、その後も現在に至るまで、ＸによるＸ製品の製造販売が本件意匠権を侵害する旨を主張。
平16	ＸがＹに対して本件意匠権の侵害に基づくＹのＸに対す

第2章 活用事例

る損害賠償請求権又は不当利得返還請求権が存在しないことの確認を求めて本件訴え提起。

訴訟の経緯

① 平成16年10月29日（本件）判決は、Xの請求を全部認容した。
② 判決が確定した。

コメント

　本件は、X製品の製造販売がYの意匠権を侵害を侵害するとして、製造販売の中止等を求める警告書を送付されたXが、Yに対して、X製品の製造販売につき、Yが本件意匠権に基づく損害賠償請求権又は不当利得返還請求権を有しないことの確認を求めた事案です。

1 市場規模が大きな製品について知的財産権侵害が問題となっている事案における債務不存在確認訴訟

　本件訴訟提起に至るまでの間に、YからXに対して複数回にわたって警告書が継続的に送付されてきたこと、本件製品の市場規模が極めて大きかったこと等から、X側において積極的に紛争解決を求めて債務不存在確認訴訟の提起に至ったものと思われます。
　仮に警告書記載の損害賠償責任が認められた場合には会社の主力商品が販売できなくなる可能性があるうえ、知的財産権の侵害の有無の判断はその性質上困難であることが多く、また裁判となった場合には裁判上の和解により円満に解決する可能性が高まること等の事情を踏まえれば、本件のように市場規模が大きな製品について知的財産権の侵害を指摘された場合には速やかに債務不存在確認訴訟の提起を検討

するべきです。

　なお、本件では、YのXに対する損害賠償請求権等の「債権」が不存在であることの確認を求めたために裁判所もそのまま認容していますが、XのYに対する損害賠償債務等の「債務」不存在を求めることも差し支えないものと思われ、その意味でも参考になるものと思われます。

2　知的財産関係訴訟における請求の趣旨の参考例

　本判決主文は、「原告による別紙目録1ないし3記載の包装用紙を使用したラップフィルム製品の製造、販売につき、被告が意匠権第○○○号の意匠権に基づく損害賠償請求権又は不当利得返還請求権を有しないことを確認する。」という内容です。

　意匠権侵害が争点となったものですが、知的財産関係の債務不存在確認訴訟を提起する際の一般的な参考となると思われ紹介する次第です。

　なお、上記別紙目録の一部が判例タイムズ1196号233頁以下に紹介されており、この点も参考になると思われます。

＜参考判例＞
- ○A工法を施工している原告が被告のB工法についての特許権は明らかな無効理由がある等として特許権に基づくA工法の差止請求権が存在しないことの確認を求め、それが認められた事例（東京地判平13・3・30判タ1059・195）
- ○被上告人（1審原告）が製造する半導体装置が上告人（1審被告）による発明の技術的範囲に属すると上告人（1審被告）が主張するため特許権侵害に基づく損害賠償請求権が存在しないことの確認を求めたがそれが認められなかった事例（最判平12・4・11判タ1032・120）

第21節　租税債務関係

事例44　納税者名義の贈与税の申告書は納税者の父親が納税者に無断で納税者名義で署名押印して提出したものであるなどとして贈与税に係る租税債務が存在しないことの確認を求めた事例　（東京地判平19・2・16税資257・順号10634）

事案の概要

【当事者】
　原告X₁：Zの子
　原告X₂：Zの子
　被告Y：国
　Z：X₁及びX₂の実父

【関係図】

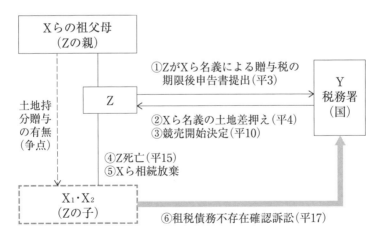

【事実経過】

―	Xらの祖父母が所有していた土地について贈与を原因とする持分移転登記。
平3.9.4	上記登記に係るXら名義の贈与税の期限後申告書が税務署に提出された。
平3.10.29	税務署長が上記申告書に基づき贈与税に係る無申告加算税の賦課決定を行い、その旨をXらに通知。
平4.2.28	Xらの贈与税を徴収するため税務署長がXら名義の土地持分を差押え。
平10.12.25	横浜地裁横須賀支部は銀行の申立てに基づき本件土地の競売開始決定。
平15.1.16	Xらの実父であるZが死亡し、同人に多額の負債があったことが判明したためXらは相続放棄。
平17	Xらは、Yに対し祖父母から土地の持分の贈与を受けた事実はないと主張して同贈与に係る贈与税、無申告加算税及び延滞税が存在しないことの確認を求めて提訴。

訴訟の経緯

① 平成19年2月16日第1審（本件）判決は、Xらの主張を容れて全部認容した。

② Y（国）が控訴した。

コメント

本件は、X_1及びX_2の祖父母が所有していた土地について、贈与を原因とする祖父母からXらに対する持分移転登記が存在し、当該登記に係るXら名義の贈与税の期限後申告書が税務署長に提出されているところ、Xらは、これらの登記手続及び申告書の提出はいずれもXら

の実父ZがXらの名義を無断で使用して行ったものであり、Xらが祖父母から上記土地の持分の贈与を受けたことはないと主張して、国との間で、同土地持分の贈与に係る贈与税、無申告加算税及び延滞税が存在しないことの確認を求めた事例です。

債務不存在確認訴訟の典型的事例

租税債務不存在確認訴訟は、貸金請求事件や交通事故事案と並んで、債務不存在確認訴訟が活用される典型的な類型の一つです。

租税債務の性質上、債務不存在確認訴訟において被告とされるのは課税主体である国又は地方公共団体であり、原告の請求が認容されるケースは一般の民事訴訟と比較しても少ないのが現状です。

本件は、そのうち原告の請求が全面的に認容された珍しい例として紹介する次第です（ただし、控訴審では破棄され、上告受理も認められませんでした。）。

税務訴訟には、次の6つがあります。

① 取消訴訟：税務行政処分が違法であることを理由として、その取消しを求める訴訟であり、「処分」の取消しを求めるものと（処分の取消しの訴え）、審査請求、異議申立て、その他不服申立てに対する行政庁の裁決、決定のその他の行為の取消しを求めるもの（裁決の取消しの訴え）とがあります。

② 無効確認訴訟：税務行政処分に無効原因たる違法性があることを理由として、それが無効であることの確認を求める訴訟。出訴期間の制限はなく、また、不服申立前置主義の適用もありません。

③ 争点訴訟：税務行政処分が無効であることを理由として、私法上の請求をする訴訟。

④ 不作為の違法確認訴訟：課税庁が、租税法規に基づく申請に対して、相当の期間内に何らの処分もしない場合に、その不作為の違法

の確認を求める訴訟。
⑤　過誤納金還付請求訴訟：過誤納金の還付を求める給付訴訟。
⑥　国家賠償請求訴訟：税務職員の違法な公権力の行使によって受けた損害の賠償を国又は地方自治体に求める訴訟（純粋な民事訴訟）。
　本件は、この6つの類型のうち、②無効確認訴訟の一類型として提起されているものと思われ、債務不存在確認訴訟の活用事例として紹介する次第です。
　①取消訴訟と②無効確認訴訟の峻別に関して、熊本地裁平成14年3月15日判決（税資252・順号9087）（控訴審である福岡高裁平成14年10月10日判決（税資252・順号9209）も同旨）は、「重加算税の賦課決定処分は、国税通則法68条に基づき、税務署長が行う課税処分であって、本件において原告は、同課税処分の前提である本件各修正申告の無効を理由とする同課税処分の無効を主張しているところ、原告主張の本件修正申告の無効理由に照らせば、前記課税処分にも重大かつ明白な違法があって無効であるという可能性がある。そうすると、原告は同課税処分の取消しをまつことなく、同課税処分の無効を理由として同処分に基づく納付債務の不存在を主張することも許される」との判断を示しており、この点も参考になるものと思われます。

＜参考判例＞
○納税者の長男により署名押印された修正申告書に基づく修正申告は納税者の真意に基づくものとは認められないとして同修正申告に係る納付債務不存在が確認された事例（宮崎地判平10・5・25税資232・163）
○所得税債務不存在確認を求めたが認められなかった事例（高松高判平9・7・18税資228・160）
○租税債務不存在確認訴訟において、納税申告による租税債務の存在を主張する課税庁は、その発生原因事実である課税要件事実の存在の主張立証に代えて、適法な納税申告がなされたことを主張立証すれば足りると

第2章　活用事例

された事例（東京高判平7・11・30税資214・639、同旨静岡地判平6・12・22税資206・786）
○税務調査の際に所轄税務署係官が威圧的な口調・態度であったことから、本件修正申告は当該係官の強迫・強制によって行われた無効なものであるとして租税債務不存在確認を求めたが認められなかった事例（福岡高判平14・10・10税資252・順号9209）
○相続税債務の不存在確認を求めたが認められなかった事例（仙台地判平11・5・10税資242・494）
○源泉所得税債務の不存在確認を求めたが認められなかった事例（名古屋高判平11・1・19税資240・14）
○通告処分の履行により差押処分の効力は消滅し、その差押処分に後続する処分は存しないから、差押処分の無効確認を求める訴えの利益がないとされた事例（千葉地判昭60・4・24税資145・124）
○贈与税債務不存在確認等請求事件において、贈与の事実が存在しないと認定して原告の債務不存在確認請求を一部認容した事例（福岡地判昭52・12・23税資96・520）

第22節　国際裁判管轄関係

事例45　アメリカ在住の日本人がアメリカの裁判所に日本人を被告として不法行為に基づく損害賠償請求等の訴訟を提起した後同被告が日本の裁判所に同損害賠償債務の不存在確認を求めた事例　（東京地判平10・11・27判タ1037・235）

事案の概要

【当事者】
原告X：日本在住の日本人（女性）であり、Z・Aと同居中
被告Y：アメリカ在住の日本人（女性）
Z：Yの夫であり、Aの父親
A：YとZとの間の子

【関係図】

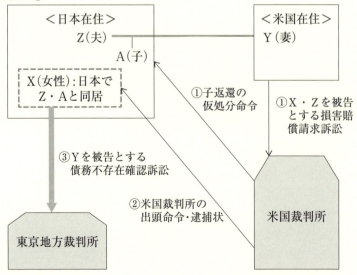

第2章　活用事例　　311

【事実経過】

昭59.2.16	YがZと婚姻。
昭60.7.6	Y・Zの間にA出生。
平9.4.25	アメリカ合衆国ニュージャージー州の裁判所が、子供Aを日本から母親Yの監護の下に戻すように命ずる仮処分命令発令。 同日、Yが、アメリカ合衆国ニュージャージー州の裁判所に対し、X及びZを被告として損害賠償を求めて提訴。
平9.5.2	上記州裁判所が、Xに対して、審尋期日（平成9年6月6日）に出頭するよう命ずる命令及び逮捕状を発令。
平9.7.3	上記州裁判所が、単独親権がYに与えられるとともに、子AをYに返すよう命ずる命令に従わない場合は1日当たり1000ドルの罰金を課徴する旨の仮処分命令を発令。
平9	Xは、州裁判所に対して、逮捕状・罰金課徴の仮処分命令についての免責を条件として州裁判所の管轄権に服して出頭することを希望したものの、州裁判所はこれを認めなかった。
平9	XがYに対して上記損害賠償債務が存在しないことの確認を求めて東京地裁に提訴。

訴訟の経緯

本判決は、裁判管轄権を肯定した部分は中間判決、これを否定した部分は訴え却下の終局判決をした。

コメント

本件のYは、アメリカ合衆国在住の日本人であり、同国ニュージャージー州の裁判所に、日本在住のXに対し、不法行為を理由として損害賠償等を請求する訴えを提起しましたが、これに対してXが、Yに

対して、損害賠償債務の不存在確認を求める訴訟を東京地方裁判所に提起したのが本件です。

1　外国裁判所の判決の効力

海外に在住している者との間で男女関係ないし親子関係のトラブルが起こることがあります。本件もその一例と思われます。本件が中間判決であるため本案についての詳細は必ずしも明らかではありませんが、結婚後、何らかの理由で一人で米国に残ることとなった母親が、日本で夫と子と一緒に暮らす女性に対して子を取り返すために米国の裁判所に提訴し、高額な罰金を伴う仮処分命令が発令されたことが本件の発端となっています。

外国裁判所の判決は、民事訴訟法118条の要件を充足することにより我が国で効力を有することとなります（自動承認）が、判決を行った外国裁判所が裁判管轄権を有すること（民訴118①）、判決内容・手続が日本の公序に反しないこと（民訴118③）、相互保証があること（民訴118④）が要件となっています。本件では具体的な事情は明確ではありませんが、1日1000ドルもの極めて高額な課徴金が公序に反するかという問題があったように思われるケースでした。

このような観点から、州裁判所の判決が日本で効力を生じない可能性が見込まれることから、日本の裁判所で予め判決を得ておくというXの判断は適切であるように思われ、類似の事例において積極的に債務不存在確認訴訟を提起する参考例になるものと思われます。

2　中間判決

本件の判決主文は、「1　本件請求の趣旨1項、4項及び5項の各請求につき当裁判所は裁判管轄権を有する。2　本件請求の趣旨2項及び3項の各請求をいずれも却下する。」という内容です。

複数の不法行為に基づく損害賠償請求が求められたため、そのうちの一部について整理するために、請求の趣旨1項、4項及び5項の各請求についての本案の審理がなされたものと思われます。

特に国際裁判管轄が争点となる本件のような事案においては、裁判所も積極的に中間判決を活用しているようです（ただし、平成24年4月1日の改正民事訴訟法の施行に伴い国際裁判管轄についての争いが立法的に解決されたといえ、仮に争いになるとしてもこれまでとは様相を異にするものと思われます。）。訴訟代理人としても、中間判決を求める（職権発動を促す）申請をすることも場合によっては検討する必要があります。

＜参考判例＞
〇営業秘密であることを理由に、侵害を受けたと主張するノウ・ハウ等の特定を公開法廷では行うことができないと拒否したため、不法行為、不当利得に基づく差止請求権、損害賠償請求権等の主張立証をする意思がないものとして、日本法人が米国法人に対して求めた債務不存在確認請求が認容された事例（東京地判平3・9・24判タ769・280）
〇原告が昭和59年4月1日付で発行した月刊誌「文藝春秋」1984年4月号の396頁ないし406頁に掲載された訴外〇〇〇執筆にかかる「もう一つのロス殺人事件」と題する記事に関し、原告の被告に対する名誉毀損による損害賠償債務の存在しないことの確認を求めたが、日本の裁判所に管轄権が認められないとして却下された事例（東京地判平元・8・28判タ710・249）
〇メインバンクが勧誘した海外投資による配当金を原資とする定期預金に対する質権設定及びその実行が不法行為などに該当するとして米国デラウェア州法人から米国イリノイ州の裁判所にて損害賠償訴訟を提起されたメインバンクがそれに対抗するため我が国の裁判所（東京地裁）に対して債務不存在確認を求め、それが認められた事例（東京地判平21・3・10判タ1310・178）
〇韓国法人から米国裁判所に損害賠償等を求める訴訟を提起された日本法人が、日本の裁判所において韓国法人の主張する債務の不存在確認等を

求めたが、管轄が認められず却下された事例（横浜地判平26・8・6判時2264・62）
○いずれも日本法人で関連会社である甲乙がアメリカ合衆国に居住する日本人丙を被告として、アメリカ合衆国内の甲所有不動産の売買契約に関し、その売主としての債務が存在しないことの確認を求めたが、管轄が認められず却下された事例（静岡地浜松支判平3・7・15判時1401・98）
○アメリカ合衆国在住のYが夫の父で日本国に居住するXを被告として、アメリカ合衆国内の裁判所に不法行為に基づく損害賠償請求等の訴訟を提起した後、XがYを被告として、日本国裁判所に、右Yの請求に係る損害賠償債務が存在しないことの確認を求める訴訟を提起した事案において、一部のみ我が国の国際裁判管轄権を認めた事例（東京地判平10・11・27判タ1037・235）

判例年次索引

判例年次索引

○事例として掲げてある判例は、ページ数を太字（ゴシック体）で表記しました。

月日	裁判所名	出典等	ページ
【大正11年】			
4.14	大審院	民集1・187	90
【昭和6年】			
12.19	大審院	民集10・1237	90
【昭和14年】			
3.22	大審院	民集18・238	91, 92
【昭和27年】			
2.15	最高裁	民集6・2・88	190
12.25	最高裁	民集6・12・1282	64
【昭和37年】			
9.13	東京地	判タ135・120	243
【昭和40年】			
9.17	最高裁	判時425・29	43, 44, 97, 100, 105, 107, 118
9.17	最高裁	民集19・6・1533	67, 106
10.8	最高裁	判時425・41	243
【昭和41年】			
4.20	最高裁	判タ191・81	150
【昭和42年】			
4.28	札幌地岩見沢支	判時484・63	203
11.28	東京地	金判94・6	162
【昭和43年】			
2.1	札幌地	判時530・65	135
【昭和46年】			
11.29	名古屋高	判時656・64	258
【昭和52年】			
12.23	福岡地	税資96・520	309
【昭和53年】			
8.10	東京地	判時930・83	135, 136
【昭和54年】			
7.10	最高裁	判タ399・137	270

月日	裁判所名	出典等	ページ	月日	裁判所名	出典等	ページ
	【昭和55年】				**【昭和62年】**		
4. 1	東 京 地	判時966・65	128	1.26	東 京 地	判時1264・81	217
9.29	東 京 地	判タ429・136	84	4.21	最 高 裁	民集41・3・329	253
				7. 7	神 戸 地	判タ665・172	7,72,150
				7.16	大 阪 高	判時1258・130	86
	【昭和56年】			7.28	東 京 地	判タ669・219	40
				12.22	東 京 地	判時1286・97	162
3.30	大 阪 地	判時1029・104	128	12.24	大 阪 地	交民20・6・1616	88
10.16	最 高 裁	判タ452・77	40				
					【昭和63年】		
	【昭和58年】			3.30	東 京 地	金判807・25	159
7.15	京 都 地	判時1092・48	253	4.22	東 京 地	判タ665・256	162
9.21	松 江 簡	判タ520・219	267	4.22	横 浜 地	判時1296・110	133
				4.28	大 阪 高	判タ675・143	253
				5.10	大 阪 地	交民21・3・467	194
	【昭和59年】			5.30	大 阪 高	判タ706・256	47
2.27	東 京 地	判時1137・86	55	7.28	札 幌 高	判タ683・200	52
4.20	仙 台 高	金判704・3	162	8.18	神 戸 地	判タ702・207	182
6. 7	大 阪 地	判タ533・239	87	10.28	東 京 地	判タ687・199	192
	【昭和60年】				**【平成元年】**		
4.24	千 葉 地	税資145・124	309	2. 9	神 戸 地	判時1318・110	162
6.27	東 京 高	判時1161・127	55	3.22	神 戸 地	交民22・2・411	166
12.20	茨 木 簡	判時1198・143	265	3.22	神 戸 地	判タ709・218	166
				4.25	神 戸 地	交民22・2・512	87
				8.28	東 京 地	判タ710・249	313
	【昭和61年】				**【平成2年】**		
3.28	東 京 地	交民19・2・451	87	5.25	神 戸 地	判時1379・123	194
8.21	佐 賀 地	判時1211・112	186	6.19	神 戸 地	判時1383・154	258
11.20	最 高 裁	判タ627・75	280	6.21	大 阪 高	金判880・9	154
				7.16	東 京 地	金判871・30	79,137
				7.20	神 戸 地	交民23・4・902	165

判例年次索引

月日	裁判所名	出典等	ページ
9.14	神戸地	判タ751・175	166,182
10.29	最高裁	判時1366・46	208

【平成3年】

月日	裁判所名	出典等	ページ
3.26	大阪地	交民24・2・374	194
5.23	福岡地	判タ771・92	98
7.15	静岡地浜松支	判時1401・98	314
7.16	東京地	判タ778・223	225
9.2	東京地	判タ769・237	86
9.24	東京地	判タ769・280	313
10.30	名古屋高	判タ779・224	163
11.28	東京地	判タ787・211	219

【平成4年】

月日	裁判所名	出典等	ページ
1.31	東京地	判時1418・109	70,99 178,182 183
3.3	最高裁	判タ813・208	281
3.27	東京地	判時1418・109	51,172
7.29	東京高	判タ809・215	170,171 173
7.29	東京高	判時1433・56	51
9.22	東京地	判時1464・148	240
10.28	東京高	判時1441・79	132

【平成5年】

月日	裁判所名	出典等	ページ
3.22	大阪地	判タ820・108	234
10.4	大阪高	判タ832・215	150
10.7	福岡地	判時1509・123	293
10.18	大阪地	判時1488・122	264

【平成6年】

月日	裁判所名	出典等	ページ
1.13	京都地	判時1535・124	132
1.31	京都地	判タ847・274	191
2.22	東京地	交民27・1・209	185
3.15	東京地	判タ854・74	230
3.30	広島地	判時1530・89	293
5.26	東京地	金判982・33	250
6.10	大阪地	交民27・3・788	88
8.10	大阪高	判タ860・88	87,234
9.13	大阪地	判時1530・82	226
10.11	最高裁	判タ875・89	203
10.14	大阪地	判タ895・166	123
12.22	静岡地	税資206・786	309

【平成7年】

月日	裁判所名	出典等	ページ
2.14	東京高	判時1526・102	150
2.22	神戸地	交民28・1・230	87
2.27	東京高	判時1591・22	235
2.28	東京地	判タ905・204	7,209
3.28	神戸地	判タ887・232	234
5.29	東京地	判時1535・85	84,95
7.28	東京地	判時1551・100	293
10.25	東京地	判タ909・205	285
11.30	東京高	税資214・639	309
12.21	札幌地	判タ909・95	233

【平成8年】

月日	裁判所名	出典等	ページ
1.30	大阪高	判タ919・215	87
3.18	京都地	金判1003・35	120
5.7	東京地	交民29・3・693	186
5.20	東京地	判タ942・235	194
5.24	神戸地	交民29・3・771	88
6.28	大阪地	判タ942・214	75,295

月日	裁判所名	出典等	ページ

【平成9年】

2.21	東京地	判タ953・280	118
4.28	大阪地	判時1619・131	284
7.18	高松高	税資228・160	308
7.24	東京地	判タ958・241	51, 109, 167
7.24	東京地	判時1621・117	178, 186
7.25	東京地	判タ969・221	145
8.29	大阪地	判タ962・169	280
9.17	東京高	判時1648・74	178, 182, 186
10.28	東京地	判タ994・184	277
10.29	大阪高	判タ982・270	233
11.11	最高裁	判タ960・102	40
11.11	東京地	判タ986・271	293
11.13	最高裁	判タ969・126	158
11.17	東京高	判タ1005・78	119
12. 2	広島高	判タ1008・258	10, 249

【平成10年】

2.27	大阪地	判時1660・86	218
3. 2	仙台高秋田支	判時1669・81	203
5.25	宮崎地	税資232・163	308
9.10	札幌高	判時1666・67	233
10.20	東京地	金判1074・48	230
11.24	最高裁	判タ990・127	91, 129
11.27	東京地	判タ1037・235	310, 314

【平成11年】

1.19	名古屋高	税資240・14	309
3.10	東京地	判タ1054・226	218
5.10	仙台地	税資242・494	309
5.28	東京地	金判1069・44	53
5.31	東京地	判タ1017・173	84
10.20	福岡高	判タ1063・226	194

月日	裁判所名	出典等	ページ
10.29	東京高	判時1709・100	191
11.18	高松高	判タ1021・194	154
11.18	高松高	判タ1721・85	136
11.29	鳥取地米子支	判タ1040・275	191
12.15	東京高	判タ1027・290	151

【平成12年】

2.29	名古屋高	判タ1056・170	284
4.11	最高裁	判タ1032・120	304
8.22	大阪高	判タ1072・254	264
10.13	最高裁	判タ1049・216	45

【平成13年】

3.27	最高裁	判タ1072・101	233
3.27	最高裁	判タ1072・111	231
3.30	東京地	判タ1059・195	304
4.20	最高裁	判タ1061・65	81
6.25	東京高	判タ1084・179	150
8.31	東京地	判時1772・60	85, 86
9.28	さいたま地	判タ1088・230	190
10.31	東京地	判タ1118・260	203
11.27	最高裁	判タ1079・190	200
12.18	東京高	判時1786・71	154

【平成14年】

3.15	熊本地	税資252・順号9087	308
4.23	東京高	金判1142・7	230
4.25	最高裁	判タ1091・215	284
6.18	名古屋地	判タ1117・277	141
7.17	東京地	判時1812・96	298
10.10	福岡高	税資252・順号9209	308, 309
10.17	東京高	金判1162・14	115

判例年次索引

月日	裁判所名	出典等	ページ

【平成15年】

3. 6	秋田地	金判1171・28	124
3.26	大阪高	金判1183・42	230
7.31	東京高	判タ1138・264	230
8.25	東京地	平14(ワ)15585	239
9.19	横浜地	判時1858・94	290
10. 3	大阪地	判タ1153・254	190
11.26	東京地	平13(ワ)20643・平14(ワ)4463	239
11.27	神戸地	平13(ワ)1220・平13(ワ)1998・平14(ワ)1252	276

【平成16年】

2.16	東京地	判時1870・67	223
3.25	最高裁	判タ1149・294	187,275,276
3.25	最高裁	判時1856・150	88,300
3.25	最高裁	民集58・3・753	89,261
3.31	神戸地	判時1876・120	204
10.29	東京地	判タ1196・229	302
12.13	最高裁	民集58・5・1178	82

【平成17年】

2.25	東京地	判タ1232・299	254
2.28	大阪地	平15(ワ)10959・平16(ワ)4755	89
7.11	静岡地	判時1915・88	199
10.27	名古屋地	判時1950・128	199

【平成18年】

1.31	広島高岡山支	判タ1216・162	89,195
6. 1	最高裁	民集60・5・1887	82
6. 6	最高裁	判時1943・11	82

| 9.14 | 最高裁 | 判時1948・164 | 82 |

【平成19年】

2.16	東京地	税資257・順号10634	305
4.11	東京地	平18(ワ)3065	267
11.27	東京地	平19(ワ)14065	264

【平成20年】

1.24	最高裁	判タ1264・120	270
2.27	東京地	判時2011・124	55
2.28	青森地	平19(ワ)88	89
3.14	和歌山地田辺支	判時2085・102	284
4.10	岐阜地	医療判例解説20・68	294
12. 2	名古屋高	医療判例解説20・59	89
12. 5	大津地	判タ1296・241	179
12.16	東京地	判時2034・46	214
12.26	東京地	平19(ワ)4156	289

【平成21年】

3.10	東京地	判タ1310・178	313
3.10	東京地	判時2062・74	89
9.15	東京地	判タ1320・265	40
10.26	東京地	消費者法ニュース82・179	89
10.30	大阪地	判時2095・68	158
12.18	最高裁	判タ1317・124	268

【平成22年】

| 10. 5 | 東京地 | 平21(ワ)15790 | 144 |

月日	裁判所名	出典等	ページ

【平成23年】

2.22	岡山地	判時2114・119	182
3.4	東京地	判タ1353・158	99
3.4	金沢地	自保1872・122	186
3.4	盛岡地	判タ1353・158	273
3.25	東京地	平21（ワ）36067	249
6.29	東京地	判タ1378・243	55
8.4	東京高	交民44・4・851	178
9.20	名古屋地	平20（ワ）3864	213
10.25	最高裁	判タ1360・88	199

【平成24年】

1.16	東京地	判自357・70	89
5.16	大阪地	金判1401・52	155
6.14	東京地	平22（ワ）19398	222
11.5	東京地	平23（ワ）28832	284
11.30	東京地	平24（ワ）304	162

【平成25年】

1.11	大阪高	金判1410・10	140
5.23	京都地	判時2199・52	259
7.4	名古屋高	判時2210・36	289
8.8	東京地	平25（ワ）1339	208
8.27	東京地	判タ1417・232	217
12.20	東京地	平24（ワ）22355・平25（ワ）8132	301

【平成26年】

2.27	東京高	平25（ネ）5716	140
5.22	東京高	金判1446・27	140
8.6	横浜地	判時2264・62	314

【平成27年】

1.19	東京地	平26（ワ）23531	234
2.12	東京地	平24（ワ）20064・平24（ワ）33908	272
2.20	東京地	平25（ワ）33853	158
3.4	東京地	判時2268・61	244
3.12	福岡高	判時2273・82	55,154
3.20	名古屋地	自保1946・146	301
5.27	東京地	平24（ワ）22308	55
10.14	東京地	判時2301・96	239
10.28	東京地	平26（ワ）15115	208
11.17	東京地	平27（ワ）27352	80,186
11.19	東京地	平26（ワ）29584	212

【平成28年】

1.14	東京地	平27（ワ）30985	150,272
3.31	東京地	平24（ワ）3511	144
5.13	東京地	平26（ワ）29955	212
6.27	東京地	平28（ワ）10891	144
8.10	東京地	平28（ワ）16220	150
8.30	東京地	平27（ワ）9554	208
8.30	東京地	平28（ワ）13707	177

判例にみる
債務不存在確認の実務

平成29年11月2日　初版発行

共　著　中　里　和　伸
　　　　野　口　英　一　郎

発行者　新日本法規出版株式会社
代表者　服　部　昭　三

発行所	新日本法規出版株式会社		
本　社 総轄本部	(460-8455)	名古屋市中区栄1－23－20 電話　代表　052(211)1525	
東京本社	(162-8407)	東京都新宿区市谷砂土原町2－6 電話　代表　03(3269)2220	
支　社	札幌・仙台・東京・関東・名古屋・大阪・広島 高松・福岡		
ホームページ	http://www.sn-hoki.co.jp/		

※本書の無断転載・複製は、著作権法上の例外を除き禁じられています。
※落丁・乱丁本はお取替えします。　　　　　ISBN978-4-7882-8344-2
50999　債務不存在実務　　　　　Ⓒ中里和伸 他 2017 Printed in Japan